GRENO 10 20

W0191743

Jung-Stilling   THEORIE DER GEISTERKUNDE

ZU DIESEM BUCH.   Die »Theorie der Geisterkunde«
des Arztes und Professors der Kameralwissenschaft Johann
Heinrich Jung (1740 bis 1817), der durch seine »Lebens-
beschreibung« weithin bekannt wurde, zählt nicht zu den
zahlreichen okkultistisch-spiritistischen »Kultbüchern« des
19. Jahrhunderts.   Dennoch erschließt dieser systematische
Versuch, das Verhältnis des »Geisterreichs« zur Sinnenwelt
am Beispiel umfänglich belegter okkulter Erscheinungen zu
erhellen, wie kaum ein anderes zeitgenössisches Werk jene
Sehnsucht nach dem Wunderbaren, die das bürgerliche
Lesepublikum und die künstlerische Produktion der Roman-
tik gleichermaßen bewegte.

Der vorliegende Band folgt dem Text der ersten Ausgabe
Nürnberg 1808.   Schreibweise und Interpunktion blieben
unverändert; lediglich die zahlreichen unterschiedlichen
Formen von Hervorhebungen wurden weggelassen; die
Kennzeichnung von Zitaten wurde vereinheitlicht und dem
heutigen Gebrauch angepaßt.

Ein Geist hat nicht Fleisch
und Bein, wie ihr sehet,
daß ich habe.

Luc. 24, V. 39.

JOHANN HEINRICH
JUNG-STILLING,
THEORIE
DER
GEISTERKUNDE
ODER
WAS VON AHNUNGEN,
GESICHTEN UND
GEISTER-
ERSCHEINUNGEN
GEGLAUBT
UND NICHT GEGLAUBT
WERDEN MÜSSTE.

———

VERLEGT

BEI FRANZ GRENO,

NÖRDLINGEN 1987.

1. Auflage Juni 1987.
Copyright © 1987
bei Greno Verlagsgesellschaft m. b. H., Nördlingen.
Gesetzt aus der Korpus Walbaum Monotype
und gedruckt in der Werkstatt
von Franz Greno in Nördlingen.
Gebunden bei Wagner GmbH, Nördlingen.
Printed in Germany. Alle Rechte vorbehalten.
ISBN 3-89190-829-6.

P. Sillamer fec. Nürnberg 1808.

Wahre Abbildung der hin und wieder erscheinenden sogenannten

Weißen Frau

NACHRICHT.

Das Titelkupfer ist das wahre Portrait einer Dame, die im 14ten Jahrhundert gelebt hat, sie hieß Agnes, war eine Prinzessin von Meran, und Gemalin Ottonis des 2ten Grafen von Orlamünda, der ums Jahr 1340 starb. Aus dieser Ehe hatte sie zwey Kinder; Sie verliebte sich in Albertum pulchrum, Burggrafen zu Nürnberg. Um ihren Zweck leichter zu erreichen, ermordete sie ihre beyden Kinder, wodurch er aber gänzlich vereitelt wurde. Diese soll nun hin und wieder als die so bekannte weiße Frau erscheinen. Ob nun diese, oder Bertha von Lichtenstein, gebohrne von Rosenberg, die wahre weiße Frau sey, oder ob sie beyde erscheinen, das werde ich vielleicht einmal näher untersuchen.

INHALT
DIESES WERKS.

EINLEITUNG.

9

DAS ERSTE HAUPTSTÜCK.

Prüfung der Grundsätze der mechanischen Philosophie, und Widerlegung derselben.

DAS ZWEYTE HAUPTSTÜCK.

Bemerkungen über die menschliche Natur.

15

17

DAS DRITTE HAUPTSTÜCK.

Von Ahnungen, Vorhersagungen, Zaubereyen und Prophezeyungen.

19

DAS VIERTE HAUPTSTÜCK.

Von Gesichten (Visionen) und Geister-Erscheinungen.

24

27

DAS FÜNFTE HAUPTSTÜCK.

Kurze Übersicht meiner Theorie der Geisterkunde,
und Folgerungen aus derselben.

EINLEITUNG.

Wenn sie Mosen und die Propheten — bey uus kommen Christus und die Apostel noch hinzu — nicht hören, so werden sie auch nicht glauben, wenn jemand von den Todten auferstände.

Ev. Luc. 16. V. 31.

§. 1.

Wenn man die Menschengeschichte, rückwärts, bis ins graue Alterthum durchdenkt, so findet man, daß sie immer-mehr mit den Einwürkungen, über- oder untermensch-licher, guter oder böser Wesen durchwebt ist. Wesen, deren Existenz sowohl, als ihre Thatsachen, in der sinnlichen Naturkette nirgends hin zu passen scheinen, und daher von allen Völkern des Erdbodens, von je her, bis auf unsre Zeiten, geglaubt worden sind.

§. 2.

Sonderbar ist dabey die sehr richtige Bemerkung, daß sich alle diese Wesen genau nach dem Charakter, und dem Grad der Cultur des Volks richten, von dem sie geglaubt, verehrt, und verabscheut werden; man vergleiche die Götterlehre der alten Egyptier, Griechen, und Römer, mit den wilden Romanzen der Ißländischen Edda, dem grotesken Labyrinth der Mythologie des Brama, und den Scheusalen der alten Mexikaner, so wird man finden, daß die Gottheiten jedes Volks, auch gleichsam seine Landsleute waren; die Guten betrugen sich genau nach den Sitten, der, nach der National-Denkart fein gebildeten Menschen-Classen, und die Bösen übten das, was man für lasterhaft hielt.

§. 3.

Diese Beobachtung, giebt der heut zu Tage, unter aufgeklärten Leuten, herrschenden Vorstellung, daß alle diese
Wesen, zu allen Zeiten, und unter allen Nationen, Traum,
Täuschung der Phantasie, und Dichtung gewesen, und noch
seyen, einigen Anstrich der Wahrscheinlichkeit — daß aber
doch dieser Anstrich nichts mehr und nichts weniger, als ein
Anstrich sey, das läst sich leicht beweisen: man beherzige,
zergliedere, und ergründe folgende Frage ruhig, unpartheyisch und gewissenhaft.

§. 4.

Kann die menschliche Einbildungskraft etwas erdichten,
oder erschaffen, zu dem sie keinen Stof, keine Materie hat?
— Jeder vernünftige redliche Denker wird mir antworten,
Nein! sie kann sich durchaus kein Bild schaffen, von dem
was nicht in die Sinne fällt. Daraus folgt also unwidersprechlich, daß wir Menschen nie, von einer unsichtbaren
Geisterwelt, von der Fortdauer unseres Wesens nach dem
Tod, von guten und bösen Geistern, und von Gottheiten,
von Ferne etwas geahnet hätten, wenn sich nicht dieses
Übersinnliche dem Sinnlichen offenbart hätte. Warum
wissen wir nichts von einer thierischen Geisterwelt? —
warum spricht man nicht vom Wiederkommen freundlicher
Haußthiere? — natürlicher Weise deswegen, weil sich eine
solche Welt nie den Menschen offenbart hat. Aber wo findet
sich nun eine Offenbarung der vernünftigen Geisterwelt,
auf deren erzählte Thatsachen man sich sicher verlaßen, und
auf deren Gewisheit man unumstößliche Lehrgebäude
gründen kann?

§. 5.

Der ächte Israelite, und der wahre gläubige Christ, antwortet auf der Stelle, und mit Zuversicht: in der Bibel! — Gut! aber das Publikum, für welches ich schreibe, besteht aus Partheyen, deren Begriffe von dieser heiligen Urkunde sehr verschieden sind.

§. 6.

Die erste Parthey nimmt alles ohne Anstand als Gottes Wort an, was in der Bibel gesagt wird; und doch theilt sich auch diese in zwo Hauptklassen: die eine, welche vest an den Symbolen der protestantischen Kirche hängt, glaubt zwar alle Erscheinungen aus der Geisterwelt, die in der Bibel erzählt werden, aber seit der Apostelzeiten nimmt sie keine mehr an, und wenn unläugbare Thatsachen dargethan werden, so schreibt sie solche lieber einem Gauckelspiel des Satans und seiner Engel zu, als daß sie ihrem System etwas vergeben sollte.

§. 7.

Die andere Hauptklasse glaubt nicht allein alle übersinnliche Erscheinungen in der Bibel, sondern auch die Fortdauer derselben bis zu unsern Zeiten. Diese schweift aber nun gewöhnlich auf der andern Seite zu weit aus, indem sie alle, dem gewöhnlichen Menschenverstand nicht faßliche Würkungen der Phantasie, oder auch der körperlichen Natur für übernatürlich ansieht, und vornehmlich, daß sie auf die Erscheinungen aus der Geisterwelt mehr Gewicht, und mehr Werth legt, als ihnen zukommt. — Dieser Hauptpunkt macht einen vorzüglichen Theil des Zwecks aus, warum ich dies Werk schreibe; ich bitte meine Leser ihn im Gesicht zu behalten.

§. 8.

Die zweyte Parthey entkleidet die heilige Schrift, von allem orientalischen Schmuck; so nennt sie alle Bilder, die ihre aufgeklärte Vernunft in keiner Gehirnkammer anbringen kann, weil sie nicht zu den dortigen Meubeln passen; die trockene Geschichte der Bibel glaubt sie so ziemlich, doch unter der Aufsicht ihrer vernünftigen Critik; aber die Moral, die Sittenlehre, das ists eigentlich worauf es ankommt, wenn von göttlicher Offenbarung die Rede ist.

§. 9.

Die dritte Parthey, endlich, glaubt weder an die Bibel, noch an die Geisterwelt; ob und wie sie nach dem Tod fortdauern wird, das ist ihr gleichgültig; ihr Element ist sinnlicher Genuß, und Wissenschaft der Sinnenwelt; was sich aus dieser und ihren zunächst an der Hand liegenden Grundsätzen nicht erklären läst, das nimmt sie nicht an. Diese Parthey ist eigentlich heut zu Tag die herrschende, der Geist der Zeit ist der Gott, der sie in allen ihren Handlungen leitet, und die immerfort, wie die Moden, wechselnde Philosophie ist seine Offenbarung; von glauben, auch an das Glaubwürdigste, ist da gar die Rede nicht.

§. 10.

Der Zweck dieses meines Buchs bezieht sich auf alle vier Partheyen; möchte ich ihn nur erreichen! — Das Unternehmen ist schwer — da ich aber auf meinem langen und merkwürdigen Lebenswege, Gelegenheiten die Menge gehabt habe Beobachtungen aller Art zu machen; da mich auch die alles leitende Vorsehung so geführt hat, daß ich zu tief verborgenen Erscheinungen den Aufschluß gefunden, und die vornehmste Quelle derselben entdeckt habe, und da ich nun endlich von einer sehr verehrungswürdigen Person, der ich nichts abzuschlagen wage, weil alle ihre Wünsche edel und gut sind, aufgefordert worden, meine Theorie durch den Druck bekannt zu machen, so wage ich es in Gottes Namen, und bitte alle meine Leser, ruhig, und mit einem Vorurtheilsfreyen Gemüth, dieses Werk aufmerksam zu lesen und zu prüfen; ich glaube daß es Worte zu seiner Zeit enthält, da sich jezt häufig, hin und wieder, merkwürdige Erscheinungen äussern, wodurch gute Seelen von der wahren Spur des Einzig Nöthigen abgeleitet, und auf Abwege und Irrthümer geführt werden.

§. 11.

Ich werde also der ersten Parthey zeigen, daß es unter tausenderley Träumen, Täuschungen, Dichtungen, und Phantastereyen doch noch immer einige wahre und unläugbare Ahnungen, Gesichte, und Geister-Erscheinungen gebe, womit der Satan und seine Engel nichts zu thun haben. Der ungeheuere Misbrauch, den die Römische Kirche von je her mit diesen Dingen getrieben hat, bewog die Reformatoren, demselben durch die Symbolen Schranken zu setzen; die Erfahrung aber lehrt, daß sie auf dem andern Extrem, von der Wahrheit, die ruhig in der Mitte, ihren glänzenden Pfad wandelt, eben so weit, aber weniger gefährlich abgekommen sind.

§. 12.

Der zweyten Parthey will ich beweisen, daß es viele sehr wichtig- und unerklärbar scheinende Phänomene giebt, deren Ursachen sie in der Geisterwelt, oder wohl gar in der Einwürkung Gottes suchen, die aber ganz allein in der menschlichen Natur gegründet sind; deren Tiefen, auch von den allerscharfsichtigsten Forschern noch nicht hinlänglich entdeckt worden, vielleicht auch nie ganz entdeckt werden können. Dieser Mißgrif solcher gutdenkenden, aber nicht gnug unterrichteten Seelen, hat zu den ungeheuersten Schwärmereyen, und den beweinenswürdigsten Folgen, Anlaß gegeben; es sind daher Sekten entstanden, die der reinen Christus-Religion zur Schmach und Schande gereichten. Ich verweise hier meine Leser auf mein Buch, Theobald oder die Schwärmer.

§. 13.

Die dritte und vierte Parthey kommen darinnen überein, daß sie von allem dem ganz und gar nichts glauben, sondern alles entweder für Trug und Täuschung, oder für Würkungen, der uns noch verborgenen Kräfte der menschlichen Natur erklären. Da es aber dem allen ungeachtet doch Thatsachen giebt, deren historische Gewisheit nicht geläugnet werden kann, so wagen sie Erklärungen, die so ungereimt sind — wie der seelige Kästner einst sagte — daß sie, wenn sie wahr wären, noch ein gröseres Wunder seyen, als das, welches sie wegerklären wollen.

Alle diese Schwergläubigen werden durch dreyerley Beweggründe geleitet.

§. 14.

Der Erste ist, das mechanisch-philosophische System, das sie bey der ganzen Sinnenwelt, bey den körperlichen Naturkräften und Geistern, ihren Erklärungen zum Grund legen, und es für unumstößlich wahr halten.

§. 15.

Der Zweyte hat den Aberglauben, und seine Vertilgung zum Zweck: man wagt lieber die allersinnlosesten Erklärungen, auch wohl, wenn man sich nicht anders zu helfen weiß, — mit Ehren zu melden — eine Lüge, wenn man anders dem, was man für Aberglauben hält — dadurch einen tödlichen Stoß beybringen kann. Aber was ist Aberglaube? — was ist Schwärmerey? — an dem einen Ende der Kette ist die Religion Jesu, in ihrer höchsten Reinigkeit schon schwärmender Aberglauben; am andern Ende steht die sinnloseste und wildeste Träumerey an der Stelle der Wahrheit! — Freunde, und Freundinnen! — diese heilige Führerin auf dem dunkeln, und mit so vielen Abwegen durchkreuzten Lebenspfade, findet Ihr sicher, wenn Ihr mit Vorurtheilsfreyem und Gottergebenen, Wahrheitliebenden Gemüth, nicht nach dem Wunderbaren und Ausserordentlichen gaft und hascht, nicht die verborgenen Geheimnisse der Geisterwelt ergrübeln, sondern nur das glänzende Kleinod am Ziel erringen, nichts als Jesum Christum den Gekreuzigten wissen wollt. Begegnet Euch dann irgendwo etwas aus der verborgenen geheimnisvollen Welt, so behandelt es nach den Lehren, die ich Euch in diesem Buch vortrage, und geht dann ohne Auffenthalt weiter, ohne Euch bey solchen Gegenständen lange aufzuhalten.

§. 16.

Der dritte Beweggrund, endlich ist so gethan, daß man ihn bedauert, und ruhig vorübereylt: Die Ahnungen, Gesichte, und Geistererscheinungen zeugen von einer unsichtbaren Geisterwelt, die der Aufenthalt abgeschiedener Seelen, guter und böser Engel, und Geister ist; sie beweisen die Fortdauer unserer Seelen nach dem Tod, mit dem klaren Bewustseyn ihrer gegenwärtigen Existenz, und der Rückerinnerung des ganzen vergangenen Erdenlebens; dann auch die grose Wahrheit von Belohnungen und Strafen nach diesem Leben. Das ist aber gewissen Leuten ein Dorn in den Augen; sie fühlen wohl, was für ein Schicksal auf sie wartet, wenn obiges Alles Wahrheit ist. Einige vermuthen auch wohl eine Art von Fortdauer ihres denkenden Wesens, aber die Rückerinnerung an ihr Erdenleben glauben sie nicht, sondern sie träumen sich dann eine ganz neue Existenz, die um einen Grad edler und besser ist, als die jezzige, auf die aber das hier geführte Leben gar keinen Einfluß hat. Diese ganze Idee ist aber eben so viel werth, als die gänzliche Vernichtung nach dem Tod: denn wenn ich mich des gegenwärtigen Lebens, aller meiner Schicksale, meiner Gattin und Kinder, meiner Freunde, meiner Schwächen, und meiner guten Handlungen, ganz und gar nicht mehr erinnern kann, so bin ich das nämliche Ich, der nämliche Mensch nicht mehr, sondern ein ganz neues Wesen — Gott bewahre uns für einer solchen Zukunft in Gnaden! — und Ihm sey ewig Lob und Dank gesagt, daß die Bibel, der allgemeine Menschenverstand aller Völker zu allen Zeiten, und noch immer unzweifelbare Erfahrungen gerade das Gegentheil bezeugen.

Alle diese Begriffe sind Folgeschlüsse, deren Grundsäze in der mechanischen Philosophie liegen. Dieses gefährliche Raubschloß zu ersteigen, zu zerstören, und zu schleifen, soll also mein erster Versuch seyn.

DAS ERSTE HAUPTSTÜCK.

Prüfung der Grundsätze
der mechanischen Philosophie,
und Widerlegung derselben.

§. 17.

Unter allen Völkern, Zungen, und Sprachen, gab es von Anfang der Welt an kein Einziges, welches Ahnungen, Gesichte, und Geistererscheinungen läugnete; im Gegentheil, wenn etwa hie oder da ein Einzelner so klug und so aufgeklärt war, von dem Allem nichts zu glauben, so verabscheute man ihn als einen Gottesläugner, der nach diesem Leben grose Strafen zu erwarten hätte. Wie viele abscheuliche Betrügereyen, Täuschungen, und gräßlicher Aberglauben, mit der reinen einfachen Wahrheit, vorzüglich unter den heydnischen Nationen, verbunden war, davon erzählt uns die Geschichte die schauderhaftesten Beyspiele. Zum allgemeinen Seegen der Menschheit erschien nun unser anbetungswürdiger Erlöser Jesus Christus: Er und seine Apostel lehrten die reine himmlische Wahrheit, und bekämpften allenthalben den Aberglauben und die Irrthümer der Juden und Heyden; aber den Glauben an Ahnungen, Gesichte, und Geistererscheinungen bekämpften sie nicht; im Gegentheil sie erzälen, daß sie selbst dergleichen Erfahrungen gemacht hätten. Ich denke nicht, daß ich mich mit Anführung einiger Beyspiele aufzuhalten brauche; meinen Lesern werden sie wohl von selbst einfallen.

§. 18.

Die Begriffe, die sich die allgemeine christliche Kirche von jeher von Ahnungen, Gesichten, und Geistererscheinungen machte, stüzten sich im Wesentlichen auf folgende Vorstellungen: sie glaubten überhaupt eine unsichtbare Geisterwelt, die man in drey Regionen eintheilte, nämlich in den Ort der Seeligkeit, oder den Himmel, in den Ort der Verdammnis, die Hölle, und dann in den dritten Ort, den die Bibel Hades, den Todenbehälter nennt, in welchem die Seelen, die noch zu keinem von beyden Zielen reif sind, zu dem, wozu sie sich in diesem Leben am mehresten befähiget haben, vollends zubereitet werden. Alle diese Regionen haben aber auch ihre Bewohner; der Himmel, den sie sich hoch in der Höhe, über den Sternen dachten, ist der Sitz der höchsten Majestät Gottes, und seine Bürger sind die Schaaren der Engel und seeligen Geister. Die Hölle ist im innern holen Raum der Erde, wohin der Satan nebst seinen Engeln dereinst verwiesen wird, wenn Er seine Rolle auf Erden ausgespielt hat, und da wird dann auch der Auffenthalt der unseeligen Menschen seyn. Die Vorstellung die sie sich vom Weltsystem machten, war folgende:

§. 19.

Die Erde ist der Hauptgegenstand der körperlichen Natur; die Sonne und alle leuchtende Sterne, die sie für nichts anders als für feine Lichtwesen hielten, sind um der Erde, und alles zusammen um der Menschen willen da; diesen Sternen schrieben sie einen grosen Einfluß auf die Erde und ihre Bewohner zu, und sie sahen sie als die Werkzeuge an, wodurch Gott die physische und moralische Natur regiere. Nach ihren Begriffen steht die Erde im Mittelpunct des

ganzen Alls, und der ganze Himmel mit aller seiner Majestät, muß sich in 24 Stunden um die Erde bewegen.

§. 20.

In Ansehung der Geisterwelt glaubten sie, daß sich der
Satan mit seinen Engeln in der Luft aufhalten, und einen
grosen und mächtigen Einfluß auf die Menschen habe; daß
aber auch die heiligen Engel um und bey den Menschen
wären, sie schüzten und ebenfalls Einfluß auf sie hätten.
Daß abgeschiedene Seelen, je nach ihren Verhältnissen
wieder erscheinen könnten, war ihnen keinem Zweifel
unterworfen.

§. 21.

Gegen alle diese Vorstellungen der allgemeinen christlichen
Kirche hat die Bibel nichts einzuwenden, und die damalige
Aristotelisch-Platonisch-scholastische Philosophie, welche die
Vernunft der Gelehrten allgemein beherrschte, war auch
vollkommen damit zufrieden. — Wenn auch hie und da ein
hellsehender Selbstdenker, diesen oder jenen Punct unmöglich fand, oder der glüende Gnostiker, auf der andern
Seiten, noch mehrere Unmöglichkeiten in das Welt- und
Geistersystem hinein schuf, so verursachte das wohl Feder-
kriege und Kezermachereyen, aber die Hauptbegriffe blieben
denn doch in beyden Kirchen, der Morgenländisch-Grie-
chischen und der Abendländisch-Lateinischen, oder Römischen, felsenfest und canonisch stehen, und mit ihnen
Ahnungen, Gesichte, und Geistererscheinungen, die sie alle
dem Geist Gottes und den Engeln, auch abgeschiedenen
Seelen zuschrieben.

§. 22.

Nach und nach, aber schon früh, vorzüglich von den Zeiten Constantins des Grosen an, vergaß die Geistlichkeit, die goldenen Worte Christi: »der Gröseste unter Euch soll seyn wie der Geringste, und der Vornehmste wie ein Diener«, im Gegentheil, sie maßte sich immer grösere Ehre an, und strebte sogar nach der allgemeinen Weltmonarchie. Da sie nun keine, oder doch sehr schwache weltliche Waffen hatte, so erschuf sie sich geistliche, und da bot ihr das Geisterreich ein unerschöpfliches Rüsthaus dar; sie hatte Gewalt über die bösen Geister, und konnte sie austreiben, denn wenn jemand eine etwas verwickelte Krankheit hatte, die die Ärzte nicht erklären konnten, so war er vom Teufel besessen, und der Geistliche mußte herbey, um ihn auszutreiben. Es gab Zauberer und Zauberinnen, die niemand bändigen, und ihre Würkungen hemmen konnte, als der Geistliche. Jezt wurde nun auch der Hades, der bisher ein, an und für sich selbst, leidensfreyer — wenn nicht jemand Quaal und Jammer in seinem Busen mit hineinbrachte — Auffenhalt gewesen, zum Glutofen umgeschaffen; in welchem alle abgeschiedene Seelen, die sich der Heiligsprechung nicht würdig gemacht hatten, wozu manchmal nur blinder Gehorsam, äussere Werkheiligkeit, und Verfolgung der Kätzer erfordert wurde, wie Silber und Gold geläutert werden musten. Dies war nun ein vorzüglich mächtiges Mittel, auch die grösten Monarchen mit allen ihren Armeen, und alle christliche Nationen unter den Gehorsam der Geistlichkeit zu bringen: denn diese behauptete, und man glaubte es allgemein, daß sie den Schlüssel zum Fegfeuer habe, und durch Seelenmessen und Gebäte, die sie sich dann gut bezahlen ließ, die armen Seelen daraus erlösen, und zur Seeligkeit befördern könnte.

§. 23.

Diese und noch andere Beweggründe mehr, machten es der Geistlichkeit zur Hauptsache, daß sie immer den mächtigen Einfluß der Geisterwelt auf die Menschheit, als einen der wichtigsten Puncte der Glaubenslehre handhabe. Hier finden wir nun die Hauptquelle des sinnlosesten, und empörendsten Aberglaubens, der allerdings verdient, bis auf die Wurzel ausgerottet zu werden. Dies geschieht aber nicht dadurch, daß man unläugbare Thatsachen wegläugnet, sondern daß man die heilige Wahrheit rein und lauter darstellt.

§. 24.

Das oben beschriebene christliche System der Geister- und Körperwelt stand fünfzehnhundert Jahr unerschüttert da; auf einmal trat der Mönch Nicolaus Copernikus auf; mit gewaltiger Hand rückte er die Erdkugel aus dem Mittelpunkt der Schöpfung weg, sezte die Sonne dahin, und ließ nun jene in einem Jahr um diese, und in 24 Stunden um ihre eigene Axe laufen. Durch diese glückliche Erfindung wurde viel Unbegreifliches, begreiflich, und vieles Unerklärbare, erklärbar. Der Pabst und die Geistlichkeit machten gewaltig grose Augen, sie drohten mit Fluch und Bann, allein dem war Copernicus entwischt, die Erde war nun einmal am fortrollen, und kein Bannfluch konnte sie hemmen. Daß diese Misbilligung und Furcht der Geistlichkeit gegründet war, das haben die Folgen des copernikanischen Systems bewährt: denn nun sahe man allmälig alle Fixsterne für Sonnen an, die vielleicht alle, solche Planeten zu Begleitern hätten, folglich wurde nun die Erde zu einem höchst unbedeutenden Punct in dem grosen unermeßlichen All. Ob sich aber doch bey diesem allgemein angenommenen Weltsystem, nicht noch das Eine oder Andere erinnern laße, das werden wir weiter unten sehen.

§. 25.

Während der Zeit, hatten nun auch der seelige Luther, und seine Gehülfen, von Seiten der kirchlichen Glaubenslehren eine große Revolution in der Christenheit zu stand gebracht, die heilige Schrift wurde wieder die einzige Richterin des Glaubens und Lebens, und die Geistlichkeit der Protestantischen Kirche begab sich aller Ansprüche, auf die Herrschaft über die Geisterwelt; das Fegfeuer löschte sie aus, und vergrösere die Hölle durch den Hades: es wurde durchaus kein Mittel- oder Reinigungsort mehr geglaubt, sondern alle abgeschiedene Seelen, giengen so gleich an den Ort ihrer Bestimmung, in den Himmel oder in die Hölle über. Daß sie hier der Sache zu viel that, das werde ich an seinem Ort beweisen: daß man den Hades zum Fegfeuer machte, war unrecht, aber daß man ihn mit dem Fegfeuer wegschafte, war auch wieder zu weit gegangen. Übrigens bekümmerte sich die Geistlichkeit, als solche, wenig um das copernikanische System, man sahe es als eine Sache an, die wenig Einfluß auf die christliche Glaubenslehre haben könne, aber man irrte sich: denn die folgenden Astronomen bearbeiteten dies Lehrgebäude weiter, und fanden, daß es überall die Probe hielt, und nun erschienen endlich die grosen Männer, Des Cartes (Cartesius) Newton und andere, die durch ihre Erfindungen und Entdeckungen der Sache den entscheidenden Ausschlag gaben, dergestalt, daß nun jezt das copernikanische Weltsystem bey allen Gelehrten, über allen Widerspruch erhaben ist, besonders auch darum, weil alle Berechnungen des Laufs der Sterne, nach diesem System, auf das genaueste eintreffen.

§. 26.

Daß dieses copernikanische Weltgebäude, der christlichen Glaubenslehre nachtheilig werden könne, hatten vielleicht nur der Pabst und sein Consistorium geahnet, aber nun zeigte sich allmälig daß sie nicht geirrt hatten: dem consequenten denkenden Kopf musten nun folgende Gedanken nothwendig einfallen: Die Erde mit ihrer Menschheit kann unmöglich der Hauptgegenstand der Schöpfung seyn; sie ist nur ein unbedeutendes kleines Planetchen, ein Punct im unermeßlichen Weltall — die andern prächtigen, und weit gröseren Himmelskörper, müßen weit mehr Werth in den Augen des Schöpfers; und ihre Bewohner ebenfalls viele Vorzüge vor den Menschen haben, — und doch soll der Sohn Gottes, der Logos, durch den das ganze All geschaffen worden, in diesem abgelegenen unbedeutenden Winkel, menschliche Natur angenommen, und diese auf den Thron aller Welten hinaufgeadelt haben — jezt muß also die ganze Geisterwelt jährlich mit der Erde die Reise um die Sonne machen — u. s. w.

§. 27.

Ich bitte meine Leser, sich durch diese scheinbaren Gründe nicht irre machen zu laßen! ich werde ihnen im Verfolg einen Felsengrund anzeigen, der der Natur, der Vernunft, und der Bibel, angemessen ist, und auf dem ihr Glaube unerschütterlich ruhen kann, so lang bis wir Alle zum Schauen gekommen sind.

§. 28.

Die Geistlichkeit bekümmerte sich entweder um das Alles nicht, oder sie suchte es, so gut sie konnte, mit den Glaubenslehren zu vereinigen: die Römisch-katholische sezte ihre Herrschaft über das Geisterreich fort, und die Protestantische nahm keine Notiz davon; Ahnungen, Gesichte, und Geistererscheinungen, waren entweder Trug, Täuschun und Phantasie, oder, wo man die Thatsachen nicht läugnen konnte, da hielt man es für Spuckerey des Satans, und seiner Engel. Den abgeschiedenen Seelen hatte man durch das Gesetz, daß die Frommen gleich nach dem Tod in den Himmel, und die Gottlosen in die Hölle müsten, zum Rückgang auf die Erde, das Thor verschlossen.

§. 29.

Das neue mechanische Weltsystem, hatte der menschlichen Vernunft zum ferneren Forschen Thür und Thor geöfnet. Daher wagte sie es nun auch, mit diesen mechanischen Naturgesetzen in die Geisterwelt hinüber zu gehen, und eben hier wurde nun die Quelle zum Glauben an die eiserne Nothwendigkeit des Schicksals, dieser ungeheueren Gebährerin alles Unglaubens, aller Freygeisterey, mit einem Wort des Abfalls von der ächten Christusreligion, und des furchtbaren Antichristenthums eröfnet, man sezte nun ein für allemal den Grundsatz vest, es existire nichts anders in der ganzen erschaffenen Natur, als Materie, und Kraft — Die Materie untersuchte man in der Naturlehre, durch Versuche aller Art, vorzüglich wurde die Chymie in diesem Fach sehr fruchtbar. Dadurch wurden nun die vortreflichsten, und im menschlichen Leben höchstnüzliche Entdeckungen gemacht, so daß die Männer die sich damit beschäftigten, ewigen Dank verdienen. Da man aber nun bey diesen Untersuchungen, keine andere Kräfte entdeckte, als solche die der Materie eigen sind; oder wenn man Würkungen verborgener Kräfte bemerkte, alsofort schloß, sie seyen auch materiel, nur nicht entdeckt, und man werde bey fernerem Fortschritt, auch ihnen auf die Spur kommen, welches auch gewöhnlich geschah, so sezte man als unwiderruflich vest, es gebe durchaus keine andere als materielle Kräfte. Diesen Satz begründete nun noch vollends der Folgeschluß: alle Kräfte der Materie, mithin auch der Körper, würken nach ewigen unveränderlichen Gesetzen, das ganze Weltall besteht aus Materie und ihren Kräften, folglich geschehen auch alle Würkungen im Weltall, nach ewigen und unveränderlichen Gesetzen.

Aus diesem folgte noch ein anderer eben so fruchtbarer als furchtbarer Schluß:

§. 30.

Wenn alle Würkungen im Weltall nach ewigen und unveränderlichen Gesetzen geschehen, die in der Materie zu unendlich mannigfaltigen Zwecken gegründet sind, so ist die Welt eine Maschine; das ist: ihre ganze Einrichtung ist mechanisch; da aber nun jede fremde Einwürkung in eine Maschine eine Störung, in ihrem bestimmten Gang zum Zweck, macht, so kann es keine Wesen geben, die Einfluß auf die Körperwelt haben; wenn solche Wesen zur Weltregierung, und ihre Mitwürkung in die Natur nöthig wären, so wäre das ganze Weltall eine sehr unvollkommene Maschine, und eine solche konnte der höchstvollkommene Baumeister aller Welten nicht machen.

§. 31.

Aber nun, der Mensch mit seiner vernünftigen Seele! Hier gieng man Anfangs behutsam zu Werke: denn die Männer welche obiges mechanische System zu Stand brachten, wenigstens die Wichtigsten unter ihnen, hatten gewiß nicht den Zweck, der Religion zu schaden, und sie ahneten nicht von ferne, daß ihr Lehrgebäude ihr zum Grabmahl dienen würde. Daher sahen sie freylich den Menschen auch als ein Rad in der grosen Weltmaschine an, aber sie behaupteten doch auch zugleich seinen freyen Willen, folglich freye Handlungen die durch die Vernunft bestimmt werden. Den Widerspruch zwischen freyen Handlungen, und ewigen unveränderlichen Naturgesetzen, durch welches alles nothwendig so und nicht anders geschehen kann, und muß, glaubten sie dadurch zu heben, wenn sie behaupteten: Gott habe vor der Grundlegung der Welt gleichsam einen Plan entworfen, nach dem Er diese beste Welt unter allen Möglichen, schaffen und einrichten wollte. In diese Welt nahm Er nun auch die Menschheit, die aus lauter vernünftigen, freywürkenden Wesen, bestehen sollte, auf. Da Er nun als ein allwissender Gott wuste, was jeder Mensch, jedes freyhandelnde Wesen, wählen und thun würde, so richtete Er seinen Plan so ein, daß alle böse und gute Thaten hinein paßten, und alles endlich zum großen Ziel der ganzen Schöpfung hinführen muß.

§. 32.

Die Idee von einem solchen Plan, und die Einrichtung, in Ansehung der Einwürkung der freyhandelnden Menschheit, nannte man das System der besten Welt. Ein groser Theil denkender Männer, auch redliche Theologen begnügten sich mit dieser Feigenblätter-Schürze, und liesen es nun dabey bewenden, aber es gab andere die doch die Blöse entdeckten: denn sie sagten, wenn Gott die freye Handlungen der Menschen mit in die ewigen und nothwendigen Naturgesetze verwebt hat, so werden sie unfehlbar selbst unabänderlich, folglich auch nothwendig, und der Begrif von menschlicher Freyheit ist Täuschung.

§. 33.

Dieser Schluß folgt ganz natürlich, aus dem Grundsatz der besten Welt, wären diese Begriffe richtig, so wäre es auch jener. Dies ist aber ein so fürchterlicher Gedanke, daß dem Gottes- und Menschenfreund ein Schauer durch Mark und Bein dringt, wenn er sich ihn nur vorstellt: denn nun sind alle Sünden und Greuelthaten, vom Fall Adams an, bis auf den lezten Sünder der Menschheit, Gott wohlgefällig, denn Er hat sie ja mit in den Plan zur besten Welt aufgenommen, — wenigstens sie waren dem Schöpfer zu seinen Zwecken nothwendig, weil Er sie nicht vermieden hat. Kann man sich etwas schrecklicheres vorstellen? — Wenn also jemand, auch das gröste Laster begeht, so kann er denken: diese That gehört mit in den Plan der besten Welt, sonst hätte mich Gott sie nicht begehen laßen, und da Er sie also mit in seinen Plan aufgenommen hat, so kann Er mich nicht darüber strafen. Was noch Alles aus diesen Sätzen, ganz logisch richtig folgt, ist so höllisch, gräulich, und empörend, daß ichs nicht von weitem berühren mag. Hier hört alle göttliche Offenbarung, die Bibel mit ihrem ganzen Inhalt, die Sendung des Sohns Gottes, und sein ganzes Erlösungswerk, auf. Da findet überhaupt keine Religion mehr statt; wenn es einen Gott giebt, so geht Er uns nichts an, oder wenn Er etwa selbst, die alleswürkende Naturkraft wäre, so hilft uns das wieder nichts, weil Er Alles nach ewigen und unveränderlichen Naturgesetzen regiert, in denen in Ewigkeit nichts zu ändern ist.

Seht meine Freunde und Freundinnen! auf diesem Wege geht heut zu Tage die so hochgepriesene Aufklärung unaufhaltbar dem ewigen Verderben entgegen, und reist ganze Schaaren von Menschen mit sich fort. Das ist dann auch die Nichtreligion des Menschen der Sünden, der er eine religiöse Larve umhängen wird.

§. 34.

Der grose Leibniz, war der Erfinder des Grundsatzes der besten Welt, — er hat wohl von weitem nicht geahnet, daß solche Folgen daraus entstehen würden; indessen machte ihn doch ein Englischer Philosoph aufmerksam; nun setzte er sich hin, und schrieb seine Theodicee, ein Meisterstück des Scharfsinns, und des tiefen Denkers; aber am Ende beweist es weiter nichts, als daß auch die höchste Kunst nicht vermögend sey, eine böse Sache zu vertheidigen.

§. 35.

Ich weiß gar wohl, daß bey weitem nicht Alle, die an das mechanisch-philosophische System glauben, bis zu obigen schrecklichen Begriffen hinabgesunken sind; es giebt da unendlich viele Abstuffungen, auf welchen, Schaaren von Aufgeklärten, stehen; aber daß alle diese Abstuffungen zum ewigen Verderben führen, weil sie alle unaufhaltbar zu jenen höllischen Ideen der Nichtreligion hinstreben, das ist unläugbar. Wer ein consequenter Denker ist, und das mechanische System angenommen hat, der kann nicht anders, seine Vernunft führt ihn unfehlbar zu jenem schrecklichen Ziel; folglich ist und muß dies mechanische System grundfalsch seyn, und daß es das ist, das werde ich im Verfolg unwidersprechlich darthun.

§. 36.

Denkt nicht, meine Lieben! daß ich zu weit von meinem Ziel abschweife! — wenn ich meine Theorie der Geisterkunde unerschütterlich gründen will, so muß ich diesen Weg einschlagen, und zuerst zeigen, welche mächtige Hindernisse ihr entgegen stehen.

§. 37.

Wenn die Welt eine Maschine ist, die durch ihre anerschaffene Kräfte, allein, ohne andere Beyhülfe ihren Gang
geht, wenn so gar Gott selbst nicht mitwürkt, so haben auch
weder gute noch böse Engel Einfluß auf sie. Diesen Satz
sezt die Aufklärung, als erwiesen, vest. Es giebt auch ihrer
Behauptung nach, keine solche Wesen, und wenns ihrer
gäbe, so gehen sie uns so wenig an, als etwa die Bewohner eines
Planeten; was die Bibel von ihnen sagt, ist Bildersprache.

Ach mein Gott! welche eiskalte trostlose Vernunftweis-
heit ist das! — sie weiß von keinem Vater im Himmel, und
von keinem Erlöser; ists ein Wunder, daß sich ein Unglücklicher, der dies System angenommen hat, eine Kugel durch
den Kopf jagt?

§. 38.

Während dem, daß die grosen Philosophen diesen schrecklichen Basilisken ausbrüteten, liesen sie die Geisterwelt,
Ahnungen, Gesichte, und Geistererscheinungen ruhen, aber
das gemeine Volk glaubte sie noch immer vest, es spukte
noch allenthalben, man legte Träume aus, es gab Währ-
wölfe, wilde Jäger; die Irrwische gehörten noch unter die
furchtbaren geistigen Wesen, und allenthalben waren noch
Hexereyen im Gang. Daß dieser wilde Aberglauben hin
und wieder entsezliche Folgen hatte, daran ist kein Zweifel;
aber man glaubte auch an Gott, an Jesum Christum den
Weltheiland, man bätete mit Glauben und Vertrauen, man
fürchtete die Hölle, und hofte auf den Himmel. Legt man
nun jenen Aberglauben mit diesem frommen Glauben auf
die eine Waagschale der Wahrheit, und den jezzigen Unglauben auf die andere; so zeigt sich bald, auf welcher Seite
der Ausschlag ist. — Die damaligen Sitten verglichen mit

den heutigen, zeugen laut, daß der seelige Jerusalem recht hatte, wenn er sagte: lieber die spanische Inquisition, als herrschenden Unglauben.

Gott bewahre und für beyden!

§. 39.

Die Folgen des finstern Aberglaubens fielen indessen stärker ins Auge, als die Folgen des mechanisch-philosophischen Systems; man ahnete nicht von weitem, daß es unfehlbar zum Abgrund führe, sondern man hofte und glaubte, es werde die Religion in ihrer höchsten Reinigkeit darstellen; daher grif man nun den Aberglauben mit den Waffen an, die die Philosophie an die Hand gab; man stürzte ihn vom Thron, aber auch mit ihm den seeligen beruhigenden Glauben des Christen. Daß man lezteres nicht wollte, das versteht sich.

Balthasar Becker in Holland, und Thomasius in Teutschland haben durch den Sturz des Aberglaubens ihre Namen verewigt.

§. 40.

Ich kann unmöglich die in der Mitten wandelnde heilige Wahrheit finden, den Aberglauben, und den Unglauben stürzen, wenn ich nicht die Gründe zeige, und dann vernichte, auf welche alle Bekämpfer des Aberglaubens, und mit ihm des wahren Glaubens ihre Batterien anlegten, und noch immer anlegen: Aus den Ideen der besten Welt, war nun schon ausgemacht, daß die physische und moralische Welt, blos und allein durch ihre eigenen anerschaffenen Kräfte regiert werde, und daß weder Gott, noch gute und böse Engel und Geister, Einfluß auf sie hätten. — Aber man gieng noch weiter: man bewieß auch nun, wie man glaubte, unwidersprechlich, daß es überhaupt, — nach dem Bibelsinn — keine Geister, keine gute, und keine böse Engel gebe. Daß ein Gott sey, das glaubte man, aber nur aus Höflichkeit, doch waren auch einige so ungezogen, daß sie es läugneten; indessen dachten diese consequent: denn wenn Gott keinen Einfluß auf die Welt hat, so geht Er uns auch nicht an; und es kann uns sehr einerley seyn, ob dann ein Gott existirt, oder nicht, die Welt kann ja auch von Ewigkeit her gewesen, und selbst ihr eigener Gott seyn. Seht meine Lieben! auf solche ungeheuere Ideen führt die sich selbst überlassene menschliche Vernunft.

§. 41.

Der Beweiß daß es keine gute und böse Engel gebe, gründet sich auf folgende Sätze:

1.) Gott und die Natur schaffen nichts Überflüßiges; da nun die Materie der ganzen Körperwelt, mit ihren gehörigen Kräften versehen ist, so bedarf sie keiner fremden mit ein- würkenden Wesen; und wenn sie solcher bedürfte, so wäre sie kein vollkommenes Werk, Gott kann aber keine unvoll- kommene, sondern Er muß die beste, die vollkommenste Welt schaffen; und

2.) Wenn es ausser Gott noch vernünftige Wesen giebt, so gehören sie zu einer andern Welt die uns nichts angeht. Da nun diese Wesen Gott nicht gleich seyn können, son- dern endlich und eingeschränkt sind, so sind sie auch Irr- thümern und Fehltritten ausgesezt, sie können also weder vollkommen gut, noch vollkommen böß seyn. Es giebt also weder durchaus gute noch durchaus böse Wesen.

§. 42.

Aber der Mensch ist sich selbst das gröste Räthsel — das denkende Wesen in ihm, mit allen seinen anerschaffenen in ihm gegründeten Trieben, läst sich doch nicht aus den Kräften der Materie erklären. Aus allen möglichen Zusammensetzungen dieser Kräfte entsteht nicht Selbstbewustseyn, Urtheilskraft, Verstand, Vernunft, Gedächtniß, Einbildungskraft, u. s. w. — u. s. w.

Hier fällt es unsern mechanischen Philosophen schwer, dies unbekannte Etwas mit der grosen Weltmaschine, mit Materie und Kraft, in Einklang zu bringen. Leibnizens Monaden-Lehre, und seine vorherbestimmte Harmonie, wurden bald mit Recht als unstatthaft verworfen. Es blieb also anders nichts übrig, als man muste entweder annehmen, daß die Seele des Menschen, durch das unbegreiflich wunderbar gebaute Gehirn aus den Naturkräften gebildet, und also doch ein Resultat der körperlichen Natur, und ihrer Kräfte sey, daß sie also auch mit dem Tod aufhöre. Oder man sezte vest, die menschliche Seele sey ein unmaterielles, für sich zwar bestehendes Wesen, das aber nur blos durch den Körper mit dem es verbunden ist, würken, ohne ihn aber keinen Einfluß auf Dinge ausser sich haben könne.

Diese leztere Meynung ist unter unsern heutigen Aufgeklärten die Allgemeinste. Hieraus ziehen sie nun nachstehende Folgen:

§. 43.

Der menschliche Geist ist nicht Materie, er kann also auch keine Kräfte haben, die der Materie zukommen; er kann keinen Raum einnehmen, kann ausser seinem Körper nicht auf andre Körper würken; von seinem Körper abgesondert, fällt er nicht mehr in die Sinne; es ist also unmöglich daß er nach dem Tod erscheinen könne, und wenn die Unsterblichkeit der Seelen ihre Richtigkeit hat, dann bleibt ihm nach dem Tod nichts als ein dunkles Selbstgefühl seines Daseyns, ohne Rückerinnerung, übrig, bis daß er entweder in der Auferstehung, oder sonst durch eine noch unbekannte Anstalt, in der besten Welt, wieder einen Körper bekommt, und also aufs Neue zu würken anfängt, ob er sich aber dann seines vergangenen Lebens erinnern könne, sey ungewiß, und schwer zu glauben, weil er denn doch in keinem Fall, die vorigen Werkzeuge, sondern ganz andre bekäme.

O der traurigen Vorstellungen! wie unglücklich wären wir Menschen wenn sie wahr wären! — Aber Gottlob und Dank daß sie es nicht sind! und das will ich nun, hoffentlich unwidersprechlich beweisen: ich bitte mir also die angestrengteste Aufmerksamkeit, und ernstes Nachdenken aus, und wer sich dann getraut, mich zu widerlegen, der thue es, ich werde ihm Rede stehen, nur daß es liebreich, mit Wahrheitsliebe geschehe.

§. 44.

Wenn die Körperwelt so ist, wie sie in unsre Sinnen fällt; wenn sie sich Gott eben so vorstellt, dann ist das bisher beschriebene mechanisch-philosophische Weltsystem, mit allen seinen schrecklichen Folgen, himmelveste Wahrheit: denn die ganze Demonstration ist logisch richtig, es kommt nur blos darauf an, ob die ersten Vordersätze, die Prämissen richtig sind? — daß sie das aber gar nicht sind, das will und das kann ich beweisen.

§. 45.

Wenn unsre Augen, Ohren, mit einem Wort alle unsre sinnlichen Werkzeuge, nebst dem Gehirn und den Nerven anders gebaut, anders organisirt wären, so empfänden wir die ganze sinnliche Welt ganz anders als wir sie jezt empfinden. — Denkt diesem ernstlich und reiflich nach, meine

Leser! — so werdet ihr es wahr finden — Wär unser Auge anders eingerichtet, so empfänden wir Licht, Farben, Figuren, Gestalten, Nähe und Ferne, alles ganz anders. Erinnert Euch nur an Vergröserungs- und Ferngläser, jene machen Alles gröser, diese Alles näher, wären nun Eure Augen so eingerichtet, wie jene Gläser, so wär Alles gröser und näher als es jezt ist; man kann durch Gläser, die auf mancherley Weise geschliffen sind, Licht, und Farben, und alle Gestalten verändern; wie wenn nun alle menschliche Augen so eingerichtet wären, bekäm dann nicht die ganze Natur eine andere Gestalt? wendet dieses auf alle menschliche Sinnen an, was wird daraus folgen? — gewiß nichts anders, als eine ganz andere Welt, alle unsre Vorstellungen und Schlüsse wären ganz anders.

§. 46.

Die menschlichen Sinnen empfinden nur die Oberfläche der Dinge in Raum und Zeit, das ist, in der Ausdehnung und Aufeinanderfolge — in ihr inneres Wesen dringt kein erschaffener Geist, nur allein der Schöpfer der sie gemacht hat. Wir sind eingeschränkte Wesen, daher sind auch alle unsre Vorstellungen eingeschränkt: wir können uns keine zwey Dinge, geschweige mehrere zugleich vorstellen, daher musten wir so organisirt seyn, daß uns alle Dinge aussereinander, nämlich im Raum, und nacheinander das ist in der Zeit erscheinen. Der Raum und die Zeit entstehen also blos in unserer Seele; ausser uns im Wesen der Natur selbst, ist keins von Beyden. Da nun alle Bewegungen in der ganzen Schöpfung in Raum und Zeit geschehen, ohne beyde keine Bewegung möglich ist, so sind auch alle Bewegungen in der ganzen Schöpfung blos Vorstellungsformen in unserer Seelen, die aber in der Natur selbst nicht statt finden.

Folglich sind auch alle Weltsysteme, auch selbst das Copernikanische, blos Vorstellungsformen. In sich selbst aber ist die Schöpfung anders.

§. 47.

Gott der allmächtige Schöpfer stellt sich die Welt vor, wie sie in der That und Wahrheit ist, und zwar nur Er allein, denn alle erschaffene Wesen sind eingeschränkt, und können sich also auch die Welt nur in Schranken vorstellen; folglich nicht so, wie sie in sich ist; wenn sie es nun wagen, über die ihnen angewiesene Schranken hinauszugehen, so gerathen sie in ungeheuere Widersprüche, und Irrthümer.

§. 48.

Gott hat uns Menschen so geschaffen, so organisirt, wie wir sind; Er will also auch daß wir uns die Welt so vorstellen sollen, wie wir sie uns würklich vorstellen, für uns ist das Alles auch würklich Wahrheit, und Alles was wir mit unsern Sinnen empfinden, ist auch nicht leere Einbildung, sondern wahrhaft in der Natur der Dinge gegründet, meine Überzeugung ist also nicht Idealismus; aber, daß wir uns die Dinge nicht vorstellen, wie sie in sich sind, das ist, wie sie sich Gott vorstellt, das ist eine ewige unwidersprechliche Wahrheit.

§. 49.

Alle Vorstellungen die sich auf Raum und Zeit gründen, sind eingeschränkt; da nun Gott der Ewige, Unendliche, und Unbegreifliche keine Schranken kennet, so stellt Er sich auch die Welt nicht in Raum und Zeit vor; da nun seine Vorstellungen allein Wahrheit sind, so ist auch die Welt nicht in Raum und Zeit; ferner: da das was wir Körper und

Materie nennen, einen Raum einnimmt, durch die Zeit fortdauert, und die Dinge aussereinander sich im Raum bewegen, durch Kräfte aufeinander würken, u. s. w. Raum und Zeit aber würklich in der Schöpfung selbst nicht existiren, sondern nur Vorstellungsformen sind, so ist das was wir Materie, Kraft- und Wechselwürkung aufeinander nennen, blos menschliche Vorstellung, in der Wahrheit befindet sich Alles anders.

Ich fühle wohl, daß meine Leser, bey dem allem was ich bisher gesagt habe, stutzen, und denken werden: nun wo will das endlich hinaus? — leset nur ruhig und aufmerksam weiter, so wird sichs finden.

§. 50.

Den Theil der Schöpfung den wir mit unsern Sinnen empfinden, wollen wir die Sinnenwelt nennen; innerhalb dieser Sinnenwelt, können und sollen wir nach den Gesetzen des Raums und der Zeit, und der Wechselwürkung der Dinge aufeinander, urtheilen und schliesen, da kann und soll uns das copernikanische Weltsystem lieb und angenehm seyn, aber so bald wir es in die Welt der Wahrheit übertragen, und es mit den Einwürkungen Gottes auf die Sinnenwelt, und mit dem Geisterreich in Verbindung bringen wollen, so urtheilen wir, wie der Blinde von der Farbe, und gerathen in Absurditäten. Die Astronomen sollen es nur als ein mathematisches Axiom ruhig fort gebrauchen, und die Sinnenwelt, durch ihre Erfindungen und Entdeckungen immermehr erweitern; für uns ist die uralte Bibelvorstellung, und der Begrif den sich die Menschheit von jeher von der Welt machte, daß nämlich die Erde im Mittelpunct stehe, und sich das ganze Firmament um die Erde bewege, daß auch diese der wichtigste Theil der Schöpfung sey, wahr und beruhigend. Denn da doch alle Bewegung nur in Raum und Zeit geschehen kann, Raum und Zeit aber im Reich der Wahrheit nicht existiren, so existirt auch da keine Bewegung, sondern nur allein in unserer Vorstellung, und da kann sich eben so gut das Firmament in 24 Stunden um die Erde bewegen, als die Erde um die Sonne. Das coperni-kanische System gründet sich auf die würkliche Existenz des Raums, der Zeit, und der Bewegung in beyden; da sich aber nun alle drey im Reich der Wahrheit nicht befinden, so ist auch das copernikanische System nichts weiter, als eine leichtere Methode eine schwere Aufgabe aufzulößen. Das alte Weltsystem, wo die Erde mit der Menschheit der Haupt-gegenstand der Schöpfung ist, und sich alles Andere um sie her bewegt, ist die natürlichste, allen Menschen sich auf-dringende Vorstellung; sie läst sich auch am leichtesten mit den Vorstellungen der übersinnlichen Welt vereinigen, und ist also für uns das wahreste System; das copernikanische hingegen, ist durch Vernunftschlüße entstanden, die sich auf die Würklichkeit des Raums und der Zeit gründen, und also nicht wahr sind.

Jeder vernünftige Mensch, der nur einigermaßen eines ruhigen und unpartheyischen Nachdenkens fähig ist, muß und wird alles bisher gesagte unwidersprechlich wahr finden; und sollte noch hie und da der Eine oder der Andere Zweifel und Anstoß haben, der melde sich, ich werde jeden Zweifel lösen, und jeden Anstoß wegräumen.

§. 51.

Was ist also nun das mechanisch- philosophische System? — Innerhalb den Gränzen der Sinnenwelt, das einzige herr-liche, und uns von Gott geschenkte Mittel die menschliche Wahrheit, was für uns wahr ist, zu erkennen; so bald wir

uns aber damit über die Gränzen der Sinnenwelt hinaus-
wagen, und das Übersinnliche, und so gar Gott selbst
darnach beurtheilen wollen, so gerathen wir in fürchterliche
Widersprüche, und diese sind dann auch Cherubim mit
kreisenden Flammenschwerdtern, die uns von den Thoren
des Paradieses zurück halten sollen. Wenn wir aber dennoch
weiter gehen, und vom mechanischen System geleitet, entweder Alles wegläugnen wollen, was nicht in die Sinnen
fällt, folglich nicht in die Sinnenwelt gehört; oder das Übersinnliche, und so gar Gott selbst, nach den Regeln des
Sinnlichen beurtheilen, und dies als veste praktische Wahrheit, zum Leben und Würken, zum Grund legen wollen, so
begehen wir eine Sünde, die unserer Bibel nach, den Fall
des Satans nach sich gezogen hat. Wir machen unsre Vernunft zur Quelle der Wahrheit, folglich zu einem Gott.

Aus allem bishergesagten folgen nun richtig und natürlich
nachstehende Sätze.

§. 52.

Gott lebt und denkt nicht in Raum und Zeit, bey Ihm ist
kein Vor und kein Nach, folglich kann auch von keinem Plan
und Verkettung freyer Handlungen, mit vesten und unabänderlichen Gesetzen die Rede seyn, die ganze Idee von der
besten Welt ist also ein kindischer Begrif, der im Reich der
Wahrheit nicht statt findet; da wir uns aber doch von dieser
Sache einen Begrif machen müßen, so nehmen wir die
biblische Vorstellung vom ewigen Rathschluß Gottes im
Glauben an, thun aber nichts davon noch dazu. Die heilige
Schrift richtet sich allenthalben nach menschlichen Begriffen, aber doch so, wie sie Gott und der Wahrheit am
geziemendsten, und zur Beglückung des Menschen am
fruchtbarsten sind.

§. 53.

Die Sinnenwelt besteht aus lauter uns unbekannten Wesen; was wir Körper und Kraft nennen, sind uns eigene Begriffe, die zwar in jenen Wesen ihren Grund haben, aber keineswegs in sich so sind, wie wir sie uns in Raum und Zeit vorstellen. Wenn wir sie also mit unsern Maschinen vergleichen, wo keine fremde Kraft einwürken darf, so irren wir sehr: denn unsre Sinnenwelt, ist mit der übersinnlichen genau verbunden, beyde würken aufeinander; der Beweiß davon liegt ja schon in unserm eigenen Wesen — unser Körper gehört zur Sinnenwelt, und unser Geist zur Übersinnlichen; mit unsern Sinnen empfinden wir die Substanz unseres Geistes nicht, aber seine Würkungen auf den Körper empfinden wir. Da wir nun in unserm eigenen Wesen finden, daß ein vernünftiger Geist, auf die Materie würken kann, und unaufhörlich würkt, wie kann man sich nun unterstehen die Einwürkung übersinnlicher Wesen, der Engel und der Geister, auf die Sinnenwelt zu läugnen? — es giebt so gar in unserer Sinnenwelt schon ein allgewaltiges allgegenwärtiges Wesen; ein Wesen ohne welches die ganze Sinnenwelt nicht bestehen, und für uns eine Null seyn würde; nämlich das Licht, wir sehen es als eine Materie an, können es auch in verschiedenen Fällen als eine Materie behandeln, und es befindet sich auch in unserer Vorstellung in Raum und Zeit, und doch hat es Eigenschaften, die der Natur der ganzen übrigen Materie gerade entgegen stehen; man bedenke nur die millionenfachen Durchkreuzungen der Lichtstralen aller leuchtenden und beleuchteten Körper, ohne sich untereinander in ihren geraden Richtungen zu verhindern. — Den Naturkündiger möcht ich sehen, der das aus den ewigen und unwandelbaren Gesezen der Materie genügend erklären könnte.

Das Licht ist zwischen der Sinnenwelt, und der übersinnlichen das Mittelglied in der Kette, in ihm geht die Eine
in die Andere über.

§. 54.

Das ganze Weltall, besteht aus lauter erschaffenen Wesen,
deren jedes ein ausgesprochenes, würklich existirendes Wort
Gottes ist. Alle diese Wesen theilen sich in zwo Hauptklassen, in denkende, vernünftige und empfindende Geister,
und in unendlich mannigfaltige andere Dinge, die wir,
ausser unserer Sinnenwelt, nicht kennen. Die Geister, oder
das Geisterreich besteht wiederum aus verschiedenen Arten,
die immer dem Grad der Vollkommenheit nach, von einander verschieden sind, aber doch alle mit einander umgehen, und auf einander würken. In diese Geisterwelt geht
der Mensch im Tode über, und sein Glück oder Unglück
kommt darauf an, ob und wie er die gegenwärtige Vorberei-
tungszeit benuzt hat?

§. 55.

Diejenigen Geister, oder Bürger der Geisterwelt, die sich, so
zu sagen, auf der Gränze der Sinnenwelt befinden, und am
nächsten mit uns in Beziehung stehen, sind die guten und
bösen Engel, und die Seelen verstorbener Menschen. Die
heilige Schrift behauptet ausdrücklich, daß jene, die guten,
und die bösen Engel, auf die Menschheit und die Sinnenwelt, doch der Freyheit des Willens unbeschadet, würken.

§. 56.

Das mechanisch-philosophische System behauptet, daß das
ganze Weltall, nach ewigen und unveränderlichen Gesetzen
so wie ein Uhrwerk regiert werde, daß also die Freyheit des
Willens bloße Einbildung und leere Täuschung sey. Ich hab

aber nun im vorhergehenden bewiesen, daß die ewigen und unveränderlichen Naturgesetze blos Vorstellungen sind, die sich auf Raum und Zeit gründen, da nun diese bloße Denkformen sind, so sinds auch jene; folglich ausser der Sinnenwelt nicht allein nicht anwendbar, sondern sie stehen auch im geraden Widerspruch mit der Wahrheit; denn wir fühlen uns in der That und Wahrheit frey, unsre Natur sagt es uns laut; auch die Vernunft belehrt uns, weil das Gegentheil mit der göttlichen, geistigen und menschlichen Natur nicht zu vereinbaren ist, und die fürchterlichsten Folgen hat, und endlich behauptet es die Bibel auf allen Blättern. Gott regiert die Welt, durch alle Classen vernünftiger, und freyhandelnder Wesen; sein Geist lenkt den Willen eines jeden Geistes durch die Vorstellung des Zweckmäsigen; Er giebt ihnen allen Gesetze, die ihr ewiges Glück und Genuß der Seeligkeit begründen, aber Er läst ihnen die freye Wahl zu folgen oder nicht. Die ihnen nicht folgen, sind böse Wesen, auch diesen läst Er ihre Freyheit, aber seine unendliche Weißheit, und ewige Liebe, weiß die Folgen böser Handlungen, auch nach und nach so zu lenken, daß lauter Heyl und Seegen daraus entsteht. Diese Begriffe entwickeln auch einen Theil des grosen Geheimnisses der Erlösung durch Christum. Hier könnte ich nun eine grose und wichtige Abhandlung, über den Fall der Engel und Menschen, und über die Wiederkehr der verlohrnen Söhne zum Vater, durch die wahre christliche Religion, anknüpfen, aber es würde mich zu weit von meinem Zweck abführen. Ich setze also meinen Stab weiter.

DAS ZWEYTE HAUPTSTÜCK.

Bemerkungen über
die menschliche Natur.

§. 57.

Ich steige nun wieder von der Höhe herab, in welcher es der menschliche Geist nicht lange aushalten kann, ohne zu schwindeln; aber ich muste diesen Emporflug wagen, um das ungeheuere Idol, das mechanisch-philosophische System vom Thron zu stürzen, und das der theokratischen Freyheit hinauf zu setzen.

Aus allem, was ich bisher behauptet, bewiesen und auseinander gesetzt habe, muß man nicht mehr folgern, als nöthig ist, um den richtigen wahren Glauben zu stützen, und den Aberglauben zu stürzen. So wie wir die Welt durch unsre Sinnen empfinden, so ist sie für uns wahr, und so lang wir innerhalb den Gränzen der Sinnenwelt bleiben, ist auch das mechanische philosophische System Gesez für uns, aber ausser diesen Gränzen durchaus nicht.

§. 58.

Daß gute und böse Engel und Geister mächtig auf uns und die Sinnenwelt würken, das behauptet die Bibel, und weder die Vernunft, noch die Natur haben etwas dagegen einzuwenden, im Gegentheil, der aufmerksame Beobachter findet zu Zeiten unläugbare Spuren solcher Einwürkungen, wie sich im Verfolg zeigen wird. Aber hier muß ich gleich Anfangs eine wichtige Warnung voran gehen lassen:

Unsre körperliche physische Natur ist in unserm gegenwärtigen Zustand blos auf unsre Sinnenwelt organisirt und eingerichtet; in unserm natürlichen Zustand empfinden wir ausser unserer eigenen Seelen, von der Geisterwelt nichts; und da auch unsre Vernunft nur auf sinnliche Erfahrungen ihre Schlüße gründen kann, so weiß sie aus sich selbst, und aus eigenen Quellen eben so wenig von einer Geisterwelt und ihren Würkungen. Nur die göttliche Offenbarung, und dann von jeher einzelne Erfahrungen, belehren uns, daß sich Wesen aus der Geisterwelt, und auch Gott selbst sinnlich gezeigt haben, und auf unsre Sinnenwelt würken.

§. 59.

Aus diesen Bemerkungen erhellet klar, daß die Natur und die Vernunft schlechterdings nicht auf die Geisterwelt und ihre Einwürkungen angewiesen sind; und bey allen Zeugnissen der heiligen Schrift, die sie von diesen Einwürkungen ablegt, verweist sie uns doch einzig und allein an die göttliche Regierung, und seine heilige alles leitende Vorsehung. Die Engel sind allzumahl dienstbare Geister, ausgesandt zum Dienst derer, die die Seligkeit ererben sollen. Hebr. 1. V. 14. und an andern Orten mehr; aber wir finden nirgend auch nur den leisesten Wink, daß wir auf irgend eine Weise uns an sie wenden, oder Notiz von ihnen nehmen sollten. Noch vielweniger soll uns Vorwiz, Neugierde, und Verlangen die Zukunft zu erfahren, antreiben, in Gemeinschaft mit der Geisterwelt zu kommen; dies ist so gar als Wahrsagerey und Zauberey verbotten. Wer also auch Ahnungen, Gesichte und Geistererscheinungen sucht, der sündigt sehr. Sie sind Ausnahmen von der Regel, und wir sind nicht darauf angewiesen. Indessen sind und bleiben sie immer merkwürdig, und der treusten, gründlichsten und unpartheyischen Untersuchung werth. Warum? das wird der Verfolg zeigen.

§. 60.

So bald das mechanische System erwiesen falsch, und nur in der Sinnenwelt gültig ist, in der Geisterwelt aber gar nicht statt findet, weil sich nur jenes aber dieses keineswegs auf Raum und Zeit gründet, so bald ist auch die Würkung zweyer, dem Raum und der Zeit noch entfernter Dinge (actio in Distans) in der Sinnenwelt unmöglich, aber in der Geisterwelt nicht nur möglich, sondern natürlich.

§. 61.

Etwas ahnden heist einen begangenen Fehler bestrafen, aber etwas ahnen bedeutet die Empfindung einer, entweder im Raum oder in der Zeit, entfernten Sache, so daß man sich derselben mehr oder weniger dunkel bewust ist. Wenn ich sage, mir ahnet etwas, so schließe ich aus vernünftigen Gründen, daß dies oder jenes geschehen werde, oder in der Entfernung geschehen sey; durch das Wort: ich ahne etwas, drücke ich die Empfindung der Einwürkung eines mir unbekannten Wesens aus, das mir etwas in der Ferne geschehenes, oder in der Zukunft noch bevorstehendes kund thun will. Um aber über diese dunkle Sache Licht zu verbreiten, müßen wir die Natur des Menschen näher untersuchen.

§. 62.

Die bisherige allgemeine Vorstellung von der menschlichen Natur bestund darinnen, daß man sich den Menschen als ein Wesen dachte, das aus Leib und Seel bestünde; den Leib betrachtete man als eine sehr künstlich organisirte Maschine, die durch die Seele in Bewegung und Würksamkeit gesezt würde, und dieses ist auch nach den Gesetzen der Sinnenwelt, und des in ihr gültigen mechanischen Systems ganz richtig, wir sollen und wir können uns unsern Körper nicht anders vorstellen.

§. 63.

Die Seele nannte man Geist, von dem man nun weiter ganz und gar nichts wuste, als daß man seine Würkungen empfand; und dies ist auch wieder vollkommen wahr: denn seine Substanz gehört nicht in die Sinnen- sondern in die Geisterwelt, und kann also von uns im gegenwärtigen Zustand nicht empfunden werden. Wie aber nun diese höchst verschiedene Substanzen Geist und Leib wechselseitig auf einander würken könnten, das wuste niemand, man erklärte, und stieß auf Widersprüche — man glaubte, und nahm die Vernunft gefangen, und das war dann auch in der Lage, das sicherste; jezt ist uns aber nun der Weg gebahnt, so daß wir wenigstens, um vieles der Wahrheit näher gekommen sind.

§. 64.

Der von den ältesten Zeiten her hin und wieder sich äussernde, in den siebenziger und achtziger Jahren, des abgewichenen Jahrhunderts von Meßmer in ein System gebrachte, gleich Anfangs aber, durch die ausgelassenste Charlatanerie, und den schrecklichsten Misbrauch äusserst verachtete thierische Magnetismus, wurde nun durch sehr geschickte, unpartheyische, und Wahrheitliebende Naturforscher, durch Männer näher beleuchtet, die man warlich der Schwäche der Schwärmerey nicht beschuldigen kann.

§. 65.

Die mir am bekanntesten sind, der seelige Hofrath Böckmann, hier in Carlsruhe, und dann mein unvergeßlicher,
nun auch seeliger Freund, Doctor Wienholt, gewesener
praktischer Arzt in Bremen. Auch Böckmann war mein
warmer Freund, und aus seinem Munde weiß ich wichtige
Bemerkungen; dann kommt noch ein gültiger Zeuge hinzu,
nämlich der Doctor Gmelin in Heilbronn; dieser grundgelehrte und nichts weniger als phantastische oder schwär-
merische Mann, hat in einigen Bänden, seine äusserst merkwürdige Erfahrungen bekannt gemacht; und eben so hat
auch der seelige Wienholt seine höchst intressante, ungefähr zwanzigjährige thierisch magnetische Praxis in einigen
Bänden gesammelt, und die ersten herausgegeben; da ihn
aber während dem der Tod übereilte, so vollendete der
berühmte Hofrath und Leibarzt Scherf in Detmold die
Herausgabe dieses Werks. Ausser diesen, hab ich aber auf
meinen vielfältigen Reisen, sehr viele gelehrten, Ärzte, und
Nichtärzte, angetroffen, deren unbestechliche Rechtschaffenheit, hellen Blick, und strenge Wahrheitsliebe ich verbürgen
kann, von denen ich noch tiefere und im höchsten Grad
merkwürdige Dinge erfahren habe, die aber nicht von der
Art sind, daß sie öffentlich bekannt gemacht werden dürfen.

§. 66.

Um alle unnöthige Weitläuftigkeit zu vermeiden will ich
hier nur die gewissen, und keinen Zweiffel mehr unter-
worfenen Resultate des thierischen Magnetismus mittheilen; wem dies noch nicht hinlänglich ist, der muß jene
angeführte Schriften selbst aufmerksam lesen, so wird er
gewiß überzeugt werden. Ehe ich aber weiter gehe, muß
ich eine sehr ernstliche Warnung an alle meine Leser er-

gehen lassen: der thierische Magnetismus ist eine höchst-gefährliche Sache. Wenn ihn der vernünftige Arzt zur Heilung gewisser Krankheiten anwendet, so ist nichts da-gegen einzuwenden, so bald er aber dazu gebraucht wird, um Geheimniße zu erforschen, auf die wir in diesem Leben nicht angewiesen sind, so begeht man eine Zaubereysünde. Ein Laster der beleidigten Majestät Gottes.

§. 67.

Wenn ein Mensch, männlichen oder weiblichen Geschlechts, von einem andern Menschen, auch männlichen oder weib-lichen Geschlechts, über die Kleider, (das Ausziehen der-selben ist unnöthig) nach gewissen Regeln, nur leise be-strichen, und dies oft wiederholt wird, so gerathen viele, einige früher, die andern später, viele auch gar nicht, in den so genannten magnetischen Schlaf (Somnambulismus) in diesem Zustand, ruhen alle Sinnen, kein Schall, kein plözliches helles Licht, keine starke Berührung kann sie wecken, und der Körper ist, ausser denen zum Leben nöthigen Würkungen, gleichsam tod. Der innere Mensch aber geräth in einen erhöhtern, und sehr angenehmen Zu-stand, welcher dem Grad nach immer mehr zunimmt, je öfter das Magnetisiren, nämlich das Bestreichen nach ge-wissen Regeln, wiederholt wird. Die Erhöhung des innern Menschen steigt bey vielen so hoch, daß sie mit dem Geister-reich in Berührung kommen, und alsdann gar oft verborgene Geheimnisse, auch Merkwürdigkeiten entdecken, die in der Ferne vorgehen, oder in der Zukunft geschehen werden.

§. 68.

Sehr merkwürdig und in der That erstaunlich ist folgender Umstand: während diesem magnetischen Schlaf empfindet der Mensch von der ganzen Sinnenwelt auch nicht das geringste, nur die Person die sie magnetisirt, und mit der sie in Beziehung (rapport) steht, sieht sie, aber nicht mit den Augen, denn sie sind entweder krampfigt zugeschlossen, oder wenn sie auch offen sind, so sind die Pupillen so weit, wie im vollkommenen schwarzen Staar; ich hielte selbst einer solchen Person eine brennende Kerze nahe vor die Augen, aber die Pupillen blieben weit, und unbeweglich, vom Licht bemerkte sie nicht das geringste; sondern sie sieht die Person, die sie magnetisirt aus der Gegend der Herzgrube — und zwar in einem lichten himmelblauen Glanz, der so wie ein Heiligenschein den Körper umgiebt. Bey vielen steigt die Erhöhung des innern Menschen nach und nach so hoch, daß sie die Gedanken und Vorstellungen ihres* Magnetiseurs aufs genaueste in seinem Innern erkennen.

§. 69.

Ich habe gesagt, daß diese Personen in ihrem erhöhten Zustand, von der ganzen Sinnenwelt ausser ihrem Magnetiseur nicht das Geringste empfinden; so bald sie aber dieser mit einer andern Person, durch gewisse Handgriffe in Beziehung sezt, so bald sieht sie auch diese andre Person, aber ebenfalls nicht mit den Augen, sondern aus der Gegend der Herzgrube; und eben so erkennt sie auch genau und richtig, was diese Person gegenwärtig denkt und sich vorstellt. In diesem Zustand erinnert sich die** Somnambüle mit der höchsten Lebhaftigkeit ihres ganzen Lebens, alle ihre Seelenkräfte sind erhöht, aber so bald sie wieder erwacht, so weiß sie von dem Allem nichts mehr.

Personen, die lange magnetisirt worden, oft somnambül gewesen sind, und einen hohen Grad der innern Erkänntnis

---

* Magnetiseur heißt die Person die andere magnetisirt.
** Somnambüle die im magnetischen Schlaf ist.

erreicht haben (Clairvoyant sind;) lesen, und erkennen Zeichnungen und Gemälde, die man ihnen für die Herzgrube hält — daß bey dieser, nach unserer gewöhnlichen Denkart unbegreiflichen Sache, kein Betrug vorgehe, darüber sind die Versuche so oft wiederholt worden, daß gegen diese gewisse und ganz richtige Erfahrung gar kein Zweifel mehr statt findet. Gmelin, Wienholt, Böckmann, u.a.m. haben diese Versuche so oft, und so behutsam gemacht, daß man diese Sache als eine sichere in der Natur gegründete Wahrheit annehmen, und richtige Folgeschlüsse darauf gründen kann.

§. 70.

Ein bekannter, gelehrter, und verehrter Theologe sahe diesen Versuch in Hamburg; er war ihm so merkwürdig, und schloß ihm so viel Verborgenes auf, daß er ein sehr lesenswürdiges Büchlein, über den inwendigen Menschen herausgab; folgende Nachricht aber, welche die Strasburger Zeitung, der Niederrheinische Courier, No. 31. den 12 ten März 1807. enthält, übertrift alle bisherige Versuche über diesen Punct, an Merkwürdigkeit; ich will ihn daher auch von Wort zu Wort hier einrücken.

»Die Geschichte einer Somnambüle in Lyon, sagt das Journal de Paris, bietet eine Reihe so auffallender Thatsachen dar, daß man geneigt seyn würde, die ganze Sache für Charlatanerie und Betrug zu erklären, wenn glaubwürdige Augenzeugen nicht die Wahrheit derselben verbürgten. Man mag lächeln, wenn man behaupten hört, eine hysterische Frau besitze die seltsame Gəbe, denenjenigen, mit denen sie, nach der Kunstsprache, in Rapport steht, verborgene Dinge zu offenbaren; aber es ist dem so — der Weise glaubt ohne Übereilung, und zweifelt mit Behutsamkeit. Herr Petetain, ein geschäzter Arzt in Lyon, der die Krankheit, an welcher diese Dame leidet, lange beobachtet hat, ist damit beschäftigt, seine gesammelten Erfahrungen darüber zu ordnen, und dem Publikum mitzutheilen, bis zur Erscheinung des angekündigten Werks des Herrn Petetain wollen wir folgende Thatsachen anführen, die ein achtungswürdiger Augenzeuge, Herr Ballanche, erzählt.

Seit langer Zeit sprach man in Lyon von einer Kataleptischen (in Entzückung fallende) Dame; schon hatte Herr Petetain mehrere äusserst auffallende Sachen über dieselbe bekannt gemacht, als Herr Ballanche neugierig wurde, die erstaunlichen Würkungen dieser Krankheit selbst kennen zu lernen. Er wählte den Augenblick, um die Dame zu besuchen, da sie sich der* Krisis näherte: an der Thür erfuhr er, daß sich nicht Jedermann ohne Unterschied dem Bette der Kranken nähern dürfe, sondern daß sie selbst die Erlaubnis dazu ertheilen müße. Man fragte sie demnach, ob sie Herrn Ballanche annehmen wolle, welches sie bejahte. Dieser näherte sich darauf dem Bette, in welchem er eine Frau ohne Bewegung liegen sahe, die allen Kennzeichen zufolge, in den tiefsten Schlaf versunken war. Er legte, wie man ihm angedeutet hatte, seine Hand auf den Magen der Somnambüle, und begann dann seine Fragen. Die Kranke beantwortete sie alle aufs bestimmteste. Dieser überraschende Erfolg reizte nur die Neugierde des Fragenden. Er hatte mehrere Briefe von einem seiner Freunde bey sich, von denen er einen nahm, dessen Inhalt er am besten zu kennen glaubte, und verschlossen der Kranken auf den Magen legte. Er fragte darauf die Schlafende, ob sie den Brief lese, welches sie mit Ja beantwortete. Dann fragte er, ob derselbe nicht einer gewissen Person erwähne, die er nannte. Sie verneinte es. Herr Ballanche, gewiß daß die

* Die Zeit des magnetischen Schlafs.

Kranke sich irre, wiederholte dieselbe Frage, auf welche er dieselbe verneinende Antwort erhielt. Die Somnambüle schien so gar über den Zweifel ärgerlich, und stieß die Hand des Fragenden, und den Brief von sich. Herr Ballanche über diesen Starrsinn betroffen, geht mit seinem Brief auf die Seite, liest ihn, und findet zu seinem grösten Erstaunen, daß er den Brief nicht auf den Magen der Schläferin gelegt hatte, welchen er hatte auswälen wollen, und daß demnach der Irrthum auf seiner Seiten war. Er näherte sich dem Bette zum zweytenmal, legte diesen Brief an die Stelle, und die Kranke sagte mit einer gewissen Zufriedenheit, nun lese sie den Namen, den er zuvor genannt habe.

Dieser Versuch hätte ohne Zweifel hundert andere befriedigt; aber Herr Ballanche gieng weiter: man hatte ihm gesagt, die Kranke sehe durch die dunkelsten Körper, und lese Briefe und Schriften durch Mauern; er fragte, ob es sich damit so verhalte, und sie bejahte es. Er nahm also ein Buch, gieng in ein anstosendes Zimmer, hielt mit der einen Hand ein Blatt dieses Buches an die Mauer, und faßte mit der andern einen von den anwesenden Menschen, die bis zur Kranken eine Kette bildeten, auf deren Magen der lezte seine Hand gelegt hatte. Sogleich las die Kranke die an die Mauer gehaltenen Blätter, die öfters umgeschlagen wurden, und las sie ohne den geringsten Fehler.

Dies ist eine getreue und einfache Erzählung dessen, was Herr Ballanche gesehen hat. Es läst sich unendlich viel dagegen sagen; aber hunderttausend solide Gründe sind nicht im Stand eine Thatsache zu vernichten. Die Dame lebt, wird von vielen Vorurtheilfreyen Menschen gesehen, und ward lange von einem geschickten achtungswürdigen Arzt beobachtet, der dasselbe sagt. Die Personen nennen ihre Namen. Wer hat den Muth, da noch zu läugnen? So weit die Strasburger Zeitung.«

§. 71.

Diese Erzählung enthält nichts, das nicht durch unzählige Erfahrungen bestättigt wird; nur der eine Umstand ist merkwürdig, daß diese Dame auch ohne unmittelbare Berührung, in der Entfernung lesen kann, wenn nämlich eine Reihe Menschen sich einander an den Händen fassen, ihr der Erste die Hand auf die Herzgrube — nicht auf den Magen, der hat mit dieser Sache nichts zu thun — legt, und der Lezte dann den Brief hält. Indessen liest sie weder durch die Wand noch durch die Mauer, sondern vermittelst der Vereinigung so vieler Menschen durch die Seele dessen der das Buch oder den Brief hält. Eben durch eine solche Vereinigung oder Kette (Chaine) pflanzt sich ja auch die Elektrizität, der elektrische Schlag fort. Dies Alles ist noch dunkel es wird aber im Verfolg heller werden.

§. 72.

Eben so merkwürdig, und vielleicht noch bedeutender ist die ganz zuveräsige Beobachtung, daß somnambüle Personen, wenn sie einen gewissen hohen Grad des hellen Anschauens erlangt haben, die Gedanken und Vorstellungen dessen, mit dem sie in Rapport gesezt werden, klar und deutlich erkennen. Die Person also, welche eine andere magnetisiren will, muß daher reines Herzens, fromm und rechtschaffen seyn.

Unter so vielen Erfahrungen dieser Art, will ich nur eine mittheilen, die Gmelin in seinem oben angeführten Werk erzählt: er gieng nämlich in den achtziger Jahren, des vorigen Jahrhunderts nach Carlsruhe, um auch Beobachtungen über den Magnetismus zu sammeln; und er fand was er suchte: man sagte ihm, daß man jezt eine Somnambüle habe, die in einem so hohen Grad Hellsehend wäre, daß sie deutlich in der Seele dessen, mit dem sie in Rapport gesezt würde, lesen könne. Er möchte also in ihrer Gegenwart sich seine Patienten, die er jezt in der Cur habe deutlich nacheinander vorstellen, so würde sie ihm sagen was er dächte. Er folgte diesem Rath und fand die Sache richtig, sie sagte ihm Alles bestimmt, was er sich vorstellte.

§. 73.

Ein anderer mir sehr theurer, und durchaus rechtschaffener Mann, erzählte mir, seine Gemalin habe eine Haushälterin gehabt, welche auch ihrer Kränklichkeit wegen magnetisirt worden, und endlich während ihrem magnetischen Schlaf, zu einem ausserordentlich hohen Grad des Hellsehens gekommen seye. Sie habe in dem Zustand, ausserordentliche und wichtige Aufschlüsse über das Geisterreich geäussert, die mit meinen Scenen aus dem Geisterreich genau übereinstimmten, ungeachtet sie dies mein Werk nie gesehen, und von seiner Existenz nichts wuste, nichts wissen konnte.

Sie brachte Nachrichten aus der unsichtbaren Welt, von gewissen wichtigen Personen mit, bey welchen einem die Ohren gellen konnten. Einsmals sagte sie ihrem Herrn in der Krise: »Jezt eben ist ihr Herr Bruder in Magdeburg gestorben« — Niemand wuste etwas von seiner Krankheit, und zudem war Magdeburg viele Meilen weit entfernt. Nach einigen Tagen kam die Nachricht von diesem Tode, welche genau mit der Vorhersagung übereinkam.

§. 74.

Erstaunlich, nach unserer gewöhnlichen Vorstellung von der menschlichen Natur, unbegreiflich, und höchst merkwürdig, ist auch der Umstand, daß alle Somnambülen auch die gemeinsten ungebildetesten Leute, ihre körperliche Krankheiten deutlich zu erkennen anfangen, und sich so gar die dienstlichsten Arzeneymittel verordnen, die auch der Arzt brauchen muß, wenn er seinen Zweck erreichen will. Wenn sie auch die Namen der Arzneymittel nicht wissen, so beschreiben sie doch ihre Eigenschaften so bestimmt, daß sie der Arzt bald errathen kann. In diesem Zustand sprechen sie auch hochteutsch, wo nämlich dieser Dialekt die Bücher- und Kanzelsprache ist.

§. 75.

Auch das ist sehr merkwürdig, daß Somnambülen welche oft in diesem Zustand gewesen, und endlich hellsehend geworden sind, aufstehen, allerhand Arbeiten verrichten, Clavierspielen, wenn sie es sonst gelernt haben, Spazieren gehen, u.d.g. ohne daß ihre körperliche Sinnen auch nur das geringste von der äusseren Sinnenwelt empfinden: sie sind dann in dem Zustand der gewöhnlichen Schlafwandler. So kam Anno 1798 im Herbst, als ich in Bremen war, ein Mädchen zu mir, um mich wegen ihrer wehen Augen um Rath zu fragen; sie war Somnambüle, und sie hatte sich selbst verordnet, daß sie mich in der Krise fragen wollte; ihre Mutter begleitete sie, allein sie erwachte in meiner Gegenwart, und da muste ich ihr also allein, ohne ihren Beyrath die gehörigen Mittel verschreiben.

§. 76.

Alle diese, und noch mehrere wunderbare Erfahrungen kann man in den Schriften oben angeführter Männer lesen. Die berühmtesten Ärzte, und überhaupt alle gelehrte und vernünftig denkende Personen, die Gelegenheit und den Willen gehabt haben, die Würkungen des thierischen Magnetismus genau zu prüfen, werden obiges Alles für reine Wahrheit erklären, und sie durch ihr Zeugnis bewähren. Wie kommt es aber, daß es noch niemand versucht hat, aus dem Allem fruchtbare Schlüsse, zu mehrerer Erkenntnis der menschlichen Natur zu ziehen? — so viel ich weiß hat es noch keiner gewagt. Freylich, so lange man das mechanisch-philosophische System für das einzig Wahre hält, so lange ist es auch unmöglich solche Wunderdinge zu begreifen, aber nach meinem theokratischen Freyheitssystem wird nicht nur alles faßlich, sondern der Magnetismus führt uns auch zu den wichtigsten Aufschlüssen, die bisher lauter geheimnisvolle Räthsel waren. Ich bitte um unpartheyische wahrheitsliebende Prüfung folgender Schlüsse:

§. 77.

Jeder Naturforscher weiß, und es ist eine allgemein anerkannte Wahrheit, daß ein gewisses höchst feines, und höchstwürksames Wesen, die ganze Schöpfung, so weit wir sie erkennen, erfüllt. Wir wollen dies Wesen, feine Himmelsluft, oder mit einem Wort Äther, nennen. Newton kannte dies Wesen schon, und nannte es Gottes Empfindungs-Organ (Sensorium Dei). Euler glaubte, daß die leuchtenden Körper dies Wesen in eine zitternde Bewegung sezten, welches sich bis zu unsern Augen fortpflanzte, und so das Licht bildete — diese Meynung hielt ich auch lange für die wahrscheinlichste, aber bey näherer Prüfung finde ich sie unmöglich: Die Millionenfachen Durchkreuzungen dieser zitternden Bewegung müsten ihre Richtungen durchaus verwirren; schon ist die Erklärung des Schalls, durch die fortwallende Bewegung der Luft unstatthaft — denn man prüfe einmal genau, wie in einer mannigfaltig zusammengesezten Musik, in welcher so viele tausend Töne theils zugleich, und theils in höchster Geschwindigkeit nacheinander, vom Ohr unterschieden werden, und jeder einzelne Ton doch seine eigene Wallung in der feinen Luftmaterie verursachen muß, eine solche materielle Bewegung, ohne sich selbst hundert, ja tausendfach zu stören, möglich sey.

Es ist auch ferner jedermann bekannt, daß der Äther durch die vestesten Körper dringt, so daß er also alles erfüllt; auch selbst vollkommen durchdringbar ist: denn wenn er dies nicht wäre, so könnte er auch selbst nicht durch die vestesten Körper dringen — Höchstwahrscheinlich sind das Licht, die Elektrizität, der Galvanismus, vielleicht auch die magnetische Kraft des Eisens, nichts anders als verschiedene Erscheinungen dieses einen und des nämlichen Wesens.

§. 78.

Da nun dieser Äther, unserer menschlichen Vorstellung nach, Raum und Zeit erfüllt, überall unläugbar als Materie würkt, und wer weiß, ob er nicht die Lebenskraft in Pflanzen und Thieren ist — auf der andern Seiten aber auch wiedrum Eigenschaften hat, die der Materialität geradezu widersprechen, z. B. daß er die vestesten Körper durchdringt, selbst durchdringbar ist; millionenfache Wechselwürkung der entferntesten Körper, aufeinander verursacht, die durch ein materielles, auch das feinste Verbindungsmittel unmöglich wären, u. d. g., so schliese ich mit sicherer Gewisheit, und vester Überzeugung, daß dieser Äther, dieses Lichtwesen der Übergang aus der Sinnenwelt in die Geisterwelt, und der Mittler zwischen beyden sey.

§. 79.

Alle Ärzte und Naturforscher stimmen darinnen überein, daß in dem Gehirn und den Nerven des Menschen ein feines

Wesen oder Kraft sey, von welcher alle Bewegungen, das Leben und die Empfindung, folglich auch die Würkungen aller fünf Sinnen, herrühren, und diese Vorstellung ist auch ganz richtig, kein Sachkündiger läugnet sie, nur daß der Eine dies Wesen, Kraft, der Andere Nervensaft, und der Dritte Lebensgeist nennet. Die Alten nannten es Archäus, und schrieben jedem Organ des Körpers einen eigenen Archäum zu. Daß diese Grundkraft im Gehirn und den Nerven nichts Anders als der Äther, das Lichtwesen, jener Mittler zwischen der Sinnen- und der Geisterwelt sey, das machen alle Erfahrungen des thierischen Magnetismus unwidersprechlich gewis, dies wird der Verfolg zeigen.

§. 80.

Das Gehirn und die Nerven des Menschen sind von der Empfängnis an mit diesem Lichtwesen angefüllt; sie ziehen es an sich von seiner materiellen Seite, und machen es sich zu eigen, so daß es auf ihren inneren Bau und Einrichtung spezifizirt wird; so weit hat der Mensch vor dem Thier nichts voraus. Nun kommt aber bey dem Menschen aus der Geisterwelt noch etwas hinzu; das vernünftig denkende Wesen, der göttliche Funke, verbindet sich nun vest und unzertrennlich auf der geistigen Seite des Lichtwesens mit diesem, und so wird es denkbar, wie der Geist des Menschen auf seinen Körper würken könne; ich sage denkbar — aber nicht begreiflich, weil die Wesen der Geisterwelt, zu denen auch unser Geist gehört, nicht in die Sinnen fallen.

§. 81.

Wenn wir genau reden wollen, so müßen wir den Menschen in drey verschiedene, aber doch miteinander verbundene Theile eintheilen: 1.) in den äusseren mechanisch organisirten Körper, der keinen wesentlichen Vorzug für den Thieren hat, wenigstens nicht wesentlich von ihnen verschieden ist; durch diesen Körper ist der Mensch mit der Sinnenwelt verbunden, so lang er lebt; 2.) in das ätherische Lichtwesen, welches das eigentliche körperliche Lebens-Prinzip ist, das der Mensch mit den Thieren gemein hat, und für sich schon Seele (anima animans) genannt werden kann; und 3.) in den ewigen Geist des Menschen, der vorzüglich nach dem Bilde Gottes erschaffen ist, und eben deswegen in dieser sonderbaren Verbindung mit der Körperwelt steht, um sich seine verlohrne anerschaffene Würde wieder zu erkämpfen.

Das ätherische Lichtwesen und den Geist zusammen, die in Ewigkeit ein unzertrennliches Eins ausmachen, will ich nun forthin Menschenseele, zum Unterschied von der Thierseele, nennen; im Verfolg wird dies Alles klärer, und zur beruhigenden Gewisheit werden.

§. 82.

Die Menschenseele ist in ihrem Körper allenthalben gegenwärtig, überall empfindet sie mit Selbstbewustseyn, so wie es die Organe des Körpers mit sich bringen: mit den Augen sieht sie, mit den Ohren hört sie, mit der Nasen riecht sie, mit der Zunge und dem Gaumen schmeckt sie, und mit der ganzen Haut, mit der ganzen Oberfläche des Körpers fühlt sie. Dies Alles hat sie noch mit der Thierseele gemein, aber nun kommt noch etwas hinzu, das ihr einen von den Thieren weit verschiedenen und erhabenen Rang giebt: sie überlegt und wählt dann, nach ihrer Einsicht das Beste, mit Freyheit des Willens — Sie ist ein vernünftiges Wesen, das Gott erkennen, lieben, zum Engel erreifen, aber auch zu einem Teufel werden kann; sie ist also von dieser Seite betrachtet, ein Bürger des Geisterreichs, und kann auch mit diesem in Verbindung gebracht werden.

§. 83.

Im natürlichen Zustand ist die Menschenseele unsichtbar; die magnetisch Schlafenden aber sehen sie wie einen himmelblauen Lichtschimmer, der den ganzen Körper auf eine gewisse Weite umgiebt, so daß also jeder Mensch einen seelischen Dunstkreis um sich her hat; daher kommts auch, daß viele Stockblinde, nahe Gegenstände, ohne eigentliche körperliche Berührung, empfinden können. Das so genannte Magnetisiren geschieht auch bloß in diesem Dunstkreis, wodurch dann die wunderbare Würkung des magnetischen Schlafs hervorgebracht wird.

§. 84.

Im natürlichen Zustand wird diese Menschenseele durch die Nerven dahin geleitet, wo Empfindung Bewustseyn und Bewegung nöthig ist; im Gehirn scheint sie, ihren Haupt-Wohnsitz zu haben. Durch das Magnetisiren aber, wird sie von Gehirn und Nerven mehr oder weniger entbunden, folglich auch mehr oder weniger freywürkend: denn da der hellsehende Somnambüle nicht mit den Augen, sondern aus der Gegend der Herzgrube sieht, da dieses unabänderlich bey Allen der Fall ist, so ist daraus klar, daß die Menschenseele für sich allein, ohne Beyhülfe des Körpers nicht allein sehen, sondern ohne Vergleich weit klärer sehen kann, als in ihrem Fleischkerker. Sie bedarf auch dazu unseres körperlichen Lichts nicht: denn die magnetisch-Schlafenden lesen was man ihnen auf die Herzgrube legt, was in verschlossenen Briefen steht. Ja sie lesen so gar in einer Entfernung, wo das Buch, oder das Geschriebene, durch veste dunkle Körper von ihnen getrennt ist, so bald nur das zu Lesende von einer Person gehalten wird, die mit dem Somnambül in seelischer Berührung, oder Verbindung steht; man erinnere sich nur an die oben erwähnte Lyoner Dame.

§. 85.

In diesem Zustand sieht die Menschenseele nicht bloß, sondern sie empfindet überhaupt Alles weit schärfer, als im natürlichen wachenden Zustand, ohne daß sie irgend einen der körperlichen Sinnen bedarf; aber das ist sehr merkwürdig, daß sie auch von der ganzen äussern Welt nicht das geringste empfindet, ausser wenn sie mit einem andern Menschen in seelische Verbindung, Berührung, in Rapport gesezt wird, welches geschieht, wenn der Magnetismus durch gewisse Handgriffe, die Menschenseele irgend einer Person, mit der Seele des magnetisch-Schlafenden, in eine Harmonie bringt, so daß sich beyde zweckmäsig berühren; alsdann kann der Somnambüle besonders wenn er in einem sehr erhöhten, und hellsehenden Zustand ist, alles empfinden, was der mit ihm in Rapport stehende, denkt, leidet, geniest, und empfindet.

§. 86.

Da dies nun lauter ausgemachte Wahrheiten sind, so ist erstaunlich, und mir fast unbegreiflich, wie es möglich ist, daß so viele grose und denkende Männer, nicht die fruchtbarsten und wichtigsten Wahrheiten aus diesen Erfahrungen gefolgert haben: denn es lassen sich logisch richtige Schlüße hieraus ziehen, die für die Seelen- und Geisterlehre, und auch für die Religion von äusserster Wichtigkeit sind. Wir wollen unsern Pfad verfolgen, und dann sehen was dabey heraus kommt.

§. 87.

Es ist durchaus nöthig, daß der ewige, von Gott ausgegangene vernünftige Geist des Menschen, ein Organ haben muß, wodurch er auf andere Wesen, und diese wieder auf ihn zurück würken können; ohne dies könnte er ja von nichts ausser sich Erkänntnis haben, und er selbst wäre für alle andere Wesen ein pures Unding. Dieses Organ ist nun der Äther, der durch keine Naturkraft zerstörbar, sondern ewig und unveränderlich ist. Aus diesem bildet sich der Geist während dem hiesigen sinnlichen Erdenleben einen geistigen Lichtkörper mit dem er ewig vereinigt bleibt.

§. 88.

Die oben angeführten magnetischen Erfahrungen beweisen augenscheinlich das Daseyn dieses geistigen Lichtkörpers, oder der Menschenseele; sie beweisen ferner daß diese Menschenseele ihren groben thierischen Körper blos um dieses sinnlichen Erdenlebens willen, in welchem der Mensch mit der Sinnen- oder Körperwelt in wechselseitiger Würkung stehen muß, nöthig habe; aber ohne denselben weit vollkommener denken, empfinden, in die Nähe und Ferne auf Andere würken, empfindlicher leiden, und empfindlicher geniesen könne. Dieses Resultat entsteht unwidersprechlich in der Seelen des unpartheiyschen Beobachters, wenn er alle die mannigfaltigen Erscheinungen die der Magnetismus gewährt, zusammen nimmt, und dann ruhig und vernünftig darüber nachdenkt.

§. 89.

Wenn die Menschenseele im lebendigen Zustand des groben Körpers, wo sie doch noch nicht ganz von ihm los gebunden

ist, so wunderbare Dinge vermag, was wird sie dann vermögen, wenn sie im Tode ganz von ihm getrennt wird?
hierüber denke man nach! Im Sterben verliert der Mensch
sein Selbstbewustseyn; er geräth in den Zustand einer
vollkommenen Ohnmacht, oder eines tiefen Schlafs. So
lang die Blutmasse noch warm, noch nicht geronnen ist,
so lang sind auch noch alle Werkzeuge des Körpers beweg-
bar, und so lang bleibt die Seele in ihm, so bald aber Gehirn
und Nerven ihre Wärme verlieren und erkalten, so können
sie auch den ätherischen Theil der Seele nicht mehr anziehen, nicht mehr vest halten, er entwickelt sich also, macht
sich loß von den irrdischen Banden, und erwacht; jezt ist er
in dem Zustand eines hellsehenden magnetisch Schlafenden;
da er aber ganz vom Körper getrennt ist, so ist sein Zustand
weit vollkommener: er errinnert sich seines Erdenlebens
von Anfang bis zu Ende vollkommen; er gedenkt seiner
Zurückgelassenen, und er kann sich die Sinnenwelt ganz
deutlich vorstellen, aber er empfindet sie gegenwärtig ganz
und gar nicht mehr, dagegen empfindet er nun die Geisterwelt, und ihre Gegenstände, und zwar denjenigen Theil
derselben, in den er gehört, oder zu dem er sich hier fähig
gemacht hat. Daß dies Alles logisch richtig aus den magnetischen Erfahrungen folge, das wird der Wahrheitliebende
Forscher leicht finden, wenn er jene Erfahrungen alle kennt,
und dann darüber nachdenkt.

§. 90.

Man kann und man wird mir den Einwurf machen: Es ist
aber doch so gewiß noch nicht, daß der Somnambül im Zustand des Hellsehens, das Gehirn und die Nerven zu seinen
Vorstellungen gar nicht brauche — hierauf dient zur Antwort, daß er einmal gewiß die Augen nicht zum Hellsehen,
und eben so wenig die andern sinnlichen Werkzeuge zum

Empfinden nöthig habe; da nun aber das Gehirn blos durch die Eindrücke der äussern Sinnen in Würksamkeit gesezt wird, so kann dies hier der Fall unmöglich seyn. Indessen werden im Verfolg Erfahrungen vorkommen, die meine Behauptung unwidersprechlich beweisen.

§. 91.

Der Somnambül empfindet von der ganzen Sinnenwelt nicht das Geringste, ausser einer, oder mehreren Menschenseelen die mit ihr in harmonische Berührung in Rapport gebracht werden, durch diese erfährt sie was in der Sinnenwelt vorgeht. Nach dem Tod setzen sich die Seelen mit denen in Rapport, die ihrer Natur am ähnlichsten sind — bringen sie sich mit andern in harmonische Berührung, so empfinden sie Leyden, die sich in Ansehung ihrer Gröse verhalten, wie der Grad des Unterschieds. O wohl denen die sich dann dem Caracter des Erlösers, so sehr genähert haben, daß sie mit Ihm in Rapport kommen, das ist, zu seinem Anschauen gelangen! Sie werden dann auch in der Gemeinschaft aller seiner Heiligen seyn. Eben so werden auch Freunde, die sich in ihrem moralischen Carakter sehr verähnlicht haben, dort ewig miteinander in Beziehung, in harmonischer Vereinigung bleiben. Aus dem vorhergehenden wird auch nun begreiflich, wie die Mittheilung in jenem Leben beschaffen seyn wird: der Somnambül liest in der Seele dessen mit dem er in Rapport gesezt wird; da bedarfs keiner Sprache; eben so wird es sich auch nach dem Tod verhalten, Einer liest in der Seele des Andern.

Alle diese wichtigen Aufschlüsse haben wir dem erst vor etwa dreisig Jahren erfundenen, thierischen Magnetismus zu verdanken; aber die folgenden sind nicht weniger bedeutend und belehrend.

§. 92.

Der thierische Magnetismus versezt, besonders solche Personen die sehr reizbare Nerven, und eine lebhafte Einbildungskraft haben, gar bald in jenen Zustand des Somnambulismus, und des Hellsehens, und zwar durch ein regelmäsiges gelindes Bestreichen des Körpers. Eben durch diese Entdeckung hat man nun gefunden, daß alle jene hysterische Entzückungen bey Frauenspersonen, oder auch hypochondrische bey dem männlichen Geschlecht nichts mehr und nichts weniger als eben ein solcher Somnambulismus seyen, nur daß er nicht durch künstliches Bestreichen, sondern aus einer kränkelnden Natur entstanden ist.

§. 93.

Wenn also eine Person mit oder ohne Krämpfe in Entzückung geräth, so daß sie ihr Selbstbewustseyn verliert, und nun Gesichte sieht, mit Geistern umgeht, und die erhabensten Dinge ausspricht, die weit über ihren natürlichen Erkänntniskreis hinausgehen, so halte man das ja nicht für etwas Göttliches, sondern für eine wahre Krankheit, für eine Abirrung der Natur von ihrer gesezmäsigen ihr vorgeschriebenen Bahn. Alles was sie sagt und thut, das prüfe man vernünftig nach dem Wort Gottes; gute Warnungen und Ermahnungen benuzt man, aber Göttliche Offenbarungen sind sie nie, und durchaus nicht; auch dann nicht, wenn eine solche Person zukünftige Dinge voraus sagt die in Erfüllung gehen: denn sie steht im Rapport mit dem Geisterreich; da aber ihre Seele noch an den Körper gefesselt ist, so ist der Rapport nicht vollständig; sie kann die Bilder ihrer eigenen Phantasie, von den Geistern nicht unterscheiden; sie erkennt und sieht also vieles, das sie im natürlichen Zustand nicht erkennt und sieht, aber nicht alles ist wahr, vielweniger

Göttlich, man kann und soll nicht darauf achten, vielmehr alle dienliche Mittel gebrauchen, um sie von ihrer Krankheit zu befreyen: denn gewöhnlich nehmen diese Verirrungen ein betrübtes Ende. Ich werde im Verfolg Beyspiele davon anführen.

§. 94.

Die Ursachen aus denen ein solcher natürlicher magnetischer Schlaf entstehen kann, sind vorzüglich folgende:

Vorerst gehört dazu ein lebhaftes sehr reizbares Nervensystem, und eine lebhafte Einbildungskraft, beyde sind aber gewöhnlich miteinander verbunden.

Fürs Zweyte, eine beharrliche Beschäftigung der Seelen mit übernatürlichen Gegenständen. Z. B. Wenn abergläubische und zugleich schlecht unterrichtete, einfältige Leute, immer mit Hexerey und Gespenstern zu thun haben. Sind sie zugleich gottlose böse Menschen, so können sie endlich dadurch würklich mit bösen Geistern in Rapport kommen, und dann ist die Zauberey kein Hirngespinst mehr.

§. 95.

Die fleischliche Liebe ist besonders bey dem weiblichen Geschlecht die reichhaltigste Quelle der magnetischen Entzückungen, und daher entstehenden gräulichen Verirrungen; vorab wenn sich religiöse Empfindungen damit vereinigen. Mir sind viele traurige Erfahrungen von der Art bekannt; die ich aber hier, um der noch lebenden Personen willen nicht kenntlich machen will.

Ein frommes Mädchen besuchte die Erbauungsstunden, die ein, auch frommer, aber schöner, und verheuratheter Mann in seinem Hauße hielt; nach und nach verliebte sie sich in ihn, und da dieser Liebe unüberwindliche Schwierigkeiten im Wege stunden, so unterlagen endlich ihre Nerven dem Kampf, und die arme Unglückliche wurde Somnambüle; in den ersten Zeiten sprach sie in ihren Entzückungen die erhabensten und herrlichsten Wahrheiten aus; gewöhnlich kam sie in die Krise, wenn sie in der frommen Versammlung war. Viele zukünftige Dinge sagte sie vorher, und viele wurden auch erfüllt, sie bekam einen grosen Anhang, und die vernünftigsten und gelehrtesten Männer hielten sie für eine Person, die vom Geist Gottes inspirirt sey, mit einem Wort, für eine Prophetin.

Allmälig erhielt sie in ihren Entzückungen die Nachricht — daß die noch lebende Frau ihres Geliebten ein Scheusal vor Gott und seinen Engeln sey — Dies wurde nach und nach so satanisch klug und scheinheilig insinuirt, daß es die ganze Gesellschaft, die aus mehreren hundert Personen bestand, heilig glaubte. Die arme Frau wurde also, auf Befehl aus der Geisterwelt, an einem entfernten Ort eingesperrt, sie verlohr den Verstand, starb in der Raserey, und der Wittwer heurathete nun, auch auf Befehl aus der Geisterwelt, die junge Frauensperson. Bis an die schreckliche Behandlung der ersten Frauen, konnten beyde Hauptpersonen und der ganze Anhang unschuldig irren, aber von dem an nicht mehr. Die gräulichen Verbrechen dieser Person, und ihrer Anhänger sind Welt- und Actenkundig.

Ein gemeines Dienstmädchen im nördlichen Teutschland, bekam in einer Entzückung den Auftrag, sie müße den Fürsten, der im nahen Reich Christi unter Ihm regieren sollte, gebähren; ein übrigens frommer verheuratheter Prediger ließ sich von ihr verführen, er glaubte ihr, und sie gebahr würklich einen Sohn, ob er aber das werden wird, wozu ihn seine Mutter bestimmt hat, das lasse ich meine Leser beurtheilen. Eine ähnliche Geschichte trug sich vor wenigen Jahren auch im südlichen Teutschland zu.

Ich hab ein Frauenzimmer gekannt, die von Herzen fromm war; diese gerieth täglich, auch von selbst, in einen vollkommenen magnetischen Schlaf; sie war dann ausserordentlich erhaben gestimmt, sahe Christum, lebte unter lauter Engeln, hörte sie singen, sang mit ihnen, und sprach Dinge aus, die erstaunlich waren. Endlich kündigte ihr der Geist den sie für Christum hielt, oder auch ihr eigenes Phantasiebild das sie dafür annahm, an, daß sie morgen früh um sechs Uhr sterben würde — die gute Seele kämpfte diese Nacht schwer, am Morgen sezte man die Uhr still, sprach mit ihr von allerhand, und so gieng die Zeit vorüber. Hernach überzeugte man sie leicht, daß Alles was sie sähe trügerische Täuschung sey, und nun hörten auch ihre Entzückungen auf.

§. 96.

Endlich kann aber auch ein reiner Gottergebener Mensch, durch lange Übungen im Wandel vor Gott in Entzückungen, und in den Zustand des magnetischen Schlafs gerathen. Da kommen dann freylich andere Sachen zum Vorschein; man sieht gleich, aus welcher Quelle solche Aussprüche geflossen sind; und doch muß man auch da äusserst behutsam seyn, und nicht Alles für unmittelbare göttliche Offenbarung oder Mittheilung ansehen. Daß sehr weit geförderte fromme Seelen, in einem solchen Zustand des natürlichen magnetischen Schlafs, oder der Entzückung, auch mit guten Geistern, oder gar Engeln in Rapport kommen können, das lehrt die Erfahrung; aber auch die guten Geister wissen noch nicht Alles, besonders so lange sie noch im Hades sind, und das was sie wissen, blos von Andern erfahren haben; oft mischen sich auch falsche eitle Geister dazu, die den Seher zu täuschen und irre zu führen suchen; diese studiren die Neigungen und Wünsche desselben, und lenken dann die

Eingebungen, Bilder, und Vorstellungen so, daß sie seinen Lieblings-Neigungen entsprechen; da er nun das Alles als Göttliche Offenbarung ansieht, so wird er überzeugt, daß seine Wünsche Gott gefällig seyen, und geräth dadurch auf die gefährlichsten Abwege. Es kann nicht dringend genug gesagt werden, wie wahr und wie wichtig diese Bemerkung ist: denn wenn irgend ein Mensch, oder gar Kinder, in Entzückung, oder auch sonst in einen exaltirten (erhöhten) Zustand gerathen, und nun Buße predigen, zukünftige Dinge voraus sagen, und in einem Styl sprechen, der ihnen in ihrem natürlichen Zustand unmöglich ist, so hält das der gemeine Mann, besonders wenn er religiös denkt, für Göttliche Einwirkung und Offenbarung, und der arme Somnambüle glaubt es selbst, er freut sich darüber, wird innig gerührt, gebeugt, dankt Gott dafür, und nun keimt heimlich der Gedanke in ihm auf, er sey etwas besonders, Gott habe etwas groses mit ihm vor, er kommt mit falschen Lichtgeistern in Rapport, diese bestärken ihn darinnen durch Bilder und allerhand Vorspiegelungen, und so ist dann der Erzschwärmer vollendet. Der Eingang zu diesem Irrweg ist noch nicht genug verzäunt, und das kommt daher, weil die Philosophen und Gottesgelehrten dieses Verzäunen entweder gar nicht, oder doch nicht recht verstehen. Leser und Leserinnen bemerkt doch, so lieb Euch Euer ewiges Heyl ist, folgende Himmelveste, und in unsern Zeiten äusserst wichtige Wahrheiten:

§. 97.

Die ganze Einrichtung der menschlichen Natur, die Vernunft und die heilige Schrift, zeugen laut und unwidersprechlich, daß wir Menschen diesseit des Grabes blos auf die Sinnenwelt, und durchaus nicht auf die Geisterwelt angewiesen sind; wer also aus Neugierde, entweder Geheimniße, oder die Zukunft zu erfahren, den Umgang mit dem Geister-reich sucht, der begeht eine sehr schwere Sünde: der wahre Glaube, und der beständige Umgang mit Gott in Jesu Christo; das ununterbrochene Wachen und Beten, und das Nichtswissen wollen als Christum den gekreuzigten, sezt die Menschenseele mit Gott und Christo durch den heiligen Geist in Rapport, und wenn man nun schlechterdings weiter nichts will, und weiter nichts sucht, so ist man gegen jeden Irrthum, gegen jeden Abweg gesichert, zeigte sich nun etwas Übernatürliches, so bleibt man gleichgültig, willenloß, und prüft dann genau, was die Erscheinung ist, und was sie sagen will; übrigens macht man weiter nichts daraus; ist sie von Gott, so weiß sie sich auch so zu legitimiren, daß man nicht getäuscht werden kann, und ist sie aus dem Geister-reich, so muß der Christ wissen, was er zu thun hat, auf alle Fälle werde ich im Verfolg die richtigsten Verhaltungs-Regeln an die Hand geben.

§. 98.

Ich kehre wieder zu meinem Zweck, zur Untersuchung der menschlichen Natur, und ihres Verhältnisses zur Sinnenwelt zurück: Es giebt verschiedene Krankheiten, die man den Nerven zuschreibt, und die auf den ätherischen Theil, oder Lichtskörper der Menschenseele würken; wenn nun ein solcher Kranker eine lebhafte Imagination hat, so kommen oft unbegreifliche Dinge zum Vorschein. Oft fühlen sich solche Menschen nicht krank; alle Lebensverrichtungen ge-hen ungehindert, und ohne Schmerzen fort, und doch sind jene Erscheinungen Folgen einer Unordnung im Organismus des Körpers, folglich einer Krankheit.

Diese Kranken haben solche Erscheinungen entweder im wachenden Zustand, so daß sie sich aller Gegenstände, und ihrer selbst recht wohl bewust sind, oder sie kommen ausser sich, gerathen in Entzückung, und also in den magnetischen Somnambulismus, in welchem sie dann jene Erscheinungen haben. Hier entsteht nun die schwere Frage: wo hören die Erscheinungen auf, die blos in der menschlichen Natur gegründet sind, und wo fangen die an, die aus dem Geisterreich ihren Grund haben?

§. 99.

Ein Mensch kann in diesem Zustand Engel und Geister sehen. Er kann sogar mit Gott und Christo Umgang haben, und doch ist das Alles bloße Täuschung der Einbildungskraft: denn es sind lauter Vorstellungen, die vorhin schon in ihr lagen, nur daß sie jezt durch die Krankheit eben so lebhaft geworden sind, als diejenigen die wir durch die äussern Sinnen empfangen. Ich hab ein frommes Frauenzimmer gekannt, die in ihren Entzückungen mit Engeln umgeben war, und auch mit ihnen sprach; endlich fingen auch diese Engel an zu singen, die gute Seele sunge mit — und was war es? — ein elender erbärmlicher Gassenhauer, ein gemeines Volkslied. Solche Kranken sprechen oft mit einem Verstand, mit einer Weisheit von solchen Dingen, wovon man ihnen kaum die ersten Buchstaben der Erkenntnis zutraute, daß man darüber erstaunen muß; und wenn sie nun fromme erweckte Leute sind, so predigen sie oft, und zwar besser als mancher hochgelehrter Geistlicher. Wir haben ja Beyspiele in der Geschichte, daß Menschen umher gezogen sind, Buße gepredigt, und viele vom Sündenschlaf aufgeweckt haben, und doch war das Alles Folge einer Nervenkrankheit, einer durch den magnetischen Schlaf erhöhten Natur. Ich gebe gerne zu, daß sich die ewige Liebe auch dieses Mittels bedienen kann, um Sünder zur Bekehrung zu bringen, aber für etwas Göttliches, für Inspiration des heili-

97

gen Geistes, muß mans nicht halten, denn hieraus entstehen hernach die kräftigsten Irrthümer. Es ist zu beklagen, daß solche ausserordentliche Prediger, aus Mangel an Selbsterkenntnis selbst glauben, der heilige Geist rede durch sie — wenn es nun ihre Zuhörer auch glauben, so mag dann der Prediger auch noch so irrige Sachen sagen, man hält sie für Gottes Wort und also für wahr. Bey solchen Gelegenheiten muß man genau und scharf nach der heiligen Schrift und gesunden Vernunft prüfen, übrigens aber keinen Werth auf solche Sachen legen, vielweniger sie für Göttlich erklären, man soll vielmehr suchen, solche Kranken ordentlich zu heilen.

§. 100.

Der höchste Grad der in der menschlichen Natur noch gegründeten Erscheinungen ist unstreitig der, wenn sich ein Mensch bey lebendigem Leibe an einem entfernten Ort zeigen kann. So sehr auch über dies, als über den absurdesten Aberglauben gespottet wird, so gewiß und zuverläsig sind doch die darüber gemachten Erfahrungen, und viele meiner Leser werden sich wohl der Einen oder der Andern erinnern. Ich rede hier nicht von den Erscheinungen solcher, die sich gleich nach dem Tode diesem oder jenem Freunde gezeigt haben, sondern von solchen, die diesen Besuch noch in ihrem Leben bey lebendigem Leibe machten. — Mir sind Beyspiele bekannt, daß Kranke eine unbeschreibliche Sehnsucht bekamen, einen gewissen Freund oder Freundin zu sehen; bald darauf geriethen sie in Ohnmacht, und während der Zeit erschienen sie dem entfernten Gegenstand ihrer Sehnsucht. Folgende Geschichte aber übertrift Alles was ich jemals davon gelesen oder gehört habe; sie kommt aus einer glaubwürdigen Quelle, und hat alle Eigenschaften der historischen Zuverläsigkeit.

§. 101.

Vor etwa 60 bis 70 Jahren kam ein frommer rechtschaffener Mann aus Philadelphia in Amerika nach Teutschland, um seine arme alte Eltern zu besuchen, und sie mit seinem wohlerworbenen Vermögen ausser Sorge zu setzen. Er war als Jüngling nach Amerika gegangen, und hatte es so weit gebracht daß er Aufseher über verschiedene Mühlen am Deleware Fluß geworden war, wobey er sich mit Ehren ein hübsches Capital erspart hatte. Dieser redliche Mann erzählte einem meiner Freunde, auf dessen Wahrheitssinn ich mich verlassen kann, folgende wunderbare Geschichte:

In der Nähe von Philadelphia, nicht weit von obengedachten Mühlen, wohnte ein einsamer Mann in einem einsamen Hauße; er war sehr wohlthätig, aber äusserst eingezogen und verschwiegen; das Publikum erzählte wunderbare Dinge von ihm, unter andern auch das, daß er einem verborgene Sachen entdecken könne. Nun trug es sich zu, daß ein Schifkapitain aus Philadelphia mit seinem Schif nach Afrika und Europa reisen muste; er versprach seiner Frauen auf eine bestimmte Zeit wieder zu kommen, und ihr auch verschiedenemal zu schreiben. Sie harrte, und harrte, aber es kamen keine Briefe; die bestimmte Zeit verstrich und ihr geliebter Mann blieb aus. Jezt gieng ihr das Wasser an die Seele, und sie wuste weder Rath noch Trost zu finden. Endlich rieth ihr ein Freund, sie sollte doch einmal zu dem einsamen frommen Mann gehen, und ihm ihren Jammer erzählen, die Frau befolgte diesen Rath, und gieng zu ihm; nachdem sie ihm alles gesagt und geklagt hatte, so sagte er zu ihr, sie möchte da eine Weile verziehen bis er wieder käme, und ihr Antwort brächte; sie sezte sich um zu warten, und der Mann gieng durch eine Thür in sein Kabinet. Als er aber auch der Frauen etwas zu lang blieb, so stunde sie

auf, gieng an das Guckfenster in der Thür, hob das Vor-
hängchen auf, und sahe hinein, er lag auf dem Sopha oder
Kanapee wie ein Todter, flugs gieng sie wieder zurück an
ihren Ort. Endlich kam er, und erzählte ihr, ihr Mann sey
in London in dem und dem Caffeehaus, er werde aber nächstens kommen, dann sagte er ihr auch die Ursachen warum
er ihr nicht habe schreiben können. Jezt gieng die gute
Frau ziemlich beruhigt nach Haus.

Was der einsame Mann gesagt hatte, traf pünktlich ein,
ihr Gemahl kam wieder, und die Ursachen seines Auffent-
halts und seines Nichtschreibens, waren gerade die nämlichen. Jezt war die Frau begierig zu wissen, was es geben
würde, wenn sie mit ihrem Mann den einsamen Freund
besuchte? — dieser Besuch wurde veranstaltet, als aber der
Kapitain den Mann sahe, so entsezte er sich; hernach erzählte
er seiner Frauen, daß er diesen nämlichen Mann, an dem
und dem Tage — es war gerade der, an dem die Frau bey
ihm gewesen — zu London im Caffeehaus gesehen, und daß
er ihm erzählt habe, seine Frau sey sehr bekümmert um ihn,
dann hab er ihm die Ursachen seiner verzögerten Rückreise,
und seines Nichtschreibens gesagt, und daß er nächstens
kommen würde, worauf sich dann dieser Mann unter den
Leuten verlohren habe.

§. 102.

Diese höchst sonderbare, und nach dem gewöhnlichen
mechanisch philosophischen System durchaus unerklärbare
und unglaubliche Geschichte, kann nach meiner Theorie
der menschlichen Natur folgendergestalt erklärt, und ihre
Möglichkeit erwiesen werden. Zu dem Zweck muß ich mich
also auf die unzweifelbaren Erfahrungen berufen, die wir
dem thierischen Magnetismus zu danken haben:

Es ist nunmehro eine ausgemachte, eine entschiedene Wahrheit, daß in dem menschlichen Körper ein feines Lichtwesen, eine ätherische Hülle des unsterblichen vernünftigen Geistes seye, welche sich im Magnetismus, im Galvanismus, in der Elektrizität, und in Sympathie und Antipathie unwidersprechlich darstellt, und auf mancherley Weise würksam erzeigt; hiemit ist der vernüftige Geist ewig und unzertrennlich verbunden. Ich nannte diesen innern Lichtmenschen oben die Menschenseele.

§. 103.

Diese Menschenseele kann durch das kunstmäsige Bestreichen oder Magnetisiren in unendlich verschiedenen Graden von dem Nervensystem entbunden, und nach Verhältnis dieser Grade freywürkend gemacht werden; gewisse Krankheiten, auch verschiedene Arzneyen, oder vielmehr giftartige Gewächse können die nämliche Würkung hervorbringen.

Bey geringeren Graden der Entbindung bleibt das Selbstbewustseyn; aber die Imagination wird lebhafter, so daß der Mensch glaubt, er sehe und höre würklich, was er sich doch blos einbildet.

Der natürliche Schlaf ist auch eine Art dieser Entbindung; wenn die organische Maschine des Körpers, oder eigentlich die Nerven bis auf einen gewissen Grad ermatten, so entläst die Menschenseele diese Werkzeuge, insofern sie zu den fünf Sinnen gehören; denn durch diese allein entsteht unser Bewustseyn in der Sinnenwelt — für sich aber würkt sie beständig fort, geschieht dies so lebhaft, daß es Eindruck auf die innern sinnlichen Werkzeuge macht, so erinnert man sich dessen bey dem Erwachen und nennt es träumen.

Bey den gewöhnlichen Nachtwandelern ist die Entbindung um einige Grade vollständiger, und dem magneti-

schen Somnambulismus ähnlich; hier wirkt die Menschenseele noch freyer, sie träumt zusammenhängender und
deutlicher, und in einem so hohen Grad, daß das Nervensystem, folglich auch der Körper in Bewegung gesezt wird,
ob gleich die Sinnen alle ruhen; und da der Mensch in
diesem Fall nicht durch die Sinnenwelt, sondern durch die
Ideen-Verbindung der Seele geleitet wird, so entstehen daher
Handlungen die nicht in die Ordnung der Dinge passen;
aber eben diese Handlungen sind wie jedermann weiß, in
sich, weit vollkommener, als im wachenden Zustand, woraus
dann wiedrum erhellet, daß die Menschenseele, wenn sie
von den Banden des Leibes befreyt wird, weit freyer, vollkommener und vielthätiger würken könne, dann schläft
und schlummert, dann ermüdet sie in Ewigkeit nicht mehr.

§. 104.

In den gewöhnlichen Entzückungen hypochondrischer und
hysterischer Personen, oder auch solcher die mit Wurm-
krankheiten behaftet sind, sind ebenfalls die Grade der Entbindung sehr verschieden, folglich auch die daher entstehenden Äusserungen und Handlungen; im Tode aber ist sie
vollständig. Von dieser werde ich im Kapitel von den Geistererscheinungen ausführlich handeln.

Es ist also eine unstreitige Erfahrungs-Wahrheit, daß die
Menschenseele in unendlich vielen, und verschiedenen
Graden, bis zur gänzlichen Trennung vom Körper, von die-
sem entbunden werden, und für sich, nach dem Grad dieser
Entbindung frey würken könne.

§. 105.

Es kann Menschen geben, bey denen diese Entbindung sehr
leicht ist, oder auch wohl durch geheime Mittel befördert,

so gar dahin gebracht werden kann, daß die Menschenseele den Körper auf eine kurze Zeit verläst, in der Ferne etwas ausrichtet, und dann wieder in ihren Körper zurück kehrt; welches aber freylich in sehr kurzer Zeit geschehen muß, ehe das Blut seine Flüssigkeit verliert. Daß in Krankheiten so etwas geschehen sey, davon haben wir mehrere Beyspiele. Ich will nun diese höchstmerkwürdigen und seltenen Erscheinungen, und zwar in Beziehung auf das oben erzählte Amerikanische Beyspiel, das vollkommenste von Allen, nach meiner Theorie erklären:

§. 106.

Wenn die Seele zwar noch in ihrem Körper, aber doch von seinen sinnlichen Werkzeugen entbunden ist, so hört, so lang diese Entbindung währt, das Selbstbewustseyn in der Sinnenwelt auf, aber die Seele lebt und webt in ihrem Erkenntniskreiß, und kommt endlich, bey öfterer Wiederholung dieses Zustands in Verbindung mit dem Geisterreich, von der Sinnenwelt empfindet sie ganz und gar nichts, sie sieht und hört keinen Menschen, ausser denen mit denen sie in Rapport gesezt wird; dies geschieht, wenn beyde seelische Atmosphären nach gewissen Gesetzen in Berührung gebracht werden. Mit diesen kann die Seele umgehen, mit ihnen reden, und von diesen erfährt sie, was jezt in der Sinnenwelt um sie her geschieht.

Gesezt nun obiger Amerikaner hatte die Fähigkeit, entweder von Natur, oder durch geheime Kunst, oder durch beydes, seine Seele vom Körper nach Willkühr ganz zu entbinden, und sie auch wieder mit ihm zu vereinigen, so konnte er sich also in den allervollkommensten Somnambulismus versetzen; aus dessen Erscheinungen und Erfahrungen auch nun Alles erklärt werden muß. Seine Seele verließ also ihren Körper mit dem Willen, den Schifskapitain, um die Ursache seines Aussenbleibens und Nichtschreibens zu fragen; so bald sie ausser ihren Körper war, empfand sie nichts mehr von der Sinnenwelt, und sie war in der Welt der Geister, wo kein Raum trennen kann. In dem Augenblick also in dem die Seele den Körper verließ, war sie auch schon in London bey dem Schifskapitain: wär er in China oder anderswo gewesen, so hätte sie ihr magischer Wille dahin geführt.

Die Menschenseele ist an und für sich selbst unsichtbar, sie fällt natürlicher Weise nicht in die Sinnen; aber sie kann sich auf zweyerley Weise sichtbar machen: erstlich wenn sie aus dem Dunstkreiß Materien an sich zieht, und sich daraus einen Körper bildet, der dem Ihrigen ähnlich ist; und zweytens, wenn sie sich mit dem, dem sie erscheinen will, in Rapport sezt. Im ersten Fall kann sie von vielen Menschen gesehen werden, aber jeder merkt alsdann, daß diese Erscheinung kein natürlicher Mensch sondern ein Geist ist; im zweyten Fall aber sieht sie nur der mit dem sie in Rapport steht, indem sie auf dessen Seele und durch sie auf die sinnlichen Organe so lebhaft würkt, daß er die Person so deutlich vor sich sieht, als wenn sie in ihrem Körper gegenwärtig wäre, er hört sie reden, und sie hört ihn. Auch diese Bemerkung werde ich unten im Kapitel von den Geistererscheinungen deutlich und vollständig entwickeln.

Auf die zweyte Art ist zuverläsig der Amerikaner dem Kapitain erschienen; denn auf die Erste würde er groses Aufsehen unter den Anwesenden erregt haben, und wer weiß auch was es für ihn selbst für Folgen hätte haben können.

Ich könnte noch mehrere Beyspiele dieser Art erzählen, allein es mag an dem Einen genug seyn, damit dies Werk nicht zu weitläuftig werden möge.

§. 107.

Die sonderbare Erscheinung, wenn Menschen sich selbst sehen, sich selbst erscheinen, ist nicht selten, und kann auf zweyerley Weise geschehen, erstlich, wenn nur die Person, die sich selbst sieht, die Erscheinung hat, Andere aber die gegenwärtig sind, nichts sehen. In diesem Fall kann die Erscheinung blos natürlich, in der menschlichen Natur gegründet seyn; aber wenn sie mehrere Menschen sehen, dann gehört sie ins Geisterreich, und in das folgende Kapitel von den Ahnungen.

Wenn mich jemand fragt, wie es möglich sey, daß sich ein Mensch selbst erscheinen könne, oder wie dies sich selbst sehen in der menschlichen Natur gegründet sey? — So antworte ich: daß nicht mehr dazu erfordert werde, als Engel und Geister zu sehen, wo keine sind oder doch wenigstens nicht in die Sinne fallen. Der berühmte Friedrich Nikolai in Berlin gerieth einsmahls in einen Zustand, daß er viele geistige Wesen um sich her sahe, die aber alle nach und nach verschwanden, so wie er auflösende und abführende Mittel gebrauchte. So wie nun fremde Gestalten in der Einbildungskraft so lebhaft werden können, daß sie den äusseren sinnlichen Eindrücken gleich sind, eben so kann auch die eigene Gestalt den nämlichen Eindruck machen.

§. 108.

Ich hatte oben die Frage vorgelegt: wo hören die Erscheinungen auf, die blos in der menschlichen Natur gegründet sind, und wo fangen die an, die mit dem Geisterreich in Verbindung stehen? — meine Antwort darauf ist folgende:

So lang eine Erscheinung nur solche Sachen spricht, die ein Mensch in einem erhöhten Zustand wissen kann, so ist die Erscheinung Vorstellung der Imagination in irgend einem geringen Grade des magnetischen Somnambulismus: so bald sie aber Dinge sagt, die sie natürlicher Weise unmöglich wissen kann, und die hernach wahr befunden werden, — so steht die Person die sie hat, mit dem Geisterreich im Rapport. Dies kann aber auch der Fall seyn, wenn eben nicht Alles, oder auch ein und anders gar nicht eintrift, weil auch gute Geister noch irren können, und die bösen irre führen wollen.

§. 109.

Noch etwas Wichtiges liegt in der menschlichen Natur, nehmlich: Die Fähigkeit diesseits des Grabes, noch hier in der Sinnenwelt mit dem Geisterreich in Umgang und Verbindung zu kommen. Nach den Gesetzen unserer Natur soll diese Fähigkeit in unserm sterblichen Leibe nicht entwickelt werden, weil wir in diesem Leben, bey weitem nicht Alles besitzen, was zur Prüfung der Geister erforderlich ist, und also schrecklich betrogen, und irre geführt werden können. Nun können aber gewisse Krankheiten diese Fähigkeit entwickeln; auch giebt es Menschen bey denen diese Entwicklung sehr leicht geschieht; da nun die Geister, und vorzüglich abgeschiedene Menschenseelen, die sich noch im Hades befinden, und noch gerne etwas in der zurück gelassenen Sinnenwelt gethan oder ausgerichtet hätten, sich mit brünstigem Verlangen nach jemand aus der Sinnenwelt sehnen, der ihre Wünsche erfüllt, so freuen sie sich hoch, wenn sie einen Menschen finden, der mit dem Geisterreich entweder schon im Rapport steht, oder doch leicht dahin gebracht werden kann, diesem erscheinen sie dann, und bitten um Erfüllung ihrer Wünsche. Was nun da zu thun, was Pflicht und Nichtpflicht sey, das werde ich im Kapitel von den Geistererscheinungen deutlich auseinander setzen.

§. 110.

Die Bürger des Geisterreichs empfinden nur die Geisterwelt, und nicht das geringste von unserer Körper- oder Sinnenwelt, eben so wie auch wir nur diese Leztere nicht aber
die Erstere empfinden. Die Geisterwelt ist eben da, an dem
nehmlichen Ort, wo auch die Körper- oder Sinnenwelt ist;
wir befinden uns wirklich darinnen, aber wir empfinden
nichts von ihr, so wie auch die Geister um und bey uns sind,
ohne etwas von uns zu empfinden; ausgenommen die guten
und bösen Engel, diese empfinden uns, und können auf uns
würken; abgeschiedene Menschenseelen aber nicht, ausser
wenn sie jemand finden mit dem sie sich in Rapport setzen
können und dürfen.

Der Hades ist in unserer Atmosphäre, und geht in den
Erdkörper hinab, bis da wo die Hölle anfängt, dann steigt
er auch hinauf, bis da wo im reinen Äther der Auffenthalt
der Seligen beginnt. Doch von dem Allem werde ich gehörigen Orts ausführlich handeln.

§. 111.

Eine gewisse fromme Person die das Glück oder vielmehr
Unglück hatte, mit dem Geisterreich in Rapport zu stehen,
behauptete, daß den abgeschiedenen Menschenseelen die
Erscheinung eines Menschen aus unserer Sinnenwelt, eben
so furchtbar und schauerlich sey, als uns ihre Erscheinung,
daß also ihre Herzens-Angelegenheit, schwer und drückend
seyn müße, wenn sie sich entschliesen sollen, jemand zu
suchen, mit dem sie sich in Rapport setzen können. Dem
ungeachtet freuen sie sich hoch, wenn sie so jemand finden;
beydes kann miteinander bestehen.

§. 112.

Aber worinnen besteht nun eigentlich die Fähigkeit mit Geistern in Umgang, oder in Rapport zu kommen?

Die natürliche Anlage dazu, besteht darinnen, wenn der ätherische Theil, oder der Lichtskörper der Menschenseele nicht viele schwere Theile aus dem Geblüt annimmt, sondern sich rein hält, wodurch er dem Geisterreich näher kommt. Dies hängt aber nicht vom Willen des Menschen, sondern von der innern Organisation des Körpers ab.

Wenn der Lichtskörper der Menschenseele durch irgend eine Kraft verstärkt wird, so daß er wirksamer wird, als zum Leben und zur Empfindung nöthig ist, so kann es dahin kommen, daß er im Geisterreich erscheint, und mit seinen Bewohnern in Umgang geräth.

Diese beyden Ursachen können durch Krankheiten, durch magnetisiren, durch natürliche Mittel aus den drey Reichen der Natur, und durch andere magische und geheime Künste entstehen; mißlich, gefährlich und mehrentheils sehr sündlich und strafbar ist es aber, wenn man sich solcher Mittel bedient, um gegen die Ordnung Gottes und der Natur diese Fähigkeit zu erlangen. Deswegen aber will ich gewisse respektable Männer die mit dem Geisterreich in Verbindung stehen, nicht eines Verbrechens beschuldigen, es kann auch Ausnahmen von der Regel geben, und Gott kann auch solche Werkzeuge zu seinem Dienst gebrauchen wollen, allein wenn auch dies der Fall ist, so wird Er durch seine Vorsehung solche Menschen ohne ihr suchen dahin führen, wohin Er sie haben will. Strafbarer Vorwitz ist und bleibt es immer, wenn man aus eigenem Antrieb den Umgang mit Geistern sucht.

§. 113.

Der merkwürdigste Mann dieser Art war wohl der berühmte Geisterseher Swedenborg, und hier ist der Ort, wo ich seiner etwas ausführlich gedenken muß. Er hatte die natürliche Anlage zum Umgang mit der Geisterwelt, und da so vieles für und gegen diesen ausserordentlichen Mann geschrieben und gesprochen wird, so halte ich es für Pflicht, die reine Wahrheit von ihm bekannt zu machen, indem ich Gelegenheit gehabt habe, sie lauter und unverfälscht zu erfahren.

Swedenborg war der Sohn eines Predigers in Schweden; er hatte einen aufrichtigen redlichen Caracter, und große Anlagen zur Gelehrsamkeit, die er auch benuzte, und sich der Philosophie, Naturgeschichte, vorzüglich aber der Mineralogie, Metallurgie, Chymie, und dem Bergbau widmete. Um sich in lezteren Wissenschaften noch mehr zu vervollkommenen, machte er grose Reisen durch Europa, kehrte dann wieder in sein Vaterland zurück, wo er ins Bergrathskollegium aufgenommen wurde. Er hat ein paar dicke Folianten philosophischen Inhalts geschrieben, sie enthalten ein tiefgedachtes philosophisches Lehrgebäude, das aber keinen Beyfall gefunden hat. Dann schrieb er auch ein paar starke Foliobände über Kupfer und Eisen, die noch immer ihren anerkannten Werth behaupten. Jedermann ganz unerwartet, geriethe dieser gescheide, gelehrte und fromme Mann in den Umgang mit Geistern; er hatte dieses so gar kein heel, daß er oft an der Tafel, in grosen Gesellschaften, mitten unter den vernünftigsten wissenschaftlichen Gesprächen sagte: er habe über diesen oder jenen Punct noch vor kurzem mit dem Apostel Paulus, oder mit Luther, oder mit sonst einer längst verstorbenen Person gesprochen. Daß ihn dann die Anwesenden mit Nase und Mund anstarrten, und anstaunten, und zweifelten, ob er auch noch recht bey

Sinnen sey, das läßt sich denken. Indessen gab er denn doch zuweilen Beweise, gegen die sich nichts einwenden läßt. Man hat zwar diese Erzählungen bestritten, und so gar den guten Mann der Betrügerey beschuldigt, aber dieses Leztere widerspreche ich laut. Schwedenborg war kein Betrüger, sondern ein frommer christlicher Mann, der aber doch zu Zeiten getäuscht und irre geleitet werden konnte. Drey Beweise, daß er wirklich mit Geistern Umgang hatte, sind allgemein von ihm bekannt.

§. 114.

1.) Die Königin von Schweden sezte ihn dadurch auf die Probe, daß sie ihm auftrug, ihr zu sagen, was sie mit ihrem verstorbenen Bruder, dem Prinzen von Preußen, in Charlottenburg — wo ich nicht irre — an einem gewissen merkwürdigen Tage gesprochen habe? Nach einiger Zeit ließ sich Swedenborg bey ihr melden, und sagte es ihr; die Königin erschrack heftig darüber, wie sich leicht denken läßt. Man hat diese Geschichte in öffentlichen Blättern bestritten, mir aber hat ein vornehmer Schwede, der übrigens kein Verehrer Swedenborgs war, versichert, daß die Sache, ohne allen Widerspruch, gewisse Wahrheit sey. Er gab mir noch Beweise davon an die Hand, die ich aber bekannt zu machen Bedenken trage, wie das bey dergleichen Geschichten, die auf das Geisterreich Bezug haben, gewöhnlich der Fall ist, indem Leute dadurch compromittirt werden, die man schonen muß.*

§. 115.

2.) Swedenborg kam mit einer Gesellschaft Reisender aus England zu Gothenburg an, hier sagte er, er habe von den

---

* Ein vornehmer Würtembergischer Theologe schrieb an die Königin, und fragte Sie wegen dieser Sache. Sie antwortete, und bezeugte daß sie wahr sey.

Engeln erfahren, daß es gegenwärtig in Stockholm in der und der Gasse brenne — es waren Stockholmer Bürger in der Gesellschaft, die darüber betroffen waren; bald hernach kam er zu ihnen, und sagte: sie sollten sich beruhigen, das Feuer sey gelöscht. Den folgenden Tag erfuhren sie, daß sich die Sache genau so verhalten habe. Diese Geschichte ist gewisse Wahrheit.

§. 116.

3.) Einer vornehmen Wittwe wurde eine beträchtliche Summe Geldes abgefordert, von der sie gewiß wußte, daß sie ihr verstorbener Mann bezahlt habe, sie konnte aber die Quittung nicht finden. In dieser Noth gieng sie zu Swedenborg und bat ihn ihren Mann zu fragen, wo die Quittung sey? — nach einigen Tagen sagte ihr Swedenborg, er habe ihren Mann gesprochen, die Quittung sey in dem oder dem Schrank unten auf dem Boden in einem verborgenen Behälter, wo sie auch alsofort gefunden wurde. Auch diese Thatsache hat man so ausgelegt: Swedenborg habe gewust wo die Quittung sey, und der Frauen bloß weiß gemacht, er habe es von ihrem Mann erfahren. Daß dies in des frommen Mannes Seele eine moralische Unmöglichkeit war, das weiß ich gewiß, hätte er die Quittung gewußt, so hätte er es zuverläsig der geängstigten Frauen gleich beym ersten Besuch gesagt. Aber nun muß ich noch einen vierten Erfahrungsbeweiß hinzufügen, der noch gar nicht bekannt, und vollkommen so wichtig als einer der vorhergehenden ist. Ich kann die Wahrheit desselben, mit der höchsten Gewisheit verbürgen.

§. 117.

In den siebenziger Jahren des verflossenen Jahrhunderts war in Elberfeld ein Kaufmann, mit dem ich die sieben Jahre meines dortigen Aufenthalts in vertrauter Freundschaft lebte. Er war ein strenger Mysticker im reinsten Verstand. Er sprach wenig, aber was er sagte, war ein goldner Apfel in einer silbernen Schaale, um aller Welt Güter willen hätte er es nicht gewagt eine wissentliche Unwahrheit zu sagen. Dieser nunmehr schon längst verklärte Freund, erzählte mir folgende Geschichte:

Er verreißte in Handlungs-Geschäften nach Amsterdam, wo sich damals Swedenborg aufhielt. Da er nun vieles von diesem sonderbaren Mann gehört und gelesen hatte, so nahm er sich vor ihn zu besuchen, und ihn näher kennen zu lernen. Er gieng also hin, und fand einen sehr ehrwürdig aussehenden freundlichen Greiß, der ihn höflich empfieng, und zum Niedersitzen nöthigte; nun begann folgendes Gespräch:

Der Kaufmann. »Bey dieser Gelegenheit, wo ich hier Handlungsgeschäfte zu verrichten habe, konnte ich mir die Ehre nicht versagen, Ihnen Herr Bergrath! meine Aufwartung zu machen; sie sind mir durch Ihre Schriften ein sehr merkwürdiger Mann geworden.«

Swedenb. »Darf ich fragen wo sie her sind?«

der Kaufm. »Ich bin von Elberfeld, aus dem Herzogthum Berg. Ihre Schriften enthalten so viel Schönes und so viel Erbauliches daß sie tiefen Eindruck auf mich gemacht haben, aber die Quelle woraus Sie schöpfen, ist so ausserordentlich, so fremd, und ungewöhnlich, daß Sie es dem aufrichtigen Freund der Wahrheit wohl nicht verübeln werden, wenn er unwiderlegbare Beweise fordert, daß Sie wirklichen Umgang mit der Geisterwelt haben.«

Swedenb. »Es wäre sehr unbillig wenn ich das übel nehmen wollte; aber ich glaube Beweise genug gegeben zu haben, die nicht widerlegt werden können.«

der Kaufm. »Sind das die bekannten, mit der Königin, dem Brand in Stockholm, und der verlegten Quittung?«

Swedenb. «Ja die sinds, und die sind wahr!»

der Kaufm. »Und doch wendet man vieles dagegen ein. Dürfte ich es wohl wagen, Ihnen einen solchen Beweiß aufzutragen?«

Swedenb. »Warum nicht? von Herzen gerne!«

der Kaufm. »Ich hatte ehmals einen Freund, der in Duysburg die Theologie studirte; er bekam aber die Schwindsucht, an der er auch dort starb. Diesen Freund besuchte ich kurz vor seinem Ende, wir hatten ein wichtiges Gespräch miteinander, könnten Sie wohl von ihm erfahren, wovon wir gesprochen haben?«

Swedenb. »Wir wollen sehen. Wie hies der Freund?«

Der Kaufmann sagte ihm den Namen.

Swedenb. »Wie lange bleiben sie noch hier?«

der Kaufm. »Etwa acht oder zehen Tage.«

Swedenb. »Kommen sie in einigen Tagen einmal wieder zu mir, ich will sehen, ob ich den Freund finden kann.«

Der Kaufmann gieng nun fort und verrichtete seine Geschäfte. Nach einigen Tagen gieng er mit gespannter Erwartung wieder zu Swedenborg, der ihm lächelnd entgegen kam, und sagte: »ich hab Ihren Freund gesprochen, die Materie ihres Discurses ist die Wiederbringung aller Dinge gewesen«, und nun sagte Swedenborg dem Kaufmann aufs genaueste, was er, und was der verstorbene Freund behauptet habe.

Mein Freund erblaßte, denn dieser Beweiß war mächtig und unüberwindlich; er fragte ferner: »wie geht es denn meinem Freund, ist er seelig?» Swedenborg antwortete ihm: ihm: »Nein! er ist noch nicht seelig, er ist noch im Hades, und quält sich noch immer mit der Idee von der Wiederbringung aller Dinge.« Diese Antwort sezte meinen Freund in die gröste Verwunderung. Er erwiederte: »Mein Gott auch noch jenseits?« Swedenborg versezte: »ja wohl! die

113

Lieblings Neigungen und Meynungen gehen mit hinüber, und es geht schwer her bis man ihrer loß wird, daher soll man sich hier schon davon entledigen.« Vollkommen überzeugt verlies mein Freund den merkwürdigen Mann, und reiste wieder nach Elberfeld.

Was sagt denn nun der hochaufgeklärte Unglaube hiezu? Er sagt: Swedenborg sey ein Pfiffikus gewesen, er habe etwa einen geheimen Spion gehabt, der meinen Freund ausgefragt habe; hierauf dient zur freundlichen Antwort: dazu war Swedenborg zu edeldenkend und zu gottsfürchtig, und mein Freund zu gescheid. Dergleichen Ausflüchte gehören unter die Rubrick der Verklärung des Erlösers vermittels des Mondscheins.

§. 118.

Daß Swedenborg einen vieljährigen und häufigen Umgang mit den Bewohnern der Geisterwelt gehabt habe, das ist keinem Zweifel mehr unterworfen, und eine ausgemachte Sache. Daß ihn aber auch hin und wieder seine Imagination getäuscht, und daß ihn auch zu Zeiten gewisse Geister unrecht berichtet haben, das ist eben so gewiß. Seine Schriften enthalten ungemein viel Schönes, Lehrreiches und Glaubwürdiges, aber auch mit unter hie und da so unbegreiflich läppische und widersinnige Sachen, daß ein geübter Geist der Prüfung dazu erfordert wird, wenn man sie mit Nutzen lesen will.

Swedenborgs Haupt-Irrthum war, daß er selbst glaubte, Gott habe ihm den innern Sinn geöfnet, und ihn dazu auserkohren, daß er in diesen lezten Zeiten, diese bisher verborgene Geheimniße bekannt machen, und den Grund zum Reich des Herrn legen sollte. Es läst sich aber leicht begreifen, wie er zu diesem Irrthum kommen konnte; denn

da ihm die Bekanntschaft mit dem Geisterreich so unge-
sucht, und auf einmal kam, und da er die menschliche Natur
noch zu wenig kannte, als daß er hätte vermuthen können,
es gebe eine von den Gesetzen der Natur abweichende Disposition des Körpers, eine Art Krankheit, wodurch man mit
dem Geisterreich in Verbindung komme, so konnte es nicht
anders seyn, er muste glauben, diese Offenbarungen kämen
unmittelbar von Gott, und so bald er dies glaubte, so hielt
er auch Alles für wahr, was ihm offenbart wurde, und sich
selbst also auch für einen von Gott gesandten Propheten.
Durch diese Vorstellungen können abscheuliche Irrthümer
und Vergehungen entstehen, ohne daß man zu sündigen
glaubt, weil man ihre Veranlassungen für göttliche Befehle
hält.

§. 119.

Der thierische Magnetismus und mannigfaltige Erfahrungen an Kranken haben mich belehrt und unwiderlegbar
überführt, daß der unsterbliche Geist, der göttliche Funke
im Menschen mit einem ätherischen oder Lichtskörper unzertrennlich verbunden sey; daß diese Menschenseele als
zukünftiger Bürger des Geisterreichs in diesem Erdenleben
in den thierischen Körper gleichsam verbannet, und vermittelst der Nerven an ihn gefesselt sey, und um seiner
Veredlung und Vervollkommnung willen, auch angefesselt
seyn müße, daß dieser innere Lichtmensch während dieser
Gefangenschaft angewiesen sey, seine Belehrung durch die
fünf sinnlichen Werkzeuge, und nicht durch den Umgang
mit dem Geisterreich zu bekommen; daß er aber durch den
Magnetismus, durch gewisse Krankheiten, und durch andre
Mittel, von den Banden des Körpers mehr oder weniger
entbunden, mit dem Geisterreich in Verbindung kommen

könne, welches aber allemal widernatürlich, und auch den Grundsätzen der christlichen Religion zuwider ist; und daß er endlich, um so viel erhöhter und thätiger wirke, jemehr er vom Körper losgemacht ist, und daß es also sehr irrig sey, wenn man glaubt, die Seele habe den Körper zum Denken, Vorstellen, mit einem Wort zum Verstand, Vernunft, und Willen nöthig — im Gegentheil, alle Seelische, oder geistige Eigenschaften, sind weit vollkommener, wenn die Menschenseele von ihrem Körper befreyt ist, diesen hat sie nur zu dem Zweck um die Sinnenwelt empfinden, und in ihr wirken zu können. Wenn dereinst der neue Himmel und die neue Erde erscheinen werden, dann werden die frommen Menschenseelen, mit ihrem Auferstehungsleibe vereinigt, so wohl die neue verklärte Sinnenwelt, als auch die Geisterwelt empfinden und auf sie wirken können.

§. 120.

Ich schliese dieses Kapitel mit der dringenden Ermahnung, sich durchaus nicht mit dem Geisterreich einzulassen, sondern wenn irgend jemand ohne sein suchen mit ihm in Umgang gerathen sollte, sich demselben auf eine liebreiche und christliche Weise zu entziehen, und wiedrum in die Ordnung zurück zu kehren, in die ihn der Vater der Menschen diesseits des Grabes gesezt hat. Im Kapitel von den Geister-Erscheinungen, werde ich Regeln an die Hand geben wie man sich gegen sie zu benehmen hat.

DAS DRITTE
HAUPTSTÜCK.

Von Ahnungen, Vorhersagungen,
Zaubereyen und Prophezeihungen.

§. 121.

Ahnung nenne ich eine mehr oder weniger dunkle Empfindung von einer Sache, die jezt in der Ferne geschieht,
oder in der nahen Zukunft geschehen wird, ohne daß man
den Grund von dieser Empfindung in der Sinnenwelt finden
kann. Dies ist der einfachste und reinste Begrif von dem
was man eigentlich Ahnung nennt. Ich habe selbst dreymal
eine solche Ahnung empfunden, wie den Lesern meiner
Lebensgeschichte bekannt seyn wird.

Da wir, in unserm gegenwärtigen Zustand, nicht das
geringste von der Zukunft, und von dem was in der Ferne
geschieht, wissen können, ausgenommen, wenn wir aus
natürlichen Ursachen auf die Folgen schliesen; so müßen
die wahren Ahnungen höhern Ursprungs seyn. Von diesen
will ich also zuerst handeln.

Dann giebt es auch Leute, die entweder durch Kunst,
oder auch durch Krankheit, oder auch durch eine natürliche
Anlage, ihr Ahnungs-Vermögen entwickeln, so daß sie sich
selbst und Andern in gewissen Fällen anzeigen können, was
jezt in der Ferne geschieht, oder noch geschehen wird;
auch diese wichtige Materie werde ich zu erläutern suchen,
sie betrift eigentlich die Vorhersagungen oder Wahrsagerey,
diese gehört wenigstens zum Theil hieher.

Die Zauberey oder Hexerey, ist unter die dümmsten Arten des Aberglaubens verwiesen worden; ob etwas und was daran sey, das werde ich dann auch im Verfolg auseinander zu setzen suchen.

Endlich muß ich untersuchen, wie man den wahren Geist der Weissagung, von den gewöhnlichen Prophezeihungen unterscheiden müße; unter diesen verstehe ich, wenn irgend jemand ein Gesicht sieht, wodurch ihm aus der Zukunft etwas entdeckt wird, oder auch wenn ihm innerlich in seinem Wesen so etwas offenbart wird.

§. 122.

Die wahren Ahnungen, von denen ich zuerst reden will, betreffen Menschen, die auf keine Weise mit dem Geisterreich in Rapport sind, eben so wohl, als Andere die damit in Beziehung stehen. Der Ahnende verhält sich dabey leidend, es geht nichts in ihm selbst vor, sondern ein anderes Wesen sucht ihm etwas bekannt zu machen, oder auch ihn für einem Unglück zu warnen. Wir werden durch Erfahrungen und Beyspiele geleitet, am leichtesten auf die Spur kommen, wie solche Ahnungen möglich sind.

§. 123.

Der in Giesen und Marburg rühmlich bekannte Professor Böhm — er war ordentlicher öffentlicher Lehrer der Mathematick — ein sehr rechtschaffener, christlich denkender, Wahrheitliebender Mann, und nichts weniger als ein Schwärmer, erzählte öfters folgende Geschichte:

Er war einsmahls an einem Nachmittag in einer angenehmen Gesellschaft, bey einer Tasse Thee, und einer Pfeife Taback recht vergnügt, ohne über irgend etwas nachzudenken, als er auf einmal eine Anregung im Gemüth empfindet, nach Haus zu gehen. Da er nun nichts zu Haus zu thun hatte, so sagte ihm sein mathematischer Verstand, er solle nicht nach Haus gehen, sondern bey der Gesellschaft bleiben. Indessen wurde die innere Aufforderung immer stärker und dringender, so daß endlich jede mathematische Demonstration erlag, und Böhm seinem innern Trieb folgte. So wie er auf sein Zimmer kam, und sich umsahe, aber nichts besonders entdecken konnte, fühlte er eine neue Anregung in seinem Innern, das Bett worinnen er schlief, müße von da weg, und in jene Ecke gebracht werden. Auch hier räsonirte seine Vernunft und stellte ihm vor, das Bett habe ja immer da gestanden, über dem sey das ja auch der schicklichste Plaz, und jener der unschicklichste, allein das Alles half nicht, die Anforderung ließ ihm keine Ruhe, er muste der Magd rufen, welche nun das Bett an die verlangte Stelle rückte; hierauf wurde er ruhig im Gemüth, er gieng wieder zur Gesellschaft, und empfand nichts mehr von jenen Anregungen. Er blieb auch zum Abendessen bey der Gesellschaft, gieng gegen 10. Uhr nach Haus, dann legte er sich in sein Bette, und schlief ganz ruhig ein. Um Mitternacht wekte ihn ein schreckliches Krachen und Poltern, er fuhr aus dem Bette auf, und sahe nun daß ein schwerer Balken mit einem grosen Theil der Zimmerdecke, gerade da niedergefallen war, wo vorhin das Bett gestanden hatte. Jezt dankte Böhm dem barmherzigen Vater der Menschen, daß er ihn so gnädig hatte warnen lassen.

§. 124.

Ich weiß wohl wie der Mechanische Philosoph diese schöne und merkwürdige Ahnung erklärt — er sagt, der Balken hatte in der vorigen Nacht schon gekracht, das hörte Böhm im Schlaf nur dunkel, so daß er sichs nicht deutlich bewust war; indessen lag doch die dunkle Idee der Gefahr in seiner Seele, diese Idee wurde immer reger, je näher sie dem Zeitpunct der Gefahr kam, und entwickelte sich endlich auf die erzählte Art zur Thatsache.

Diese Erklärung hat auf ihrer Oberfläche einen Schimmer der Wahrscheinlichkeit, ungefähr so, als wenn der Physiker das Licht entweder aus den Emanationen der leuchtenden Körper, oder durch das Zittern des Äthers, welches durch die leuchtende Körper verursacht werde, erklären will. Je schärfer man diese Begriffe prüft, desto ungegründeter findet man sie, endlich entdeckt man Widersprüche, und sieht nun ein, daß sie unmöglich sind. Wenn durch ein Krachen des Balkens in Böhm, während dem Schlafen eine dunkle Idee von Gefahr entstanden war, so fühlte er im wachenden Zustand eine geheime Angst, eine Furcht für etwas, das er nicht kannte, dessen er sich hernach vielleicht hätte dunkel erinnern, und dann, ohne recht zu wissen warum, das Bett an eine andere Stelle rücken lassen können.

Ganz anders verhielt sichs aber in Böhms Seele; diese war ruhig und ahnete nichts, und als gegen Abend die Anregung kam nach Haus zu gehen, so disputirte sie dagegen, welches gewiß nicht geschehen wäre, wenn dieser Trieb in ihrem eigenen Wesen seinen Ursprung gehabt hätte; eben dies geschahe auch, als das Bette an eine andere Stelle gerückt werden sollte; Böhm fande dies unschicklich und zweckwidrig.

§. 125.

Zu solchen Sophistereyen muß aber der mechanische Philosoph seine Zuflucht nehmen, wenn er mit seiner Mechanick zum Übersinnlichen übergehen will. Dem Manne seines gleichen, und dem superfiziellen Kopf leistet so etwas Genüge, aber dem christlichen Bibelphilosophen bey weitem nicht, dieser weiß aus seiner Bibel, aus dem Munde der Wahrheit selbst, daß es ganze Heere guter und böser Engel gebe, die auf die Welt und die Menschen würken können. Christus belehrt uns ausdrücklich, daß die Kinder Schuzengel hätten, und daß diese immer das Angesicht seines himmlischen Vaters sähen. Math. 18. V. 10. Diese Engel erkennen also im Angesicht Gottes seinen Willen, und führen ihn dann an den Kindern aus, so viel sie können, und nicht gehindert werden; und aus Hebr. 1. V. 14, nebst noch vielen andern Stellen und Winken der heiligen Schrift sieht man klar und deutlich, daß die Engel Werkzeuge sind, durch welche der Herr die ganze Schöpfung, also auch unsre Sinnenwelt regiert, und daß sie auch den Menschen zum Schuz dienen, und sie für Gefahren warnen, wenn es anders in den Plan der Führung des Menschen paßt. Dieses Warnen geschieht auf mancherley Weise, so wie der warnende Engel am besten auf einen Menschen würken kann; und das nennen wir dann eine Ahnung.

Ein solcher Engel war es auch wohl, der dem guten Böhm in die Seele hauchte: »gehe nach Haus!« — und hernach wieder: »rücke das Bett da weg in jene Ecke!«

§. 126.

Es ist mir unbegreiflich, wie man eine Maschine, die im ewigen eisernen Zwang, immer nach einerley Gesetzen, in kalter Nothwendigkeit ihren Gang fortgeht, einer Welt voller freyhandelnder Wesen vorziehen kann? und eben so unbegreiflich ist es mir, daß man Leute, die eine solche herrliche Gott geziemende Welt glauben, tief verachtet, verspottet, und mit einem Satanischen Haß anfeindet — Ja warlich! das ist kein geringer Beweiß für die Wahrheit meiner theokratischen Freyheit, weil das mechanische

System, dem Reich der Finsternis überaus günstig ist, und es allgewaltig befördert. Ist nicht meine Vorstellung von einer solchen Ahnung, und von der Weltregierung überhaupt beruhigender, beseligender, zum Beten und Würken, zum innigen Zutrauen zum allgütigen Weltregenten erweckender, als jene, die sich den Menschen im mechanischen System, als in einem eisernen Käfig, mit ewigen Banden der Finsterniß angekettet denkt, den dann ein unabänderliches Schicksal in die endlose Weite wegschleudert, ohne zu wissen, wohin.

§. 127.

Der Kaufmann, bey dem ich ehmals von 1763 bis 1770 in Diensten war, und den ich in meiner Lebensgeschichte Spanier genannt habe, erzählte mir öfters eine merkwürdige Ahnung, die er in Rotterdam gehabt hatte: als er seine Handlung anfieng, so machte er eine Reise nach Holland, um sich Kunden zu seiner grosen Eisenfabricke aufzusuchen. Vorzüglich aber gieng sein Augenmerk auf Middelburg in Seeland, wohin er auch so wie nach andern Holländischen Städten mehr Empfehlungen von seinen Freunden hatte. In Rotterdam war er nun mit seinen Geschäften fertig, er gieng also des Morgens zu dem Middelburger Marktschif, welches da vor Anker lag, und den Mittag nach Middelburg absegelte, bestellte und bezahlte einen Plaz für sich, und bat dann, daß man ihm einen Matrosen, in den Gasthof, den er benannte, schicken möchte, wann das Schif abgehen sollte. Er gieng nun in gedachten Gasthof, besorgte seine Geschäfte zur Abreise, und bat sich um 11 Uhr etwas zu essen auf sein Zimmer aus. Als er beynahe mit dem Essen fertig war, so kam der Matrose um ihn zu rufen; so wie der Mensch die Thür öfnete, und ihn der Kaufmann erblickte, so überfiel diesen eine unerklärbare Angst, nebst einer innern Überzeugung, er dürfe nicht nach Middelburg reisen, alle Gegenvorstellungen halfen nicht, er muste dem Matrosen sagen, er könne nicht mitfahren; dieser erwiederte, so seye das Fahrgeld verlohren, aber das half nicht, er muste bleiben. Nachdem der Matrose weggegangen war, so überlegte der Kaufmann vernünftig, was doch wohl die Ursache dieser sonderbaren Gemüthsbewegung gewesen seyn möchte? im Grund war er traurig und mismuthig, daß er nun diesen wichtigen Theil seiner Reise versäumte, indem er das nächste Marktschif nicht abwarten konnte. Um die Langeweile, und den Unmuth zu vertreiben, gieng er spazieren, und gegen Abend zu einem Freund; als er hier ein paar Stunden gesessen hatte, so entstand ein großer Lärm auf der Gassen, man erkundigte sich, und erfuhr nun, daß der Bliz in das Middelburger Marktschif geschlagen habe, daß es untergegangen, und kein Mensch gerettet worden seye. Meine Leser können denken wie dem guten reisenden Kaufmann bey dieser Nachricht zu Muth war — er eilte nach Haus, und in die Einsamkeit, und dankte Gott für diese gnädige Warnung.

§. 128.

Daß diese Geschichte gewisse Wahrheit ist, das kann ich heilig versichern; und wenn man sie so recht überlegt, so sollte man nicht denken daß es möglich wäre, sie mechanisch zu erklären; allein diejenigen welche die Wunder aus der Bibel wegexegesiren, würden doch bald damit fertig werden; sie würden sagen, die Gewitterluft habe die dunkle Idee von Gefahr in dem Kaufmann erzeugt, und diese Idee habe sich beym Anblick des Matrosen völlig entwickelt — Indessen in Rotterdam war keine Gewitterluft und auch kein Gewitter; man hatte nur eine einzelne dunkle Wolke in der Ferne bemerkt, und mein seeliger Freund, mit dem ich sieben Jahre lang vertraulich umgegangen bin, war nicht reizbar in Ansehung der Gewitter. Doch alle solche Bemerkungen helfen nichts, wer nun einmal nicht glauben, nicht überzeugt seyn will, und wer zu stolz dazu ist, sein einmal angenommenes System zu verlassen, und sich eines Andern belehren zu lassen, der findet immer noch Einwendungen, und man wird nie mit ihm fertig. Sicher war es ein schüzender Engel, der meinem Freund in die Seele hauchte, »gehe nicht mit, du wirst sonst unglücklich!«

§. 129.

Im 2ten Stück des 2ten Bandes des Museums des Wundervollen, wird auf der 152sten Seite ein auffallendes Beyspiel von einer Ahnung erzählt, welche die Frau von Beaumont im allgemeinen Magazin der Natur und Kunst im achten Band mitgetheilt hat, sie sagt nämlich: »Meine ganze Familie besinnt sich noch auf einen Zufall, vor dem mein Vater durch Hülfe der Ahnung in seiner Jugend bewahrt wurde. Das Fahren auf dem Fluß ist eins der gewöhnlichen Vergnügen der Einwohner der Stadt Rouen in Frankreich. Auch mein Vater fand an diesen Spazierfahrten ein groses Vergnügen, und er ließ wenige Wochen vorbeygehen, ohne daß er dasselbe genoß. Er vereinigte sich einsmals mit einer Gesellschaft, zwey Meilen weit von Rouen nach Port St. Ouen zu fahren. Man hatte ein Mittagsmahl und Instrumente ins Schif gebracht, und alles zu einer angenehmen Farth vorbereitet. Als es Zeit war aufzubrechen, stieß eine von den Tanten meines Vaters, welche taubstumm war, eine Art von Geheul aus, stellte sich an die Thür, versperrte sie mit ihren Armen, schlug die Hände zusammen, und gab durch Zeichen zu verstehen, daß sie ihn beschwöre, er möchte zu Hauß bleiben. Mein Vater, der sich von dieser Spazierfahrt viel Vergnügen versprochen hatte, trieb nur seinen Spott mit ihren Bitten, allein das Frauenzimmer fiel ihm zu Füßen, und äusserte eine so heftige Betrübniß, daß er sich endlich entschloß, ihren Bitten nachzugeben, und seine Lustfahrt auf einen andern Tag zu verschieben. Er bemühte sich daher die Andern auch zurück zu halten, und bat sie, seinem Beyspiel zu folgen, allein man lachte über seine Nachgiebigkeit und reiste ab. Kaum hatte das Schif die Hälfte des Weges zurück gelegt, so bekamen diejenigen, die sich darinn befanden, die gröste Ursache zur Reue, daß sie ihm nicht gefolgt hatten. Ihr Schif rieß von einander, viele kamen dabey ums Leben, und diejenigen, die sich durch Schwimmen retteten, wurden von dem Schrecken, der sie dabey überfallen hatte, in die äusserste Lebensgefahr gestürzt.«

Bey dieser merkwürdigen Ahnung läst sich an keine mechanische Erklärung denken. Der warnende Engel fand daß er auf niemand besser wirken könne, als auf die taubstumme Person, daher wählte er sie zur Ausführung seines Auftrags.

§. 130.

In dem nehmlichen Heft des Museums des Wundervollen, wird Seite 153 eine eben so wichtige Ahnung erzählt, die der Verfasser aus dem Munde eines glaubwürdigen Mannes gehört hat: »Dieser hatte einen Freund, der eine Stelle als Beamter auf dem Land verwaltete. Da er nicht verheurathet war, so ließ er seine häußlichen Angelegenheiten durch eine Haushälterin verwalten, welche schon viele Jahre bey ihm diente. Es trat sein Geburtstag ein; er hatte alle

Anstalten zu dessen Feyer getroffen, und früh Morgens sagte er zu seiner Haushälterin, daß, da heut ein schöner Tag sey, sie die Laube im Garten, welche er ihr nannte, reinigen möchte, weil er Willens sey, mit seinen Gästen, den Tag darinnen zuzubringen. Kaum hatte er ihr diesen Auftrag gegeben, so war sie ganz betäubt darüber, und zauderte mit der Ausführung seines Befehls. Endlich bat sie ihn, daß er doch lieber in irgend einer Stube seine Gäste bewirthen möchte; es ahne ihr, daß es heut in die Laube einschlagen werde. Er lachte über ihre Äusserung, indem es gar keinen Anschein hatte, daß diesen Tag Gewitter kommen würden, und da sie ihm mit ihren Bitten noch weiter zusezte, so drang er destomehr darauf, daß sie die genannte Laube zubereiten möchte, damit es nicht schiene, als wolle er ihrem Aberglauben Vorschub geben. Sie gieng endlich und führte den Auftrag ihres Herrn aus. Der Tag blieb heiter, die gebettenen Gäste stellten sich ein, man gieng in die Laube, und war vergnügt. Am fernen Horizont hatten sich indessen Wolken gesammelt, welche endlich der Wind mit Gewalt herbeytrieb, die Gesellschaft war in ihrer Unterhaltung so vertieft, daß sie dies gar nicht bemerkte, allein kaum wurde die Haushälterin gewahr, daß sich das Gewitter nähere, so bat sie ihren Herrn, daß die Gesellschaft doch die Laube verlassen möchte: denn sie könne den Gedanken des Einschlagens gar nicht loß werden. Man wollte ihr anfänglich kein Gehör geben, allein sie fuhr unaufhörlich in ihrem Bitten fort, und da endlich das Gewitter mit Gewalt heranstürmte, so ließ man sich bewegen, die Laube zu verlassen. Kaum war man einige Augenblicke in der Stube, so schlug der Bliz in die Laube ein, und zertrümmerte Alles, was man noch da stehen gelassen hatte.«

Wenn auch diese Haushälterin, ein drückend Vorgefühl von einem bevorstehenden Gewitter, und dem Einschlagen desselben hatte, so konnte doch dies Vorgefühl unmöglich den Ort bestimmen, wo es einschlagen würde. So giebt es hin und wieder Erfahrungen, die der mechanische Philosoph entweder ganz wegläugnen, oder wenn er das nicht kann — schweigen muß. Man sieht dieser ganzen Geschichte an, daß die Männer die in der Laube beysammen waren, schwerlich ein Organ hatten, Engels Stimmen zu vernehmen, der warnende Bote fand also leichter bey der Haushälterin Eingang, und bediente sich dieses Organs zu seinem menschenliebenden Geschäfte.

§. 131.

Die bisher erzählten Ahnungen hatten den Zweck für Unglück zu warnen, aber es giebt auch solche, deren Zweck man nicht so leicht erkennen kann, wie dies z. B. der Fall bey folgenden ist:

Im Museum des Wundervollen, ich glaube im 4ten Stück des 6ten Bandes, wird der, auch anderswoher bekannte Traum des berühmten Herrn von Brenckenhof erzählt. An der Wahrheit desselben ist nicht zu zweifeln. Diesen träumte des Nachts, er befände sich in einer wüsten höchst traurigen Gegend, aus welcher er sich wieder heraus sehnte; indem sahe er einen Mann der ihn noch da zu bleiben bewog, und bald nachher sahe er diesen, ihm so lieben Mann sterben, zugleich bemerkte er einen grosen Zug von Menschen in fremder ungewöhnlicher Kleidung, und dann erwachte er. Das Angesicht, und das Ganze des im Traum gesehenen Mannes, war aber so tief in seine Imagination eingegraben, daß ers beynahe noch wachend sahe. Das ganze Bild blieb ihm lebenslang unauslöschbar. Einige Zeit nachher erhielt er von Friedrich dem zweyten, König in Preußen, den Auftrag nach Pommern zu gehen, um dort denen Provinzen wieder aufzuhelfen, die durch die Rußen im siebenjährigen Krieg verheeret worden waren. Brenckenhof reiste dorthin, fand aber das Elend so groß, und je genauer er untersuchte, noch immer gröser, so daß er an jeder Hülfe verzweifelte, sich entschloß an den König zu schreiben, und Ihm zu melden, daß er weder Hülfe noch Rath ersinnen könne, dem Lande aufzuhelfen, besonders auch darum, weil es an Menschen fehlte.

Indem er mit diesen Gedanken umgieng, und an einen Ort hinfuhr, so kam ein Mann an seine Kutsche, dessen Anblick ihn ins gröste Erstaunen sezte, denn es war aufs genaueste der Mann, den er im Traum gesehen hatte. Daß ihn dieser Anblick hoch erfreute und daß er alsofort groses Zutrauen zu ihm hatte, das läst sich leicht denken. Es war der Beamte der dortigen Gegend, der ihm tröstlich zuredete, ihm mit Rath und That an die Hand zu gehen versprach, und ihn also bewog, das wohlthätige Geschäfte zu unternehmen.

Einige Zeit nachher, erfuhr Brenckenhof, daß sein Freund tödlich krank sey, er eilte zu ihm, und sahe ihn sterben; noch den nämlichen, oder den nächst folgenden Tag, sahe er eine grose Anzahl Männer, Weiber und Kinder, ganze Familien einherziehen, dieses waren Colonisten aus Polen, welche sich in dem verödeten Lande anbauen wollten, und also lauter Werkzeuge waren, durch welche Brenckenhof wohlthätig fortwürken konnte.

§. 132.

Was war nun wohl der eigentliche Zweck dieser Ahnung? — eine Warnung für Gefahr war sie nicht — auch gab sie keinen Wink etwas zu thun oder zu lassen — dem ersten Anblick nach scheint dieser Traum, ob er gleich eine wahre

Ahnung war, zweckloß zu seyn, untersucht man aber die Sache näher, so entdeckt man eine sehr merkwürdige Vorherbestimmung der Vorsehung: hätte Brenckenhof nicht das Bild, seines nachherigen hülfreichen Freundes im Traum gesehen, und hätte es nicht so tiefen Eindruck auf ihn gemacht, so würde auch der Anblick des Mannes selbst an der Kutsche, ihn nicht so tief gerührt, und seinem ganzen Wesen nicht den so lebhaften Eindruck gegeben haben, um zum Glück jener Gegend zu würken; der ganze Traum war also von Seiten der Vorsehung eine würksame Vorbereitung, zu einem höchst wohlthätigen Geschäfte. Daß auch dieser Traum die Würkung eines guten Engels war, ist darum gewiß, weil er durchaus in der Natur einer gesunden menschlichen Seele nicht gegründet ist: denn von Brenckenhof läst sich nicht denken, daß er nur auf die entfernteste Art Somnambül gewesen sey.

§. 133.

Eine äusserst merkwürdige Ahnung durch einen Traum, wird im 2ten Heft des ersten Bandes, des Museums des Wundervollen folgendermassen erzählt:

»Kurz vorher, ehe die Fürstin Ragozky von Warschau nach Paris reiste, hatte sie folgenden Traum: sie träumt, daß sie sich in einem unbekannten Zimmer befindet, wo ein gleichfalls ihr unbekannter Mann mit einem Becher zu ihr kommt, und ihr daraus zu trinken anbietet. Sie erwiedert, daß sie keinen Durst hätte, und dankt ihm für sein Anerbieten. Der unbekannte Mann wiederholt seine Bitte, und sezt hinzu: sie möchte es ihm nicht weiter abschlagen, denn dies sey der lezte Trank ihres Lebens. Sie erschrack heftig hierüber und erwachte.

Im October 1720 langte diese Fürstin munter und gesund in Paris an, und bezog ein Hotel garni — (eine möblirte

Wohnung) wo sie bald nach ihrer Ankunft ein heftiges Fieber überfiel. Sie schickte so gleich zu dem berühmten Arzt des Königes, dem Vater des Helvetius. Der Arzt kam, und die Fürstin gerieth in ein auffallendes Erstaunen. Man fragte nach der Ursache desselben, und sie gab zur Antwort, daß der Arzt ganz vollkommen dem Manne gleich sähe, den sie zu Warschau im Traum erblickt hätte. ›Doch diesmal‹, sezte sie hinzu, ›werde ich noch nicht sterben, denn dieses Zimmer ist nicht dasselbe, das ich damals zugleich mit im Traum sahe.‹

Die Fürstin wurde bald darauf völlig wieder hergestellt, und schien ihren Traum ganz vergessen zu haben, als sie durch einen neuen Umstand wieder mit der grösten Lebhaftigkeit daran erinnert wurde: sie war mit ihrem Logis in dem Hotel nicht zufrieden, und verlangte daher, daß man ihr eine Wohnung in einem Kloster zu Paris zubereiten möchte, welches auch geschah. Die Fürstin zog in das Kloster ein, allein kaum war sie in das für sie bestimmte Zimmer getretten, als sie überlaut zu schreyen anfieng, ›es ist um mich geschehen, ich werde nicht wieder lebendig aus diesem Zimmer herauskommen: denn es ist ebendasselbe, das ich zu Warschau im Traum gesehen habe.‹ Sie starb würklich nicht lange darauf, zu Anfang des Jahrs 1721, und zwar in dem nämlichen Zimmer an einem Halsgeschwür, das durch die Herausnahme eines Zahns entstanden war.«

Auch dieser Traum rührte von einem guten Engel her, der die Fürstin auf ihr bald bevorstehendes Ende aufmerksam machen wollte.

§. 134.

Es giebt aber auch Ahnungen, deren Zwecke solche Gegenstände bezielen, die der Mühe nicht werth scheinen, daß sich ein guter Geist oder Engel darauf einläst; Beyspiele davon stehen in Morizens Erfahrungs Seelenkunde, 1 ter Bnd, 1 s St. S. 70 u. f. ich will den ganzen Brief wie er an den Verfasser geschrieben worden, hier einrücken.

»Sie wünschen also, daß ich Ihnen dasjenige schriftlich mittheilen soll, was ich Ihnen neulich von dem Vorhersehungs-Vermögen der Seele mündlich erzählt habe. Da meine Erfahrungen auf Träumen beruhen, so muß ich freylich wohl befürchten, daß manche mich für einen phantastischen Träumer halten werden, allein wenn ich zu Erreichung Ihres allerdings sehr nüzlichen Zwecks etwas beytragen kann, so liegt nichts daran, man denke was man wolle! genug ich bin Bürge für die Wahrheit und Zuverläsigkeit desjenigen, was ich sogleich umständlicher erzählen will:

Im Jahr 1768, als ich in der hiesigen Hofapothecke (in Berlin) die Apotheckerkunst erlernte, hatte ich in der 72 sten Ziehung, der Königl. Preusischen Zahlenlotterie, die am 30 sten May desselben Jahrs geschahe auf die Zahlen 22 und 60 gesezt.

In der Nacht vor dem Tage der Ziehung träumte mir, daß des Mittags gegen 12 Uhr, als zu welcher Zeit gewöhnlich die Lotterie gezogen zu werden pflegt, der Hofapothecker zu mir herunter schickte, und mir sagen ließ, daß ich zu ihm herauf kommen sollte; als ich hinauf kam, sagte er zu mir, ich sollte sogleich jenseits des Schlosses zu dem Auctions-Commissarius Herrn Mylius gehen, und ihn fragen, ob er die ihm committirten Bücher erstanden habe? sollte aber ja bald wieder kommen, weil er auf die Antwort warte.

Das ist vortreflich, dachte ich bey mir selbst (nämlich noch immer im Traum) jezt wird gerad die Lotterie gezogen, da will ich so gleich, so bald ich meinen Auftrag ausgerichtet habe, geschwind nach dem General-Lotterieamte hinlaufen und sehen, ob meine Nummern heraus kommen, (die Lotterie wurde damals auf offener Straße gezogen) wenn ich nur hurtig gehe, so komme ich doch noch früh genug wieder zu Hauße.

Ich gieng also sogleich (noch immer im Traum) meinem erhaltenen Befehl zufolge zu dem Auctionscommissarius Herrn Mylius, bestellte meinen Auftrag, und nach erhaltener Antwort lief ich eiligst nach dem General-Lotterieamt an der Jägerbrücke. Ich fand hier die gewöhnliche Zurüstung, und eine ansehnliche Menge Zuschauer. Man hatte schon angefangen die Nummern in das Glücksrad hinein zu zählen, und in dem Augenblick als ich ankam, wurde Nro. 60 vorgezeigt und ausgerufen. O dachte ich das ist eine gute Vorbedeutung, daß gerade eine von meinen Nummern ausgerufen wird, indem ich dazu komme.

Da ich nicht lange Zeit hatte, so wünschte ich nun nichts mehr, als daß man mit dem Hereinzählen, der noch übrigen Nummern so viel als möglich eilen möchte. Sie wurden endlich alle hereingezählt, und nun sahe ich dem Waisenknaben die Augen verbinden, und nachher auf die gewöhnliche Art die Nummern ziehen.

Als die erste gezogene Zahl vorgezeigt und ausgerufen wurde, so war es Nro. 22. Schon wieder eine gute Vorbedeutung dachte ich, nun wird 60 gewiß auch heraus kommen! es wurde die zweyte Nummer gezogen, und siehe da, es war Nro. 60.

Nun mögen sie meinetwegen ziehen was sie wollen, sagte ich zu jemand, der neben mir stand, meine Nummern sind heraus, ich habe nicht länger Zeit, indem drehte ich mich um, und lief spornstreichs zu Hauße. —

Hier erwachte ich, und war mir meines Traums so deutlich bewust, als ich ihn jezt erzählt habe. Wäre mir nicht der so sehr natürliche Zusammenhang, und die ganz besondere Deutlichkeit auffallend gewesen, so würde ich ihn für nichts anders als einen Traum im gewöhnlichen Verstand gehalten haben: diese aber machten mich aufmerksam, und reizten meine Neugierde so sehr, daß ich kaum den Mittag erwarten konnte.

Endlich schlug es eilf, aber noch war kein Anschein zur Erfüllung meines Traums. Es schlug ein Viertel, es schlug halb Zwölf, und auch noch jezt war keine Wahrscheinlichkeit dazu vorhanden. Schon hatte ich alle Hofnung aufgegeben, als unvermuthet einer von den Arbeitsleuten zu mir kam, und mir sagte ich sollte sogleich zu dem Herrn Hofapothecker heraufkommen. Ich gieng voller Erwartung herauf, und hörte von ihm mit der grösten Verwunderung, daß ich so gleich zu dem Auktions-Commissarius Herrn Mylius jenseits des Schlosses gehen, und ihn fragen sollte, ob er die ihm committirten Bücher in der Auktion erstanden habe? zugleich sagte er mir auch dabey: ich sollte ja bald wieder kommen, weil er auf die Antwort warte.

Wer war wohl geschwinder als ich? — ich gieng eiligst zu dem Auktions-Commissarius Herrn Mylius, bestellte meinen Auftrag, und nach erhaltener Antwort lief ich, so geschwind ich konnte nach dem General-Lotterieamt an der Jägerbrücke. Und voller Erstaunen sahe ich, daß Nummer 60 in dem Augenblick als ich herankam vorgezeigt, und ausgerufen wurde.

Da mein Traum bis jezt so pünktlich eingetroffen war, so wollte ich doch nun auch gerne das Ende abwarten, so wenig ich auch Zeit dazu hatte; ich wünschte daher nichts mehr als daß man mit dem Hereinzählen der Nummern eilen möchte. Endlich wurde man damit fertig. Es wurden dem Waisenknaben, wie gewöhnlich die Augen verbunden, und nun kann man sich leicht die Begierde vorstellen, mit welcher ich die lezte Erfüllung meines Traums erwartete.

Die erste Nummer wurde endlich gezogen, und ausgeruffen, und siehe da, es war Nro. 22. Es wurde die zweyte gezogen, und auch diese war, so wie mir geträumt hatte, Nro. 60.

Jezt fiel's mir ein, daß ich mich schon länger verweilt hatte, als es mir mein Auftrag erlaubte, ich bat also die mir im Gedränge zunächst stehenden, mich durch zulassen. ›Ey‹, antwortete mir einer, ›wollen Sie nicht warten bis die Nummern alle heraus sind?‹ ›nein‹, sagte ich, ›ich habe nicht länger Zeit, meine Nummern sind heraus, und nun mögen sie meinetwegen ziehen was sie wollen‹; indem wandte ich mich um, drängte mich durch, und lief eiligst und freudig nach Hauße, und so wurde mein ganzer Traum nicht nur dem wesentlichen Verlauf, sondern so gar den Worten nach erfüllt.

Vielleicht ists Ihnen nicht unangenehm, wenn ich Ihnen noch ein paar Erfahrungen von ähnlichem Inhalt erzähle.

Am 18ten August 1776 träumte mir gegen Morgen, als wäre ich in der Gegend am Schlesischen Thor spazieren gegangen, und wollte von da quer über das hier befindliche Feld, durch die Riecksdorfer- oder Dresdenerstraße zu Hauß gehen.

Ich fand das Feld voller Stoppeln, und es schien als wenn das Korn, was hier gestanden hatte, nicht längst abgemähet, und eingeärndet war. (dies verhielt sich würklich so, ob ich es gleich nicht vorher gesehen hatte) Als ich in die Riecksdorfer Straße herein kam, so ward ich gewahr, daß sich vor einem der ersten Häußer einige Menschen versammelt hatten, die nach dem Hauße hinsahen. Ich vermuthete also daß in oder vor dem Hauße irgend eine Neuigkeit vorgefallen seyn würde, und aus dieser Ursache fragte ich als ich herankam, den ersten, der mir aufstieß, ›was giebts denn hier?‹ ›I‹, antwortete er ganz gleichgültig, ›die Lotterie ist gezogen‹; ›so!‹ sagte ich, ›ist sie schon gezogen? was sind denn für Nummern heraus?‹ — ›I‹, gab er zur Antwort, ›da stehen sie‹, und zugleich zeigte er mit dem Finger nach der Thüre eines im Hauße befindlichen Kramladens, den ich jezt zuerst gewahr wurde.

Ich sahe die Thür an und fand, daß die Nummern mit Kreide an einer schwarzen Leiste der Thüre angeschrieben waren, so wie es würklich nicht selten zu geschehen pflegt.

Um zu wissen, ob sich würklich am Anfange der Riecksdorfer Straße ein Kramladen nebst einer Lotterieeinnahme befindet, so habe ich mir den Weg dahin nicht verdriesen lassen, und gefunden, daß sich beydes in der That so verhält. Zu meinem grösten Verdruß ward ich aber gewahr, daß nur eine einzige Nummer von denen die ich gesezt hatte, heraus war; ich übersahe die Nummern noch einmal, um sie nicht zu vergessen, und gieng darauf verdrieslich nach Hauße. Ehe ich aber noch zu Hauße kam, erwachte ich. —

Ich ward als ich erwachte, durch ein zufälliges Geräusch verhindert, mich meines Traums so gleich zu erinnern, kurz nachher aber fiel er mir wieder bey, und nachdem ich etwas nachgedacht hatte, erinnerte ich mich dessen zwar so deutlich, als ich ihn jezt erzählt habe, jedoch fiel es mir schwer, mich auf alle fünf Nummern genau zu besinnen.

Daß Nro. 42 die Erste und Nro. 21 die Zweyte von den Nummern war, die ich angeschrieben gesehen hatte, dies wuste ich mich ganz gewiß zu erinnern, daß die dritte die hierauf folgte, eine 6 gewesen war, dies wuste ich auch noch ganz gewiß, nur wuste ich nicht zuverläsig, ob die Null die ich in dieser Gegend gesehen hatte zu 6 oder zu der darauf folgenden Nummer 4 gehörte, die ich mir auch noch sehr deutlich gesehen zu haben erinnerte, und da ich dieses nicht gewiß wuste, so konnte es so wohl 6 und 4 allein, als auch 60 und 40 gewesen seyn.

Auf die fünfte Nummer konnte ich mich am allerwenigsten mit Zuverläßigkeit besinnen, so viel wuste ich zwar gewiß, daß es eine aus den Funfzigern gewesen war, welche aber, das konnte ich nicht mit Gewisheit bestimmen; Nummer 21 hatte ich würklich schon gesezt, und dies war diejenige, die, meinem Traum nach, von meinen Nummern heraus gekommen seyn sollte.

So merkwürdig mir auch übrigens mein Traum zu seyn schien, so machte mich doch dies mißtrauisch, daß ich mich nicht ganz deutlich auf alle fünf Nummern besinnen konnte. Ob ich gleich ganz gewiß wuste, daß unter den sechszehen angeführten Nummern, nähmlich den zehn Funfzigern, und den sechs vorher genannten, alle fünfe waren, die ich im Traum gesehen hatte, und ob gleich noch Zeit genug zum Einsetzen war, so wollte es mich doch, des beträchtlichen Einsatzes halber nicht behagen, sechzehn Nummern miteinander verbunden zu setzen; ich ließ es also bey einigen Amben und Ternen bewenden, und hatte noch dazu, wie der Erfolg lehrte, den Verdruß, eine schlechte Verbindung der Zahlen gewählt zu haben.

Am dritten Tage nachher, den 21sten August 1776, ward die Lotterie gezogen, es war die 215te Ziehung, und es kamen richtig alle fünf Nummern heraus, die ich im Traum gesehen hatte, nähmlich 60. 4. 21. 52. 42. und nun erinnerte ich mich auch ganz deutlich, daß Nummer 52 die Fünfte von denjenigen war, die ich im Traum gesehen hatte, und auf die ich mich bisher nicht mit zuverläsiger Gewißheit besinnen konnte.

Statt einigen Tausend Thalern, die ich hätte gewinnen können, muste ich mich jezt mit einigen Zwanzigen abspeisen lassen.

Nun also noch die dritte, und für jezt, lezte Erfahrung.

Am 21sten September 1777 träumte mir, daß mich ein

guter Freund besuchte, und nachdem das Gespräch auf die Lotterie gekommen war, aus meinem kleinen Glücksrad, welches ich damals hatte, Nummern zu ziehen verlangte.

Er zog verschiedene, in der Absicht sie zu besetzen. Als er aufgehört hatte zu ziehen, so nahm ich alle Nummern aus dem Glücksrad heraus, legte sie vor mir auf den Tisch hin, und sagte zu ihm: ›die Nummer, die ich jezt greifen werde, kömmt in der künftigen Ziehung ganz gewiß heraus‹; indem grief ich unter dem ganzen Haufen eine Nummer heraus, wickelte sie auseinander und besah sie: es war Nro. 25 sehr deutlich. Ich wollte sie wieder zusammen wickeln, und in die Kapsel stecken, aber in dem Augenblick erwachte ich.

Da ich mir meines Traums so deutlich bewust war, als ich ihn jezt erzählt habe, so hatte ich viel Zutrauen zu dieser Nummer, und besezte sie daher auch so, daß ich mit dem Gewinnst zufrieden gewesen seyn würde; aber zwo Stunden zuvor, ehe die Lotterie gezogen wurde, erhielt ich von dem Lotterieeinnehmer meinen Einsaz zurück, mit der Nachricht, daß meine Nummer gänzlich gestrichen sey. Die Lotterie wurde am 24sten September gezogen, und meine Nummer kam richtig heraus. Es war die 254ste Ziehung.

Ob ich gleich sehr gerne zugebe, und sehr wohl weiß, daß viele, und vielleicht die mehresten Träume, aus solchen Ursachen entstehn, die blos im Körper gegründet sind, und daher auch von keiner weiteren Bedeutung seyn können, so glaube ich doch, aus vielfältiger Erfahrung hinreichend überzeugt zu seyn, daß es nicht selten Träume giebt, an deren Entstehung und Daseyn der Körper, als Körper keinen Theil hat, und zu diesen gehören, wie ich glaube, die drey angeführten Beispiele.

Ich denke nicht, daß der Inhalt dieser Träume jemanden zu irgend einer schiefen Beurtheilung Gelegenheit geben

sollte, denn sonst hätte ich eben so gut andere wählen können, aber gerade des ähnlichen Inhalts wegen, habe ich sie
zusammen gestellt.

Christoph Knape

*der Weltweißheit, Arzneywissenschaft und
Wundarzneykunst Doctor.*«

Auch ich habe diese drey Ahnungen, deswegen aus vielen
herausgesucht, weil hier keine Täuschung der Einbildungskraft, oder auch irgend eine äussere Verkettung der Umstände, die der Seelen Stof zur Errathung hätte geben können, denkbar ist, und endlich weil sie alle Eigenschaften der
historischen Glaubwürdigkeit haben.

§. 135.

Ich theile nun noch einen Brief mit, den ein sehr würdiger
Prediger in einer nahmhaften Stadt an mich geschrieben
hat.

»Da ich aus Dero Schriften weiß, daß Sie Vorhabens sind,
etwas über das Ahnungs-Vermögen der Seele zu schreiben;
so bin ich so frey auch einen Beytrag dazu zu liefern, der um
so zuverläsiger ist, jemehr ich mir es beynahe zur Ehre
rechne, den Zweifler in dieser Materie zu spielen.

1) Ich selbst als Knabe von 15 bis 16 Jahr, war auf einmal
mitten in einem gleichgültigen Gespräch, ganz ausser mir,
indem mir meine Phantasie, so lebhaft als ob es würklich
wäre, einen Dieb begleitet von Soldaten und Bauern, deren
Kleidung ich so gar sahe, darstellte, so daß ich das Gespräch
unterbrach, und sagte, man bringt einen Dieb — ich wurde
verlacht — allein ohngefähr 10 Minuten darauf, kam würklich ein Gefangener, und gerade so, wie ich ihn im Geist
gesehen hatte. Es war eine plözliche Ecstase in der ich das
Gesicht sahe —

2) Ausser einigen Ahndungen von geringerem Belange meiner Frauen im Traum, will ich nur diese anführen, die höchst merkwürdig ist, und die daher auch Mauchard in sein Magazin der Erfahrungs-Seelenkunde aufgenommen hat.*

Sechs Wochen vor dem Vorfall selbst, träumte meiner Frau, sie reise mit jemanden; diese Person wurde unterwegens krank, sie reiste dem ungeachtet fort, es wurde ihr übler, sie bitte eine alte, eine sehr schlimme Physionomie habende Frau, um etwas zu essen, erhalte aber nichts als Brod und Wasser; die Person liege kurz darauf im Bette, sehr schwach, ein Pfarrer erscheine, über dessen Dummheit sich die Anwesenden ärgerten; sie sahe sie tod, sahe die Trauernden im Zimmer erscheinen, hörte auf der Straße das Lied singen, auf meinen Jesum will ich sterben, sahe die hier gar nicht gewöhnliche Marschälle bey Leichen u. s. w. — Sechs Wochen darauf gieng Alles, bis auf die kleinsten Umstände in Erfüllung — Alles dieses aber erzählte sie so gleich Morgens nach gehabtem Traum, es ist also nicht erst hernach erfunden, oder mit Zusätzen bereichert.«

Das folgende dieses Briefs gehört nicht hieher.

§. 136.

Bey allen diesen Ahnungen fällt uns kein Zweck in die Augen. — Freylich! bey dem Gewinnen oder nicht Gewinnen in der Lotterie ist allerdings die Vorsehung geschäftig, weil beydes stark in den Würkungskreiß eines Menschen eingreift, und großen Einfluß auf sein Schicksal, und auch auf das Schicksal derer hat, mit denen er in Beziehung steht. Allein in den Ahnungen des Dr. Knape zeigt sich etwas

---

* Mauchard hat sie vielleicht in Morizens Erfahrungs-Seelenkunde eingesandt.

sonderbares: Sie halfen ihm zu nichts — und man sieht deutlich, daß die Vorsehung den Folgen dieses Vorherwissens vorbeugte: —

Im ersten Fall hatte Knape schon die Zahlen 22 und 60 besezt, als er träumte, und voraus sahe daß diese Nummern zuerst heraus kommen würden. Dem Anschein nach war also diese Ahnung durchaus zwecklos.

Der zweyte Traum aber beweist augenscheinlich die Einwürkung der Vorsehung: Knape sahe alle fünf Nummern deutlich, die Ahnung war vollständig; da es nun aber seiner Führung nicht angemessen war, daß er eine so grose Summe Geldes auf einmal in die Hände bekommen sollte, so veranlaste die Vorsehung ein Geräusch bey seinem Erwachen, oder sie bediente sich desselben, um seine Aufmerksamkeit von Zahlen abzulenken, er wuste sie also nicht genau mehr.

Äusserst merkwürdig ist in dieser Rücksicht der dritte Traum: Knape war sich der Nummer 25 auch nach dem Erwachen sehr deutlich bewust; sie wurde besezt, und zwar drey Tage vor der Ziehung, also noch früh genug — und doch wurde sie vom Lotterieeinnehmer gestrichen und nicht angenommen! — Warum? — das erzählt Knape nicht.

Genug! die Vorsehung wollte nicht, daß er auf dieser Zahl gewinnen sollte, und die Ahnung war ganz zweckloß.

Auch bey der Ahnung des Pfarrers in seinen Jünglingsjahren bemerkt man keinen Zweck; vermuthlich sollte sie aber einen würksamen Eindruck auf sein Gemüth machen, der es zu einem heilsamen Nachdenken vorbereiten konnte.

Der merkwürdige Traum der Frau Pfarrerin, der eine ganz vollständige Ahnung enthält, scheint ebenfalls ganz zweckloß zu seyn; indessen kann man doch auch bey dieser, wie bey allen dergleichen Ahnungen nicht wissen, ob sie nicht auf den innern Menschen und seinen Ideengang —

uns unbemerkt würken — und also auch ihre Zwecke haben. Dies ist mir wenigstens mehr als wahrscheinlich.

§. 137.

Aber was sagt nun der Philosoph, der aufgeklärte Weise, und was sagt der erleuchtete Christ dazu?

Der mechanische Philosoph muß bey allen diesen so eben erzählten Ahnungen, die Hand auf den Mund legen; denn seinem System zufolge, kann kein Mensch mehr von der Zukunft wissen und errathen, als was er aus den in die Sinnen fallenden gegenwärtigen Ursachen, und ihren nothwendigen oder wahrscheinlichen Würkungen vernünftig folgern kann. Von beyden ist aber in den angeführten Beyspielen gar keine Rede. Diese Ahnungen stehen so gar im geraden Widerspruch mit jener Philosophie, ihren Grundsätzen zufolge, sind sie nicht möglich — und doch sind sie würklich und wahr — hieraus folgt mit apodiktischer Gewisheit, daß jene Grundsätze grundfalsch sind. Um mich deutlich und zuverläsig über diesen höchst wichtigen Gegenstand zu erklären, will ich hier eine gründliche Deduktion über diese dunkle Sache versuchen; meine Leser werden mir also verzeihen, wenn ich verschiedenes wiederhole, das ich schon gesagt habe:

§. 138.

Der Mensch ist vermittelst seines gegenwärtigen Körpers, auf die gegenwärtige Sinnenwelt, seine Menschenseele aber, oder sein Geist mit der ewigen Lichtshülle, auf die Übersinnliche organisirt.

Die Menschenseele ist, so lang das Erdenleben dauert, in diesen mechanischen Körper eingebannt; durch seine sinnlichen Werkzeuge erlangt sie alle ihre Erkenntnisse in Raum und Zeit; und da sie, in sich, in ihrem Wesen, von Natur, auch keine andere Erkenntnisquelle hat, so kann sie auch unmöglich anders urtheilen und schliesen, als nach den Gesetzen, die sie vermög ihrer körperlichen Organisation, den Sinnenwesen giebt.

Für den der keinen Gott der Christen, und keine Unsterblichkeit der Seelen, troz seiner innern Überzeugung glauben will, der kann sich auch damit beruhigen, oder vielmehr beunruhigen, er braucht nichts mehr. Aber die nach Vervollkommnung und nach immer steigender Glückseligkeit hungernde Seele, bedarf mehr als diese vergängliche Sinnenwelt darbietet. — Dies Mehr findet sie aber in ihrem ganzen Erkenntniskreis ganz und gar nicht. Man mag von dem physischen Beweis des Daseyns Gottes sagen was man will, so kommt doch nie der wahre Gott, sondern ein höchst vollkommener, allmächtiger, allgegenwärtiger, allgütiger, und allweiser Mensch heraus, dessen ganze Schöpfung, nebst der ganzen Menschheit eine Maschine ist, die sich durch ihre eigene anerschaffene Kräfte selbst regiert.

Die Seele kennt sich selber nicht, und kann sich auch aus ihrer sinnlichen Erkenntnisquelle unmöglich kennen lernen. Ewige Fortdauer mit immer steigender Vervollkommnung und Glückseligkeit wünscht sie; der Trieb dazu liegt in ihrem Wesen, er ist ihr anerschaffen; sich selbst überlassen, kennt sie auch die wahren Mittel nicht, dazu zu gelangen. Sie sucht sie also natürlicher Weise in der Welt, worinnen sie sich befindet, nähmlich in der Sinnenwelt, aber da findet sie sie nicht. Sie eilt von einer Erkenntniß, von einem Genuß zum andern, wird nie zufrieden, und endlich wird sie durch den Tod der Sinnenwelt entzogen, und die Zurückbleibenden wissen nicht was aus ihr geworden ist.

144

Hin und wieder, unter Millionen kaum Einer, denkt der Sache weiter nach; er kommt auf eine Spur, er verfolgt sie, und kommt weiter. Er entdeckt die Wahrheit, daß die Welt in der er lebt, ja daß er selbst, einen Ursprung haben müße, — er geräth auf die Idee einer Gottheit; er schliest aus ihren Werken, und bringt also einen höchst vollkommenen Menschen heraus, der nun sein Gott ist, er fühlt auch daß er Ihn verehren, und Ihm ähnlich werden müße. Damit entfaltet sich auch ein Gesetz in seinem Gemüthe, dessen Formal ist: Was du nicht willst das dir Andere thun sollen, das thue ihnen auch nicht — und: Was du wünschest, daß dir Andere thun sollen, das thue du Ihnen. Bey weiterm Nachdenken kommt er nothwendig endlich dahin, wohin nun die Vernunft zu unsern Zeiten durch die philosophische Aufklärung gekommen ist, nähmlich zum Deismus, dann zum Fatalismus, dann zum Naturalismus, und nun zum Atheismus. Die sich selbst überlassene, nicht durch die wahre geoffenbarte Religion geführte, und erleuchtete Vernunft muß endlich dahin kommen.

Indessen jagen die anerschaffenen Grundbetriebe zur Vervollkommnung und zur Glückseligkeit die arme eingekerkerte Seele von einer sinnlichen Erkenntnis und von einem sinnlichen Genuß zum Andern, und nie, nie wird sie gesättiget, sie fühlt daß sie nicht in ihrem wahren Element ist, und kennt doch kein Anderes; jezt wählt sie einen von zweyen Wegen, die ihr allein offen stehen: Sie geniest entweder so viel sie geniesen kann, oder sie kämpft mit dem Schicksal, trägt alles was ihr Widriges begegnet mit frischem Muth, ärgert sich über ihr Daseyn, und geht dann im Tode zum grosen unbekannten Kannseyn über.

Viele sehen wohl ein, und fühlen auch wohl, daß sich nichts Unvernünftiges und Zweckloseres denken lasse, als Vernichtung der Seele im Tode: ein Wesen dessen anerschaffener Grundtrieb unendliche Dauer, Vervollkommung, und Genuß des höchsten Guts ist, soll in wenigen Jahren in denen es keinen seiner Zwecke erreicht, aufhören zu seyn, welcher Unsinn! — eine nur halb nüchterne Vernunft erkennt dies auch wohl, aber da man gewöhnlich nach dem Tode nichts mehr von der Seele hört und sieht, ausser wenn hie und da gesagt wird, ein Todter habe sich gezeigt, sey wieder gekommen; so weiß auch der blos vernünftige Mensch, oder der mechanische Philosoph, nicht ein Wort von dem fernern Schicksal seiner Seelen nach dem Tode; er träumt und vermuthet, aber immer nach seinen mechanischen Grundideen, die er aus der Sinnenwelt abstrahirt hat, und die also in ihrer Anwendung auf eine andere Welt, in der Geister mit freyem Willen zu Hauße sind, grundfalsch sind.

Dies ist der nothwendige Weg der menschlichen Vernunft, den sie geht, wenn sie sich selbst überlassen ist, und consequent denkt. Nun sollte man glauben, die Menschheit hätte schon in dem ersten Jahrhunderte ihrer Cultur auf diesen Weg gerathen müßen, weil er so ganz natürlich, und der Vernunft angemessen ist, aber nichts weniger als das: wenn wir die Geschichte aller Völker fragen, so giebt sie uns eine ganz andere Antwort: damals waren die Menschen mit der Geisterwelt bekannt, man glaubte höhere Wesen als die Menschen, die stufenweise immer herrlicher und vollkommener waren, und sich endlich an Gott, oder Gottheiten als das höchste Wesen, den Ursprung, und den Schöpfer aller Dinge, anschlossen. Diese Vorstellung ist der Geist, und der Grund aller Mythologien, oder Götterlehren aller, nur einigermaßen cultivirten Völker. Diese Grundidee kleidete sich dann jede Nation je nach ihrem Karakter- und Lieblings-Neigungen aus. Es gab in jedem Volk von Zeit zu Zeit, grose Genies, die mit ihrer glüenden Einbil-

dungskraft das Gemählde verschönerten, und dann entstanden auch grose Wohlthäter der Menschheit, oder auch grose
Helden, die man nach ihrem Tod als Götter verehrte. Der
Glaube an Gott und Unsterblichkeit war allgemein herrschend.

Jezt frage ich jeden Wahrheitliebenden Leser, woher kam
die Menschheit so früh zu dem Glauben an Gott, an eine
Geisterwelt, und an Unsterblichkeit? — gewiß nicht auf
dem Wege der Vernunft, denn der führt geradesweges von
dem Allen ab. Etwa durch die Phantasie? — diese allezeit
fertige Bilderin neuer Unwesen? — Dies liese sich allenfalls
denken, aber bey genauer Prüfung schwindet diese Vermuthung, und wird zu Nichts, denn:

1) Jedem Bild der Phantasie liegen würkliche wahre
Ideen zum Grund: denn wie kann sich die Einbildungskraft
etwas vorstellen, etwas schaffen, zu dem sie keinen Stof hat.
Erst, nachdem sie etwas von einem Gott, und einer Geisterwelt wuste, erst dann mahlte sie diese Grundideen mit Bildern aus der Sinnenwelt aus; und

2) Alle, nur einigermaßen cultivirte Völker, haben die
Grundidee von Gott, von der Geisterwelt, und von der Un-
sterblichkeit der Seelen. In diesem reinen abstrakten Begrif
kommen Alle überein. Woher haben sie ihn? — Natürlicher
Weise durch Offenbarung Gottes, der Geisterwelt, und
Erscheinungen verstorbener Menschen, die sie entweder
von ihren Voreltern, oder selbst erfahren hatten. Daß alle
Menschen eine Idee, von einer Sache die gar nicht in ihre
Sinnen fällt, bekommen sollten, ist ein unnatürlich unmög-
licher Gedanke.

Den Ursprung dieser Grundidee von Gott, der Geisterwelt, und der Unsterblichkeit der Seelen, finden wir in den
ältsten Zeiten im Orient, in der Wiege der Menschheit. Der
ältste Geschichtschreiber der Menschheit Mose, erzählt uns

den Ursprung der Sinnenwelt, und ihrer Bewohner, die ersten Offenbahrungen Gottes, der Geisterwelt, und der Unsterblichkeit; die erste Geschichte der Erde, und ihrer Bewohner, und dies Alles so ganz ohne den geringsten Anschein von Dichtung, so einfach, erhaben, und so Gott geziemend, daß jedes unverdorbenes Herz, und jeder ungetrübte Verstand sagen muß: der Mann erzählt uns ewige himmlische Wahrheit.

Mose war in Egypten erzogen; damals waren die Egyptier die cultivirteste Nation auf der ganzen Erden. Die so berühmten Parsen waren später: denn ihr Stifter Zerduschd oder Zoroaster, so wohl der Erste als der Zweyte, waren Schüler der Egyptischen Priesterschaft; alle andere Nationen, auch die Griechen kamen viel später empor. Bey aller ihrer Cultur, hatten doch die Egyptier die Grundidee von Gott, der Geisterwelt, und der Unsterblichkeit, oder mit einem Wort der Theologie und der Religion, sehr befleckt: denn sie hatten Ochsen, und andere Thiere zu Symbolen der Gottheit gemacht, die dann vom gemeinen Volk göttlich verehrt wurden. Eben so verdorben war auch ihr sittliches Leben; sie waren zu Moses Zeiten schon tief gesunken. Er hatte also seine Theologie nicht von den Egyptiern gelernt, ob er gleich auch mit ihrer Geistescultur bekannt war, sondern von seinen Voreltern, von der Patriarchalischen Familie, und dann auch durch seine eigene Erfahrungen, indem er häufigen Umgang mit Gott hatte.

Der reine theologische Grundbegrif von Gott, der Geisterwelt, und der Unsterblichkeit kam also von den ersten Menschen auf die Patriarchalische Familie, von dieser auf Mose, von diesem auf das Volk Israel, von diesem durch mannigfaltig reflektirte Lichtstralen auch zum Teil auf die Griechen, Römer, und andere Nationen, wie sich in ihren Mythologien deutlich zeigen läst, und endlich vollendete der

Gottmensch Jesus Christus die Offenbahrung Gottes an die Menschen dadurch, daß Er die theologische Idee ganz rein und vollkommen darstellte, und zugleich den unfehlbaren Weg zeigte, den der Mensch gehen müste, wenn sein Grundtrieb zur unendlichen Vervollkommnung, und zu immer steigender Glückseligkeit befriedigt werden sollte.

Die Theologische Grundidee, in ihrem reinsten, und vollkommensten Begrif, so wie sie Christus und seine Apostel bey Gründung des Christenthums, seinen wahren Verehrern und Bekennern, als ewige himmlische Wahrheit, und als Glaubensartickel hinterlassen haben, besteht, in so fern sie zu meinem gegenwärtigen Zweck dient, in folgenden Begriffen:

Gott der Vater, der allmächtige Schöpfer Himmels und der Erden, sandte seinen eingebohrnen Sohn, den Logos, das Organ, durch welches Er sich allen erschaffenen Wesen offenbart, auf die Erde, um Mensch zu werden, und das aus seinem anerschaffenen Zustand gefallene, menschliche Geschlecht zu erlösen. Durch einen schweren Lebens- und Leidensweg vollendete Er die Erlösung, schwang sich dann im Triumph über Tod und Hölle, und über alle gefallene Geister oder Engel auf den Herrscher-Thron aller Welten, zur Rechten seines himmlischen Vaters; Er empfieng alle Gewalt im Himmel und auf Erden, und ist nun so lang der einzige Weltregent, bis alle seine, und der Menschen Feinde, und endlich auch der Tod besiegt sind. Der heilige Geist, den Er uns gesandt hat, bewürkt die moralische Vervollkommnung, oder die Heiligung des Menschen, wenn er Ihn nicht hindert, sondern mit Sehnsucht und Glauben darum bittet; die Regierung der Menschheit aber wird durch das Geisterreich, gute Engel und Geister bewürkt, welche der Freyheit des Menschen unbeschadet, und ihnen ganz unbewust, durch allerhand Mittel den freyen Willen, nach dem Willen des Herrn zu lenken suchen; diejenigen Menschen, die an den Herrn und sein Wort glauben, und ihren Lebenswandel darnach einrichten, werden dann auch mitwürkende Werkzeuge in der Weltregierung, deren Zweck dahin geht, die so mächtig mit einwürkenden bösen Geister und Menschen nach und nach zu überwinden, den Erdkreiß, oder die gesammte Menschheit, von ihrer Dienstbarkeit zu befreyen, und endlich alles Böse ganz aus dem Reich der Würklichkeit zu vertilgen.

Die Körper oder Sinnenwelt wird — unsern menschlichen in Zeit und Raum eingeschränkten Begriffen nach — durch ihre eigenen, anerschaffenen Kräfte regiert; die vernünftige oder Geisterwelt, aber, wohin auch die Menschen, der Seelen nach gehören, durch Gesetze. In jener ist die Würkung der Kräfte nothwendig, in dieser aber hängt die Befolgung der Gesetze vom freyen Willen ab, dem aber die göttliche Regierung Schranken sezt, wenn er sich mit ihren Zwecken nicht vereinigen läst.

Ob gleich die guten und bösen Engel und Geister, mächtig in die Weltregierung mit einwürken, so ist doch in den göttlichen Gesetzen des alten und neuen Bundes, streng verbotten, ihre Bekanntschaft zu suchen, und sich mit ihnen in Beziehung und Verhältnis zu setzen, und eben so wenig ist es den Bürgern des Geisterreichs erlaubt, sich den noch im irrdischen Leben befindenden Menschen, ohne ausdrücklichen Befehl oder Erlaubniß des Herrn, sinnlich zu offenbaren.

Wer also den Umgang mit der Geisterwelt sucht, der sündigt schwer und wird es bald bereuen, wer aber ohne sein suchen, durch göttliche Fügung in diese Bekanntschaft kommt, der bete und flehe um Weisheit, Muth und Kraft, denn er hat das alles nöthig; und wer durch Krankheit, oder Abirrung seiner physischen Natur, in ein solches Verhältnis geräth, der suche durch die gehörigen Mittel seine Gesundheit wieder zu erhalten, und sich des Umgangs mit Geistern zu entschlagen.

Seht, meine lieben Leser! dies ist der reine, wahre, evangelische Lehrbegrif von Gott, und von der Geisterwelt, und die Grundidee zu meinem Theokratischen Freyheitssystem, oder zu meiner Theokratischen Philosophie. In allem was zum irrdischen Leben und zur Sinnenwelt gehört, da ist uns die mechanische Philosophie Regel und Richtschnur des Denkens und Schliesens, da muß die Vernunft nach den logischen Gesetzen urtheilen, und unsre einzige Führerin seyn; so bald aber vom ganzen Reich vernünftiger Wesen die Rede ist, so urtheilt sie nach den Gesetzen der Freyheit, und der göttlichen Offenbarung, weil der Mensch in diesem Leben nur auf die Sinnenwelt organisirt ist, und er also keine Data zu den Grundformen des Denkens in der Geisterwelt hat, bis sie vom groben mechanischen Körper entbunden ist.

Fürchtet doch nicht meine Lieben! daß ich dem Aberglauben wieder Thür und Thor öfne: denn ich behaupte ja ausdrücklich, daß wir vom Geisterreich und seinen Würkungen, keine Notiz nehmen sollen. Wir sind auf das Wort Gottes, auf den Herrn, und auf seinen Geist angewiesen, alle andere Geister gehen uns nichts an.

Der allgemein herrschende Unglaube und Abfall, hat die guten Engel und Geister entfernt, und die bösen Geister herbey gelockt, die sich aber wohl hüten, sich kenntbar zu machen; unter der Hülle natürlicher Würkungen treiben sie ihr Unwesen, und beschleunigen also das Reifwerden zum Gericht. Wachen und Beten ist unsre gröste Pflicht.

Dies ist meine Theorie der Geisterkunde, nach deren Grundsätzen ich nun die Frage, was von Ahnungen, Gesichten (Visionen) und Geistererscheinungen geglaubt, und nicht geglaubt werden müße, beantworten kann.

151

§. 159.

Wenn ein Mensch, der keine Anlage zum Ahnen, das ist kein entwickeltes Ahnungsvermögen hat, und dann durch ein unbekanntes Etwas für einer Gefahr gewarnt wird, so geschieht dies auf Befehl der Göttlichen Regierung, durch einen Engel; der sich dann irgend eines natürlichen Mittels, oder auch eines unmittelbaren Eindrucks auf das Gemüth bedient, je nachdem er seinen Zweck am leichtesten und besten erreichen kann. Hieher gehören die ersten Beyspiele wahrer Ahnungen, die ich oben erzählt habe. Fragt man mich, warum werden nicht alle Menschen so für Gefahren gewarnt? so antworte ich: Wenn ein Mensch selbst eine Gefahr voraussehen, und vermuthen kann, so ist keine Ahnung nöthig, und eben so wenig wenn ein Unglück dem Zweck der göttlichen Regierung angemessen ist. Nur dann bedarfs einer warnenden Ahnung, wenn das bevorstehende Unglück nicht anders vermieden werden konnte, und doch nicht zum Zweck paßte, folglich durchaus verhütet werden muste.

Der Traum des Herrn von Brenckenhofs war auch Würkung eines Engels, weil er auf keine andere Art zur thätigen Hülfe so vieler Unglücklichen bewogen, zubereitet und gestärkt werden konnte; und so war es auch ein Engel, der der Fürstin Ragozky, die Umstände, die ihren Tod begleiten würden, frühzeitig bekannt machte, um Ihr einen Wink zu geben, was sie nun zu thun habe. Warum durch einen Engel? — und auf diese Art? — das wird dereinst die andre Welt enthüllen.

§. 140.

Was aber nun die Ahnungen des Doktors Knape betrifft, so verhält sichs damit ganz anders; diese hatten ihren Grund in seinem eigenen Wesen. Ich will mich näher darüber erklären:

Daß Engel nicht hiebey geschäftig waren, erhellet daraus, weil die Ahnungen unnütz waren, indem die Vorsehung ihren Zweck vereitelte. Die Sache verhält sich folgendergestalt:

Aus meiner bisher vorgetragenen Theorie erhellet, daß die Menschenseele sich in so fern dem Geisterreich nähere, als sie sich von den Organen durch die sie auf den Körper, und dieser auf jene würkt, frey macht. Dieses kann auf vielfache Weise und durch vielerley Stufen, von der leisesten Ahnung an, bis zur völligen Entbindung im Tode geschehen.

Wenn ein Mensch eine natürliche Disposition zu irgend einer Art, oder zu einem gewissen Grad jener Entbindung der Seele vom Körper hat, so nenne ich diese Art, oder diesen Grad, das Ahnungs-Vermögen, welches ich dann, wann es thätig wird, oder würkt, das entwickelte Ahnungs-Vermögen nenne.

Die Art des Ahnungs-Vermögens der Seele beruht auf einer herrschenden Neigung zu einer Sache: Z.B. Wer Freude am Lotteriespiel hat, oder wen die Neugierde gewisse zukünftige, oder dem Raum nach entfernte Dinge, zu wissen, beseelt, und dabey jene Disposition hat, der entwickelt, nur in diesem Stück sein Ahnungs-Vermögen; er empfindet das, wohin seine Seele eine Tendenz hat, und zwar im Verhältnis jener Disposition, in dunkelern oder hellerem Grade.

§. 141.

So begreiflich und vernünftig dieses Alles ist, so bleibt doch noch eine Hauptschwierigkeit übrig; nähmlich: wie kann man im Geisterreich, oder wie können endliche Geister, die alle als eingeschränkte Wesen, ihre Begriffe nacheinander, also in der Zeit entwickeln, zukünftige Dinge vorher wissen.

Ich antworte: da die freyen Handlungen der Menschen in der Sinnenwelt, durch das Geisterreich, aber ihrer Freyheit unbeschadet, geleitet werden, folglich die Anstalten zu allen Verrichtungen der einzelnen Menschen, der einzelnen Völker, und der ganzen Menschheit, vom Geringsten bis zum Wichtigsten vorbereitet, und angewendet werden, so kann ein Mensch, der ein entwickeltes Ahnungs-Vermögen hat, das Resultat jener Anstalten empfinden, indem es sich auf irgend eine Art versinnlicht, und dadurch empfindbar wird.

Es kann durchaus keinen blinden Zufall, kein bloses Ungefähr geben; aus den allerkleinsten unbedeutensten Vorfällen, entstehen gewöhnlich die allerwichtigsten Ereignisse; kein Haar, kein Sperling fällt auf die Erde, ohne Gottes Willen. An den Spieltischen, und bey den verbottendsten Handlungen und schrecklichsten Lastern ist das Geisterreich geschäftig. Die bösen Geister würken zum Verderben, erhitzen die Leidenschaften, und locken zum Laster; und die guten suchen unter der Leitung der göttlichen Regierung, die Tugend zu befördern, zum Kampf gegen die Leidenschaften aufzumuntern, und vom Laster abzuschrecken. Es ist also begreiflich, daß ein entwickeltes Ahnungs-Vermögen etwas aus der nahen Zukunft, aber nicht aus der Fernen voraus sehen kann, weil es zu jener aber nicht zu dieser die Anstalten, sich selbst unbewust, empfindet, aus welchen dunkeln Empfindungen dann, der innere Sinn ein sinnlich faßliches Resultat bildet, welches von der Seelen deutlich empfunden wird.

§. 142.

Hier zeigt sich nun auch der große Unterschied zwischen solchen natürlichen Ahnungen, und göttlichen Weissagungen, von dem ich im Verfolg an seinem Ort ausführlich handeln werde.

Bisher war die Rede nur von solchen Menschen, die entweder gar kein entwickeltes Ahnungs-Vermögen haben, deren Ahnungen also von Engeln herkommen; oder von solchen, die nur selten, und nur in einem gewissen Fall, jenes Vermögen entwickeln, und etwas ahnen, das aber oft weder Bedeutung noch Werth hat. Jezt kommen wir nun zu einer Gattung Menschen, deren Ahnungs-Vermögen so entwickelt ist, daß sie oft und häufig zukünftige Dinge vorher sagen. Diese können aber wieder in verschiedene Klassen eingetheilt werden.

§. 143.

1) Es giebt Menschen, die sich lange einer ungeheuchelten Gottseeligkeit beflissen haben, und durch einen vieljährigen Wandel in der Gegenwart Gottes, und innigen Umgang mit Ihm, endlich ihr Ahnungs-Vermögen entwickeln — wenn sie nähmlich ohnehin eine natürliche Anlage dazu haben. — Diese guten Seelen thun erleuchtete Blicke in die Geisterwelt und in die Zukunft, die sich aber immer auf die Gegenstände beziehen, die ihnen Lieblings-Sache sind; Z. B. Wenn sich solche Gemüther viel mit der Offenbahrung Johannis beschäftigen, so bekommen sie Aufschlüsse darüber; oder wenn sie über den Zustand des Menschen nach dem Tode viel und ernstlich nachdenken, so richtet sich ihr erleuchtetes Auge auf diesen Gegenstand, u.d.g.m. Da nun auch die frömmsten und heiligsten Seelen bey allen ihren erhöhten und gereinigten innern Kräften, doch noch immer

im Leibe wallen, und ihre sinnliche Einbildungskraft auch von diesem himmlischen Licht durchstralt wird, so können sie nicht immer die Kenntniße die sie aus der Geisterwelt erhalten, die also wahr sind, von denen unterscheiden, die sich ihre lebhafte Phantasie selbst schaft, daher kommen dann die Irrthümer und Fehlschlüsse, die sich zuweilen in ihre Reden oder Schriften einschleichen. Wenn solche Leute prophezeien, so trift vieles ein, und vieles nicht, und zwar aus dem Grund, den ich so eben angeführt habe.

§. 144.

Aus diesen gewiß richtigen Bemerkungen folgen nun zwo wichtige Hauptpflichten:

1) Daß sich solche fromme heilige Seelen ja nicht in diese geistliche Gabe verbilden, oder gar eine göttliche Offenbarung daraus machen dürfen. Thun sie einen Blick in die Zukunft, oder wird ihnen bekannt was in der Ferne geschieht, oder erlangen sie Erkenntniße aus der Geisterwelt, so muß nothwendig ihr erster Gedanke seyn: nach der Göttlichen Ordnung darf ich deren keines wissen, indessen da es mir nun einmal ohne mein suchen durch des Herrn Fügung offenbar geworden, so kommt es darauf an, ob es nur für mich, oder auch für einige weit geförderte Seelen, oder gar für das allgemeine Publikum dienen solle und könne. Hier gilt es nun Betens, Wachens und Verläugnens: denn jezt zeigt sich der Versucher als ein Lichtsengel; er haucht leise und unvermerkt den Gedanken ins Gemüth: Du must es wohl weit in der Heiligung gebracht haben, und dem Herrn vorzüglich angenehm seyn, weil Er dich seiner Offenbarungen und der prophetischen Gabe würdigt!!! — Jezt gehört viel Erfahrung dazu, dieses Schlangengezische für das zu halten was es ist, und es durch ein inniges Zu-

nahen zum gekreuzigten Erlöser weit weg zu scheuchen; gar oft macht man dem Verführer ein Kompliment, als wollte man sagen: Ich bitte um Vergebung — ach ich bin noch gar weit zurück, gar zu unwürdig einer so hohen Gabe. u. s. w. Indessen hat man nun einmal das überzuckerte Gift hinunter geschluckt. Die Heuchel-Demuth hat in der Seelen Posto gefaßt, und nun werden gar schwere und dunkle Wege erfordert, um eine solche Seele wieder zur wahren Selbstverläugnung, und Vernichtigung zurück zu führen.

Meine Leser werden leicht einsehen, wie unendlich wichtig diese Materie ist, die ich jezt abhandle: denn wenn, auch die erleuchtete Seele, die wahre Beschaffenheit des Ahnungs-Vermögens nicht kennt, nicht weiß, daß es auch in den verdorbensten sittenlosesten Menschen entwickelt werden kann, so kann sie es leicht für göttliche Offenbarung, für den Geist der Weissagung ansehen, und sich etwas darauf einbilden, nach und nach verfallen, und wieder verlohren gehen.

§. 145.

2) Eine eben so wichtige Hauptpflicht ist es, für jeden Christen, daß er, wenn er hie oder da etwas ausserordentliches bemerkt, daß Männer, Weiber, Mädchen oder Knaben, entweder in Entzückung fallen, oder sonst auf irgend eine Art begeistert werden, und in einen exaltirten Zustand gerathen, äusserst vorsichtig zu Werk gehe, und es nicht für etwas Göttliches halte. Anfänglich reden solche Leute oft herrliche, im Wort Gottes gegründete Sachen, jezt bekommen sie Anhang, viele werden auch wohl dadurch bekehrt, im Verfolg aber mischt sich gewöhnlich der Feind alles Guten darein, besonders wenn solche Somnambüle einfältige Menschen sind, denen es an den gehörigen Religions-

Kenntnissen mangelt, und nun entstehen irrige, verderb-
liche, und oft ungeheuere Sekten. Man erinnere sich nur an
die schrecklichen Auftritte im Kanton Bern in der Schweiz,
wo im verwichenen Jahr eine junge Frauensperson, durch
ihre Schwärmerey, die auch in Entzückungen ihren Grund
hatte, vermittelst ihrer Anhänger, ihren alten ehrwürdigen
Grosvater erdrosselte, damit seine Seele gerettet werden
möge, weil verwichene Ostern der jüngste Tag kommen
werde.

§. 146.

Ich sage allen die dies lesen, und lesen hören, im Namen der
heiligsten Majestät unsers hochgelobten Königs Jesu Christi,
gegen alle solche ausserordentliche Erscheinungen, Ahnungen, Entzückungen, und Prophezeihungen äusserst mis-
trauisch zu seyn, Alles genau und wohl zu prüfen, auch die
Bücher welche fromme Seelen in einem solchen Zustand
geschrieben haben, ja nicht unbedingt, als göttliche Offenbarung anzusehen, ihren Weissagungen nicht zu glauben,
sondern überzeugt zu seyn, daß einige wohl erfüllt werden
können, andere, auch wohl alle gar nicht. In dieser äusserst
merkwürdigen Zeit wendet der Fürst der Finsternis alle nur
ersinnliche Verführungs-Mittel an, um die wahren Verehrer
Christi zum Abfall zu bewegen; er wählt die täuschendsten
Lichtgestalten, um fromme Seelen zu berücken; darum
muß ich auch immer so ernstlich für dem Grübeln in den
biblischen Weissagungen, um die nahe Zukunft zu erfahren,
warnen. Davon wissen wir so viel als uns nöthig ist, und es
ist genug, wenn wir nur immer aufmerken, wie sie nach
und nach erfüllt werden. Gewöhnlich gesellt sich ein
falscher Geist zu solchen Grübelern, jezt glauben sie vollends
das sey der Geist Gottes; sie freuen sich dieser hohen Gnade,
und halten nun alle ihre Träumereyen für Inspiration, für

göttliche Eingebungen. Unvermerkt leitet sie der Verführer von der Wahrheit ab, und wenn dann am Ende ihre Träume nicht erfüllt werden, so leiden sie Schifbruch am Glauben, und das ists dann eben was der Verführer suchte.

Nichts wissen wollen, als Jesum Christum den Gekreuzigten, das ist uns jezt theure Pflicht. Er wird uns dann die Kenntniße verleihen, die uns in jedem Zeitpunkt nöthig sind.

§. 147.

Ein schönes und belehrendes Beyspiel, wie der wahre Christ die Gabe, oder vielmehr die Eigenschaft des entwickelten Ahnungs-Vermögens gebrauchen soll, theilte mir vor einigen Monathen ein sehr lieber und theuerer Freund mit. Ich verbürge die Wahrheit desselben, und gebe sie mit den nehmlichen Worten, wie ich sie empfangen habe.

»Eine gemeine Handwerksfrau in S... besaß in hohem Grad die Vorhersehungsgabe, sie hatte fast fortdauernd, Tag und Nacht, Gesichte aus der Geisterwelt. Sie hielt sie aber sehr geheim, und eröfnete sich nur vertrauten Personen. Da sie sehr Gottsfürchtig, eine wahre praktische Christin war, die sich täglich in der Gedult, Verläugnung, und Wohlthun übte, so besaß sie auch christliche Klugheit, und ungeheuchelte Demuth. Nicht nur bildete sie sich nichts auf ihre Gesichte ein, sondern warnte davor, und versicherte, daß immerwährende Wachsamkeit und states Gebet erfordert werde, um nicht in Irrthum zu gerathen. Es giebt unter den Einwohnern der Geisterwelt Gute und Böse, Halbgute, und Halbböse. Manche Geister machen es sich zu einem Vergnügen, Menschen zu betrügen. Sie hatte dieses selbst oft erfahren, wurde es aber bald gewahr, indem sie von Gott die Gabe erhalten hatte, die Geister zu prüfen. Alle bekannte Abgestorbene sahe sie sogleich nach ihrem Tode in der Gestalt, in welcher sie in der andern Welt waren. Einen für fromm geachteten Weybischof sahe sie grau, in der Kleidung der Armen. Stolze erscheinen gros, und werden kleiner wie sie ihren Stolz verlieren, u. s. w.

Diese Frau begegnete einst einer vertrauten Freundin auf der Strasse. Diese leztere war sehr fromm und Gottsfürchtig, hielt aber alle Gesichte für leere Phantasien, und glaubte nicht, daß es eine Geisterwelt gebe. So bald jene diese erblickte, sagte sie zu dieser Wittwe: ›Nicht wahr, sie hat in dieser vergangenen Nacht ihren verstorbenen Mann in der und der Gestalt gesehen?‹ — Die Wittwe erschrak. Es war dem also. ›Ich muß ihr sagen‹, antwortete sie, ›daß wenn ich sie nicht so gut kennte, und sie mir nicht eine so liebe Freundin wäre, ich glauben würde, sie gehe mit bösen Dingen um.‹

Sie wurde öfters von Verstorbenen, auch solchen, die sie vorher gar nicht gekannt hatte, ersucht, für sie zu beten. Sie that es mit Inbrunst, und sie sahe nicht selten diese Personen mit freundlicher Mine ihr alsdann erscheinen, gleichsam um ihr zu danken.

Es geschah sehr oft, daß sie Personen, die sie besuchten, einige Zeit vorher zu ihrer Thür hereintreten sahe, und erkannte sogleich in welcher Stimmung sie zu ihr kommen würden, freudig oder verdrieslich.

Einst wünschte sie eine Freundin zu sprechen, die in derselben Stadt, aber weit von ihr entfernt wohnte. Ihre dringenden Arbeiten erlaubten ihr nicht auszugehen. Sie wande daher ihren vesten Willen an, um sie herbey zu rufen. Die Freundin saß ruhig zu Hauße, und dachte nicht daran auszugehen. Plözlich kam ihr ein: du solltest zu der W. . . . gehen — sie jagte aber den Gedanken fort, und sagte: ich habe nichts bey ihr zu thun, und es ist abscheulich Wetter, Regen und Wind, der Gedanke steigt aber wieder bey ihr auf: du solltest zu der W. .... gehen — ich will nicht, antwortete sie, ich kann jezt nicht ausgehen. Der Gedanke wird aber bey ihr immer stärker, sie hat keine Ruhe mehr. Jezt wirft sie voll Unmuth ein Oberkleid über sich und geht. Wie sie die Thüre der Stube bey der W. .... öfnet, lacht diese, und sagt: ›ich wuste wohl, daß sie kommen musten — Setzen Sie sich da zu mir, ich habe etwas noth-wendiges mit Ihnen zu reden, und da ich unmöglich aus-gehen kann, so dachte ich, ich wolle sie mit meinem Willen hieher rufen.‹

Sie sahe oft die Krankheiten ihrer Bekannten voraus, konnte aber nicht allemal unterscheiden, ob es nur tödliche, oder würklich todbringende Krankheiten seyen. Beydes zeigte sich ihr auf eben dieselbe Art.

Folgende Vorhersagung, welche eydlich erhärtet werden kann, ist auffallend:

Im Anfange der Revolution war ein Bürger in Handels-geschäften nach Leipzig auf die Messe gereist. Während er sich daselbst aufhielt, wurde er öffentlich in den Zeitungen des rechten Rheinufers als ein Emissär angegeben, und mit Namen genannt. Seine Familie gerieth dadurch in grose Bestürzung. Es war zu fürchten, daß man ihn bey seiner Rückkehr arretiren möchte, und es waren auch würklich die Befehle dazu gegeben. Seine Gattin war eine vertraute Freundin der W. .... sie lief also zu ihr, und überließ sich bey ihr allem Schmerz den sie fühlte. Nach einigen Augen-blicken sagte die W. .... zu ihr: ›Seyen Sie ruhig, ihrem Mann geschieht nichts, er wird wohlbehalten zurück kommen! — Sie können sich auf das was ich Ihnen sage, vollkommen verlassen; Sie wissen daß ich ausser Stand bin, ihnen eine Unwahrheit zu sagen. Sie können sich ganz darauf verlassen, er kommt wohlbehalten zurück.‹ Die Freundin glaubte es, und gieng ganz getröstet von ihr. Sie

161

war schon einige Schritte weit, als die W. . . . die noch unter der Hausthür stand, sie zurück rief, und ihr sagte: ›verstehen Sie mich recht, ihr Mann kommt wohlbehalten zurück, jedoch hat er einen Schaden an einem Fuß, es hat aber nicht viel zu bedeuten.‹

Diese Vorhersagung traf pünktlich ein. Der Handelsmann reiste mit seinem Handelsdiener durch die Lande hindurch, wo er consignirt war. Niemand erkannte ihn, und er kam glücklich in S . . . an. Aber an einem Fuß hatte er einen Schaden. Er war im Schmalkaldischen wo die Postpferde das Reißaus nahmen, aus der Cariole geworfen worden. Er brach das Bein nicht; aber der Waden löste sich vom Bein ab, so daß er bey seiner Rückkehr einige Wochen liegen muste. Er wurde aber vollkommen geheilt. Diese Frauensperson starb im März 1790. Gegen das Ende ihres Lebens fragte man sie, was die französische Revolution für Folgen haben werde? — ›Das was man jezt verfügt‹, sagte sie, ›bleibt nicht; aber das Alte kommt auch nicht wieder. Es wird ganz anders gehen, als man jezt glaubet. Es werden ganze Ströme Bluts fliesen. Es wird schröckliche Rache geübt werden. Ich sehe‹, fügte sie bey, ›den Admiral Coligni ausnehmend bey dieser Revolution geschäftig. Ich sehe ihn immer in einem blutrothen Hemd.‹

Sie warnte ihre Freunde an keiner Ungerechtigkeit theil zu nehmen. Einer Gattin, welche sehr unzufrieden war, daß ihr Mann an der Revolution Antheil nahm, und in dieselbe verflochten war, sagte sie: ›Seyen Sie getrost, Ihr Mann wird gut durch die Revolution durchgehen, ob gleich mit merklichem Verlust. Gott wird ihn mit Gewalt aus den Verbindungen und Geschäften, worinn er jezt ist, herauswerfen. Er wird ruhiger werden, als ers je gewesen ist. Was ich Ihnen hier sage, ist Wahrheit; Sie können sich ganz darauf verlassen.‹

162

Die W . . . ist nun seit mehr als 16 Jahren tod, und es ist Alles pünktlich eingetroffen. Sie starb im 63sten Jahr ihres Alters.

Da Cagliostro in S . . . war, so besuchte sie ihn mehrmals. Er erkannte so gleich, daß sie in die Geisterwelt sehe, und machte allerhand Gauckeleyen vor ihr, vermuthlich um zu verhindern, daß sie ihn nicht für das erkenne, was er war. Sie bewunderte seine grose Kenntniße, sahe ihn aber für einen schwarzen Magus an, dergleichen es in der Welt, und selbst unter der Christenheit mehr giebt, als man weiß. Man liest in den Schriften der A. Bourignon, daß diese erleuchtete Person dasselbe von ihren Zeiten sagte. Der Teufel hat viele würkliche Anbeter, sie werden sich im Stillen vermehren, bis sie endlich unter der Regierung des Thiers öffentlich hervortreten, und die ganze Welt verführen. Wollust und Reichthum sind ihre vorzügliche Verführungsmittel. Sie erfüllen aber die Wünsche ihrer Anhänger mehr durch grose Versprechungen, als durch die Sache selbst. Im Reich der Finsternis herrscht Lüge und Betrug. Nur im Lichtreich ist Wahrheit und reeller Genus.

So weit der Brief meines Freundes; noch einmal: ich verbürge die Wahrheit der Geschichte der W . . . ich kenne die Aufrichtigkeit aller der Personen, die Theil daran haben, mehrere haben sie mir auch mündlich erzählt, kurz, sie ist gewiß, und wahrhaftig wahr.

§. 148.

Die Frau W . . . war nichts weniger als eine Schwärmerin, sondern eine sehr fromme wohlthätige Christin. Daß sie auf ihren Umgang mit den Geisterreich, und auf ihre Vorhersehungs-Gabe keinen Werth legte, auch keinen andern Gebrauch davon machte, als Rath- und Trostbedürftigen zu dienen, das karakterisirte sie ganz; als Schwärmerin benahm

sie sich ganz anders; dann würde sie sich in heiliger Selbst-
genügsamkeit für eine arme unwürdige — Prophetin —
erklärt, und viel Unheil gestiftet haben.

Ihr Urtheil über ihren Umgang mit Geistern, ihr Rath
und ihre Warnung in diesem Fall, sind so wahrhaft ächt
christlich, daß nichts darüber geht: denn es kann nicht genug
gesagt und wiederholt werden, daß der Umgang mit dem
Geisterreich, und alle dadurch gemachte Entdeckungen und
Ahnungen, höchstgefährliche Dinge sind; wer ohne sein
Suchen in diesen Umstand geräth, der soll sich demselben,
wo möglich, wieder zu entziehen suchen, und kann er das
nicht, so muß er es machen wie die Fr. W. . . . anräth, unaufhörlich wachen und beten.

Das entwickelte Ahnungs-Vermögen ist den göttlichen
geistigen, und physischen Gesetzen nicht gemäß, sondern
gewissermassen eine Krankheit, die man zu heilen suchen
muß; wer es auf irgend eine Art zu entwickeln sucht, der
begeht eine Zaubereysünde.

Was die Frau W. . . . von guten und bösen, halbguten
und halbbösen Geistern sagt, ist wahr und merkwürdig, und
es stimmt genau mit der heiligen Schrift und der Erfahrung
überein. Auch ihr Beten für Verstorbene verdient Beherzi-
gung; es ist wieder ein neuer Beweiß, daß der Mensch im
Tode nicht alsofort in den Himmel oder in die Hölle kommt,
sondern zu einem von Beiden, je nach Befinden, eine längere
oder kürzere Zeit durch, vorbereitet werde, und sich so lang
im Hades aufhalte. Nur vollendete Heilige, und vollendete
Böswichter kommen ohne Auffenthalt an den Ort ihrer
Bestimmung.

Daß die Voraussehungs-Gabe bey ihr durchaus nichts
Göttliches, nichts Prophetisches war, erhellet auch daraus,
daß sie die gleichgültigsten nichtsbedeutenden Dinge vorher
sahe, z. B. wenn sie gewöhnliche Besuche bekam.

Äusserst merkwürdig und wichtig ist die magische Würkung ihres Willens, mit dem sie ihre Freundin herbey zwang, der mechanische Philosoph verlacht so etwas, und hält es für die sinnloseste Schwärmerey, und für den dümmsten Aberglauben, und doch ist die Sache selbst wahr, und in der Natur des Geisterreichs gegründet. Gott hat dies Geheimnis der Magie tief verborgen, weil es zum schrecklichsten Misbrauch verleiten kann. Wo es alsdann wahre Zauberey wird. Wer es entdeckt — denn es kann durch gewisse Künste erlangt werden — der fliehe dafür, wie für dem rächenden Engel des Todes, denn man kann schreckliche Dinge damit ausrichten. Dies Geheimnis enthüllt sich, wenn die Entwicklung des Ahnungs-Vermögens auf einen hohen Grad gestiegen ist.

Diese Erfahrung giebt uns einen Wink, wie Geist auf Geist würken kann. Doch nichts mehr davon, der wahre Weise wird mich verstehen, er weiß was wahre göttliche Magie, und was die so genannte schwarze oder Teufelische Magie ist.

Auch das ist sehr merkwürdig was die Frau W. . . . von der französischen Revolution, und besonders vom Admiral Coligni sagt; hat sie sich hierinnen nicht getäuscht, hat sie den grosen edlen Mann in rothen Gewand — nicht Hemde — würklich in der Beschäftigung gesehen, so giebt das einen wichtigen Aufschluß über die Weltregierung: der Herr bedient sich alsdann der verstorbenen guten Menschen als Werkzeuge zu grosen Zwecken.

Der Admiral Coligni war gegen das Ende des sechzehnten Jahrhunderts ein wichtiger Beschützer der Protestanten (Hugenotten) in Frankreich, und einer der Ersten, die in der Pariser Bluthochzeit, in der Bartholomäus-Nacht 1580 auf seinem eigenen Zimmer, ermordet wurde. Daß die schweren blutigen Verfolgungen unserer Glaubensgenossen in Frankreich, in der Revolution fürchterlich gerächt worden sind, sieht jeder wohl ein, der nur einigermassen geöfnete Augen hat, und es wäre eben nichts unnatürliches wenn der Admiral Coligni bey diesem Geschäfte, doch wohl nicht zum rächen, sondern zur Milderung der strafenden Gerechtigkeit des Weltrichters, gebraucht worden wäre.

§. 149.

Das merkwürdigste Beyspiel des entwickelten Ahnungs-Vermögens ist unstreitig die Vorhersagung des Herrn Cazotte bey einem Gastmahl in Paris. Man hat sich zwar erlaubt, in einer beliebten teutschen Zeitschrift, die ganze Geschichte zu einer Erfindung eines müsigen Kopfs zu machen, aber man hat diese Behauptung nicht bewiesen — dagegen kann ich beweisen daß sie wörtlich und püntklich wahr ist: ich hab mit einem vornehmen höchst Wahrheit liebenden Herrn, der den Cazotte sehr wohl gekannt hat darüber gesprochen, und dieser versicherte mir, daß Cazotte ein sehr frommer, und mit hohen Kenntnissen begabter Mann gewesen, der oft die frappantesten Sachen voraus gesagt habe, die dann auch immer eingetroffen wären; dabey habe er dann bezeugt, daß er sie aus dem Umgang mit Geistern bekomme.

Die Geschichte von der jezt die Rede ist, hat man in den hinterlassenen Papieren des seel. La Harpe, von seiner eigenen Hand geschrieben, gefunden. Dieser La Harpe war ein Mitglied der königlichen Akademie der Wissenschaften, diesem Hauptsitz der Religionsspötterey, und des Voltairischen Unsinns, in Paris. Auch La Harpe selbst, war ein Freygeist, der nichts glaubte, vor seinem Ende aber noch gründlich bekehrt wurde, dann christlich und seelig gestorben ist.

Erst will ich die Geschichte mit des La Harpe eigenen Worten erzählen, und dann noch einige Bemerkungen über ihre Wahrheit hinzufügen. So schreibt Er:

166

»Es dünkt mich als sey es gestern geschehen, und doch geschahe es im Anfang des Jahrs 1788. Wir waren zu Tische bey einem unserer Kollegen an der Akademie, einem vornehmen und geistreichen Manne. Die Gesellschaft war zahlreich, und aus allen Ständen ausgewählt, Hofleute, Richter, Gelehrte, Akademicker, u. s. w. Man hatte sich an einer, wie gewöhnlich, wohl besezten Tafel recht wohl seyn lassen. Beym Nachtisch erhöhte der Malvasier und der Capwein die Fröhlichkeit, und vermehrte in guter Gesellschaft jene Art Freyheit, die sich nicht immer in den genauen Schranken hält.

Man war damals in der Welt auf den Punkt gekommen, wo es erlaubt war, Alles zu sagen, wenn man den Zweck hatte Lachen zu erregen. Chamfort hatte uns von seinen Gotteslästerlichen und unzüchtigen Erzählungen vorgelesen, und die vornehmen Damen hörten sie an, ohne so gar zu dem Fächer ihre Zuflucht zu nehmen. Hierauf folgte ein ganzer Schwall von Spöttereyen über die Religion. Der eine führte eine Tirade aus der Pücelle an; der andere erinnerte an jene philosophischen Verse des Diderot, worinn er sagt: ›mit den Gedärmen des lezten Priesters schnüret dem lezten König die Gurgel zu‹; und alle klatschten Beyfall zu. Ein anderer steht auf, hält das volle Glas in die Höhe, und ruft: ›Ja, meine Herren! ich bin eben so gewiß, daß kein Gott ist, als ich gewiß bin, daß Homer ein Narr ist‹; und in der That, er war von dem einen so gewiß, wie von dem andern, und man hatte gerade von Homer und von Gott gesprochen, und es waren Gäste da, die von dem einen und von dem andern Gutes gesagt hatten.

Die Unterredung wurde nun ernsthafter. Man spricht mit Verwunderung von der Revolution die Voltaire bewürkt hat, und man stimmte ein, daß sie der vorzüglichste Grund seines Ruhms sey. Er habe seinem Jahrhundert den Ton gegeben; er habe so geschrieben, daß man ihn in den Vorzimmern, wie in den Sälen liest. Einer von den Gästen erzählte uns in vollem Lachen, daß sein Frisirer ihm, während er ihn puderte, sagte: ›Sehen sie, mein Herr! wenn ich gleich nur ein elender Geselle bin, so hab ich dennoch nicht mehr Religion als ein anderer.‹ — Man schloß daß die Revolution unverzüglich vollendet seyn würde, und daß durchaus Aberglauben und Fanatismus der Philosophie Plaz machen müsten; man berechnete die Wahrscheinlichkeit des Zeitpunkts, und wer etwa von der Gesellschaft das Glück haben würde, die Herrschaft der Vernunft zu erleben. Die älteren bedauerten, daß sie sich dessen nicht schmeicheln dürften. Die jüngern freuten sich über die wahrscheinliche Hofnung, daß sie dieselbe erleben würden; und man gratulirte besonders der Akademie, daß sie das grose Werk vorbereitet habe, und der Hauptort, der Mittelpunkt, die Triebfeder der Freyheit zu denken gewesen sey.

Ein einziger von den Gästen hatte an aller dieser frölichen Unterhaltung keinen Antheil genommen, und hatte sogar ganz sachte einige Scherzreden, in Rücksicht unseres so schönen Enthusiasmus eingestreut. Es war Herr Cazotte, ein liebenswürdiger origineller Mann, der aber unglücklicher Weise von den Träumereyen derer, die an eine höhere Erleuchtung glauben ganz eingenommen war. Er nahm nun das Wort, und sagte mit dem ernsthaftesten Ton: ›Meine Herren! freuen Sie sich; sie alle werden Zeugen jener grosen und sublimen Revolution seyn, die sie so sehr wünschen. Sie wissen, daß ich mich ein wenig auf das prophezeyen lege; ich wiederhole es ihnen: sie werden sie sehen.‹

›Dazu braucht man eben keine prophetische Gabe‹, antwortete man ihm.

›Das ist wahr‹, erwiederte er; ›aber vielleicht etwas mehr für das was ich ihnen noch zu sagen habe. Wissen sie, was aus dieser Revolution — (wo nähmlich die Vernunft im Gegensatz der geoffenbarten Religion triumphirt) — entstehen wird — was sie für sie alle, so viel ihrer hier sind, seyn wird, was ihre unmittelbare Folge, ihre unläugbare und anerkannte Würkung seyn wird?‹

›Last uns sehen‹, sagte Condorcet, mit seiner sich einfältig stellenden Mine; ›einem Philosophen ist es nicht leyd, einen Propheten anzutreffen.‹

›Sie Herr Condorcet‹ — fuhr Hr. Cazotte fort, ›Sie werden ausgestreckt auf dem Boden eines unterirdischen Gefängnisses, den Geist aufgeben, sie werden vom Gift sterben, das sie werden verschluckt haben, um den Henkern zu entgehen, vom Gift, welches Sie das Glück der Zeiten, die alsdann seyn werden, zwingen wird, immer bey sich zu tragen.‹

Dies erregte anfangs groses Staunen, aber man erinnerte sich bald, daß der gute Cazotte bisweilen wachend träume, und man bricht in ein lautes Gelächter aus. ›Herr Cazotte‹, sagte einer der Gäste, ›das Märchen das sie uns da erzählen, ist nicht gar so lustig, als ihr verliebter Teufel — (le Diable amoureux ist ein artiger kleiner Roman, den Cazotte geschrieben hat.) — Was für ein Teufel hat ihnen denn das Cachot, das Gift und die Henker eingegeben? — was hat denn dies mit der Philosophie, und mit der Herrschaft der Vernunft gemein?‹

›Dies ist gerade, was ich ihnen sage‹, versezte Cazotte. ›Im Namen der Philosophie, im Namen der Menschheit, der Freyheit, unter der Vernunft, wird es eben geschehen, daß sie ein solches Ende nehmen werden; und alsdann wird doch wohl die Vernunft herrschen, denn sie wird Tempel haben; ja es wird zu derselben Zeit in ganz Frankreich keine andere Tempel geben als Tempel der Vernunft.‹

›Warlich‹, sagte Chamfort mit einem höhnischen Lächeln, ›sie werden keiner von den Priestern dieser Tempel da seyn.‹ Cazotte erwiederte:

›Dies hoffe ich; aber Sie Herr von Chamfort, der Sie einer derselbigen seyn werden, und sehr würdig sind es zu seyn, sie werden sich die Adern mit zwey und zwanzig Einschnitten mit dem Scheermesser öfnen, und dennoch werden Sie erst einige Monate darauf sterben.‹

Man sieht sich an, und lacht wieder —

Cazotte fährt fort: ›Sie Herr Vicq d'Azyr, sie werden sich die Adern nicht selbst öfnen; aber hernach werden sie sich dieselbe in einem Tage sechsmal in einem Anfall von Podagra öfnen lassen, um Ihrer Sache desto gewisser zu seyn, und in der Nacht werden Sie sterben.

Sie, Herr Nicolai! Sie werden auf dem Schaffot sterben.

Sie, Herr Bailly! auf dem Schaffot.

Sie, Herr von Malesherbes! auf dem Schaffot.

›Gott sey gedankt!‹ ruft Herr Roucher; ›es scheint, Herr Cazotte hat es nur mit der Akademie zu thun; er hat eben ein schröckliches Gemetzel unter ihr angerichtet; ich — dem Himmel sey es gedankt —‹

Cazotte fiel ihm in die Rede: ›Sie? — sie werden auch auf dem Schaffot sterben.‹

›Hah! dies ist eine Wettung‹, ruft man aller Orten aus; ›er hat geschworen Alles auszurotten.‹ —

Er. ›Nein, ich bin es nicht, der es geschworen hat.‹

Die Gesellsch. ›So werden wir denn von Türken und Tartaren unterjocht werden? — und dennoch.‹

Er. ›Nichts weniger; ich hab es ihnen schon gesagt; sie werden alsdann allein unter der Regierung der Philosophie, und der Vernunft stehen. Die, welche sie so behandeln, werden lauter Philosophen seyn, werden immer dieselben Redensarten führen, die sie seit einer Stunde auskramen,

170

werden alle Ihre Maximen wiederholen, werden, wie sie, die Verse des Diderot und der Pücelle anführen.‹

Man sagte sich ins Ohr, ›sie sehen wohl daß er den Verstand verlohren hat — (denn er blieb bey diesen Reden sehr ernsthaft) — Sehen Sie nicht daß er spaßt? — und sie wissen, daß er in alle seine Scherzreden Wunderbares einmischt‹ — ›Ja!‹ sagte Chamfort; ›aber ich muß gestehen, sein Wunderbares ist nicht lustig; es ist zu sehr Galgenartig. Und wenn soll denn dieses Alles geschehen?‹

Er. ›Es werden nicht sechs Jahre vorbey gehen, daß nicht alles was ich Ihnen sage, erfüllt sey.‹

›Dies sind viele Wunder — (diesmal war ich es (nähmlich La Harpe) der das Wort nahm) — und von mir sagen Sie nichts?‹

›Bey Ihnen‹, antwortete Cazotte, ›wird ein Wunder vorgehen, das wenigstens eben so ausserordentlich seyn wird, Sie werden alsdann ein Christ seyn.‹

Allgemeines Ausrufen! — ›Nun bin ich beruhigt‹, rief Chamfort; ›kommen wir erst um, wenn La Harpe ein Christ ist, so sind wir unsterblich.‹

›Wir, vom weiblichen Geschlecht‹, sagte alsdann die Herzogin von Grammont, ›wir sind glücklich, daß wir bey den Revolutionen für nichts gezählt werden. Wenn ich sage, für nichts, so heist dies nicht so viel, als ob wir uns nicht ein wenig darein mischten; aber es ist so angenommen, daß man sich deswegen nicht an uns und unser Geschlecht hält.‹

Er. ›Ihr Geschlecht, meine Damen! wird ihnen diesmal nicht zum Schuz dienen, und sie mögen noch so sehr sich in nichts mischen wollen; man wird sie gerade wie die Männer behandeln, und in Ansehung ihrer keinen Unterschied machen.‹

Sie. ›Aber was sagen Sie uns da, Herr Cazotte? — Sie predigen uns ja das Ende der Welt.‹

Er. ›Das weiß ich nicht; was ich aber weiß, ist, daß Sie, Frau Herzogin! werden zum Schaffot geführet werden, sie und viele andere Damen mit Ihnen, und zwar auf dem Schinderkarren, mit auf dem Rücken gebundenen Händen.‹

Sie. ›In diesem Fall hoffe ich doch, daß ich eine schwarz ausgeschlagene Kutsche haben werde.‹ —

Er. ›Nein, Madame! vornehmere Damen als Sie, werden wie Sie, auf dem Schinderkarren, die Hände auf den Rücken gebunden, geführt werden.‹

Sie. ›Vornehmere Damen? — Wie? — die Prinzessinnen vom Geblüt?‹

Er. ›Noch vornehmere.‹ —

Jezt bemerkte man in der ganzen Gesellschaft eine sichtbare Bewegung, und der Herr vom Hauße nahm eine finstere Mine an; man fieng an einzusehen, daß der Scherz zu weit getrieben werde. Madame de Grammont, um das Gewölke zu zerstreuen, ließ diese lezte Antwort fallen, und begnügte sich im scherzhaftesten Ton zu sagen: ›sie werden sehen, daß er mir nicht einmal den Trost eines Beichtvaters lassen wird.‹

Er. ›Nein, Madame! man wird Ihnen keinen geben, weder Ihnen, noch sonst jemand. Der lezte Hingerichtete, der, aus Gnaden, einen Beichtvater haben wird‹ — hier hielt er einen Augenblick ein —

Sie. ›Nun, wohlan! wer wird denn der glückliche Sterbliche seyn, dem man diesen Vorzug gönnen wird?‹

Er. ›Es wird der einzige Vorzug seyn, den er noch behält; und dies wird der König von Frankreich seyn.‹

Nun stund der Herr vom Hauße schnell vom Tisch auf, und jedermann mit ihm. Er gieng zu Herrn Cazotte, und sagte zu ihm mit einem tief gerührten Ton: ›mein lieber Herr Cazotte! dieser klägliche Scherz hat lang genug gedauert. Sie treiben ihn zu weit, und bis auf einen Grad, wo sie die Gesellschaft, in der sie sich befinden, und sich selbst in Gefahr setzen.‹

Cazotte antwortete nichts, und schickte sich an, wegzugehen, als Frau von Grammont, die immerfort verhindern wollte, daß man die Sache nicht ernsthaft nähme, und sich bemühte, die Frölichkeit wieder herzustellen, zu ihm hingieng und sagte: ›nun, mein Herr Prophet! sie haben uns allen gewahrsagt; aber von ihrem eigenen Schicksal sagen sie nichts.‹ —

Er schwieg, schlug die Augen nieder; alsdann sagte er: ›haben Sie, Madame, die Geschichte der Belagerung Jerusalems im Josephus gelesen?‹

Sie. ›Freylich! wer wird sie nicht gelesen haben? aber thun sie, wie wenn ich sie nicht gelesen hätte!‹

Er. ›Wohlan, Madame! während dieser Belagerung gieng ein Mensch sieben Tage nacheinander auf den Wällen um die Stadt, im Angesicht der Belagerer und Belagerten, und schrie unaufhörlich mit einer kläglichen Stimme: Wehe Jerusalem! Wehe Jerusalem! am siebenten Tage schrie er: Wehe Jerusalem! Wehe auch mir! und in demselben Augenblick zerschmetterte ihn ein ungeheurer Stein, den die Maschinen der Feinde geschleudert hatten.‹

Nach diesen Worten verbeugte sich Herr Cazotte, und gieng fort.« — So weit Herr La Harpe.

§. 150.

Hier kommt Alles darauf an, ob diese ganze Geschichte wahr, oder erdichtet, etwa nach der Erfüllung geschrieben ist? — Denn daß alle Personen die bey dem Gastmahl waren, aufs genaueste so ums Leben gekommen sind, wie es ihnen hier Cazotte voraus sagt, das hat seine vollkommene Richtigkeit; der Gastgeber, dem auch Cazotte nichts weissagt, und der höchst wahrscheinlich der Herzog von Choiseul gewesen, war der Einzige, der eines natürlichen Todes starb. Der gute fromme Cazotte wurde guillotinirt.

Ich frage jeden Wahrheitliebenden Kenner der Kunst, der Ideale, von getreuen Copien der Natur zu unterscheiden versteht, ob diese Erzählung erdichtet seyn könne? Sie hat so viele kleine Nuanzen, und Umständlichkeiten, die keinem Dichter eingefallen wären, und die er auch nicht für nöthig gehalten hätte. Und dann, was konnte diese Erdichtung für einen Zweck haben? — ein Freygeist konnte sie nicht erdichten, weil er dadurch allen seinen Grundsätzen entgegen arbeitete; denn er verbreitete dadurch Vorstellungen, denen er todfeind ist, und die er für den dümmsten Aberglauben hält. Will man annehmen ein Fanaticker, ein Schwärmer habe sie erdichtet, um etwas recht auffallendes zu sagen, so widerspricht dieser Vermuthung die Natur der Erzählung selbst, die nicht so wie ein Gedicht aussieht, und dann die Gewisheit, daß sie der seelige La Harpe eigenhändig geschrieben hat, man findet sie in den Oeuvres choisies et posthumes des Herrn La Harpe berühmten Mitglieds der französischen Akademie, welche zu Paris in 4 Bänden in 8 bey Mignerel, 1806 erschienen sind.

Es wird doch wohl niemand einfallen, daß die Sammler der nachgelassenen Papiere des berühmten Mannes, so etwas untergeschoben hätten, das sieht Französischen und Pariser Gelehrten nicht ähnlich. Gewis — apodiktisch gewis ist es, daß La Harpe die Erzählung selbst geschrieben hat; dies kann aus oben angeführten Gründen nicht geschehen seyn, als er noch Freygeist war, und wer die gründliche Bekehrung dieses grosen Mannes, und grosen Freygeistes weiß, den kann der Gedanke nicht einfallen, daß er in diesem busfertigen Zustand, wo er sein voriges Leben mit blutigen Thränen beweinte, einen solchen Gottesvergessenen Frevel

sollte begangen haben, so etwas zu erdichten; das ist mora-
lisch unmöglich. Diese Sache vor seinem Tod bekannt zu
machen, das war in der Zeit, in der er starb, nicht rathsam,
und noch weniger durften es die Gäste vor der Revolution,
und während derselben erzählen. La Harpe fand aber auch,
und zwar mit gröstem Recht die Sache so wichtig, daß er sie
aufschrieb, und sie bis auf bessere Zeiten in seinen Pult
zurücklegte.

§. 151.

Ein gewisser Herr de N. . . . hat in Rücksicht obiger ausserordentlichen Vorhersagung des Herrn Cazotte, in die
öffentlichen Blätter in Paris einrücken lassen: »Daß er
diesen respektabeln Greiß sehr gut gekannt, und oft von
ihm die Ankündigung der grosen Drangsale gehört habe,
die über Frankreich kommen würden, zu einer Zeit, da man
in ganz Frankreich noch in vollkommener Sicherheit lebte,
und nicht das Mindeste davon ahnete. Cazotte behauptete,
die zukünftigen Begebenheiten würden ihm durch Gesichte,
vermittelst der Geister offenbart. Ich will ihnen«, fährt Herr
de N. . . . fort, »eine merkwürdige Thatsache erzählen,
welche allein schon hinreichte, dem Herrn Cazotte den Ruf
eines Propheten zuzueignen. Jedermann weiß daß seine
grose Anhänglichkeit an die Monarchie Ursache war, daß er
am 2ten September 1792, in die Abtey gebracht, und allein
durch den heroischen Muth seiner Tochter, die den rasenden
Pöbel, durch das rührende Schauspiel der kindlichen Liebe,
besänftigte, den Mördern entrissen wurde. Ebenderselbe
Pöbel, der ihn erwürgen wollte, führte ihn im Triumph nach
Hause. Alle seine Freunde kamen, um ihm Glück zu
wünschen, daß er dem Tod entgangen sey. Herr D. . . . der
ihn nach jenen Verbrechenstagen besuchte, sagte zu ihm:
›nun sind sie gerettet!‹ — ›Ich glaube es nicht‹, antwortete

Cazotte; ›in dreyen Tagen werde ich guillotinirt.‹ Herr D. . . . erwiederte: ›wie kann das seyn?‹ Cazotte fuhr fort: ›Ja, mein Freund! in drey Tagen sterbe ich auf dem Schaffot.‹ Indem er dies sagte, war er innigst gerührt, und sezte hinzu: ›kurz vor Ihrer Ankunft sahe ich einen Gensd'armes hereintreten, der mich auf Befehl des Pethion abholte; ich ward genöthigt ihm zu folgen; ich erschien vor dem Maire von Paris, der mich in die Conciergerie abführen ließ, und von da kam ich vor das Revolutionsgericht. Sie sehen also — (aus diesem Gesicht nähmlich das Herr Cazotte gehabt hatte) — mein Freund! daß meine Stunde gekommen ist, und ich bin so sehr davon überzeugt, daß ich alle meine Geschäfte in Ordnung bringe. Hier sind Papiere, an welchen mir viel gelegen ist, daß sie, meiner Frauen zugestellt werden; ich bitte Sie, ihr dieselben zu übergeben, und sie zu trösten.‹

Herr D. . . . erklärte dies Alles für Thorheit, und verließ ihn mit der Überzeugung, daß seine Vernunft durch den Anblick der Gräuel, denen er entgangen war, gelitten habe.

Den andern Tag kam er wieder; aber er erfuhr, daß ein Gensd'armes den Herrn Cazotte auf die Munizipalität geführt hatte. Herr D. . . . läuft zu Pethion; als er in der Mairie ankommt, erfährt er, daß sein Freund eben ins Gefängnis geführt worden sey; er eylt dahin; man sagt ihm, er könne ihn nicht sprechen, er würde vom Revolutionsgericht gerichtet werden. Bald darauf erfährt er, daß sein Freund verurtheilt und hingerichtet worden ist. Herr D. . . . fügt der Schriftsteller bey, ist ein Mann der allen Glauben verdient. Er lebte noch im Juli 1806. Er hat mehreren Personen diese Geschichte erzählt, und es schien mir nicht unwichtig das Andenken derselben zu erhalten.« So weit der Aufsaz in den Pariser Blättern.

Ich hab diese ganze äusserst merkwürdige Geschichte aus einer kleinen Broschüre genommen; die in Strasburg bey

Silbermann gedruckt worden, und den Titel hat: Merk-würdige Vorhersagung, die Französische Schreckens-Revolution betreffend. Aus den hinterlassenen Werken des Herrn La Harpe. Aus dem christlichen Erbauungsblatt besonders abgedruckt.

Als ich vorm Jahr in L. . . . war, so sprach ich mit einem Baron von W. . . . der ein sehr rechtschaffener Mann ist, und sich lang in Paris aufgehalten hat. Diesem erzählte ich diese merkwürdige Geschichte; er sagte mir darauf, daß er den Herrn Cazotte wohl gekannt habe, er sey ein frommer Mann, und dafür bekannt gewesen, daß er viele Dinge, die auch genau eingetroffen wären, voraus gesagt habe.

§. 152.

Diese Geschichte ist also gewiß und wahrhaftig wahr. — Wenn sie das aber ist, so frage ich jeden vernünftigen und unpartheyischen Menschen, ob es seit der Apostel Zeiten ein merkwürdigeres und wichtigeres Zeugniß für die Existenz des Geisterreichs, und dessen Einwürkung auf die sichtbare Welt, gebe? — ich weiß keins — Ich möchte nur wissen wie der mechanische Philosoph, wenn er von der Thatsache überführt würde, diese ausserordentliche Erscheinung, erklären würde. — Es ist, warlich! höchst sonderbar: erscheint ein Komet am Himmel, alsofort sind aller Augen beschäftigt, da studirt alles, was Astronomie liebt, wie er seinen Gang nimmt, u. s. w. Wird eine neue Luftart entdekt, alsofort sind alle Physiker dahinter um sie zu untersuchen. Findet einer ein Kraut, ein Insekt, oder einen Stein, der noch nicht bekannt, noch nicht beschrieben ist, welch ein Aufsehens, welch eine Merkwürdigkeit wird daraus gemacht! — so bald aber von Erscheinungen die Rede ist, die nur von Ferne Winke auf die Wahrheiten der christlichen Religion, auf die Fortdauer der Seelen nach dem Tod, auf die Existenz guter und böser Engel und Geister, und deren Einwürkung auf die Sinnenwelt, geben; Erscheinungen die millionenmahl wichtiger sind, als alle Natur-Phänomene in der Körperwelt; da geht man mit höhnischer Mine vorüber, man schreyt Aberglaube! — Schwärmerey! — man schimpft und lästert alle die hier prüfen, untersuchen, und berichtigen, und die Resultate ihrer Untersuchungen, seyen sie auch noch so wahr und apodiktisch bewiesen, werden als unbedeutend höchst gefährlich, und der menschlichen Gesellschaft höchst nachtheilig verschrien, und so viel als nur immer möglich ist, unterdrückt. Aber Schriften die den Unglauben, den Abfall von Christo verkündigen, und die schlüpfrichsten Romane, solche die den Geist vergiften, und gleichsam satanasiren, denen läst man ihren Lauf, darnach kräht kein Hahn.

Liebe Zeitgenossen! woher kommt diese entsezliche Gesinnung, diese fürchterliche Abneigung gegen Alles, was nur von Ferne Aufschluß über unsern Zustand nach dem Tod, geben kann? — woher die Erbitterung gegen Christum und seine allerheiligste Religion? Ja Erbitterung! man läugne es ja nicht — man schämt sich ja seinen ehrwürdigen Namen in einer honetten Gesellschaft zu nennen; aber von den Phantomen der Griechischen und Römischen Götterlehre spricht man mit Lust, es ist Wohlstand davon zu reden, und seine Gedichtchen damit auszuschmücken. Gott welch ein Jammer! und welche Verkehrtheit der so hochgerühmten Aufklärung!

So wichtig, und ich mag sagen, heilig, auch die Cazottische Vorhersagung ist, so wenig dürfen wir doch den lieben Mann in die Klasse der wahren biblischen Propheten setzen. Er war ein frommer Mann, dessen Ahnungs-Vermögen auf einen hohen Grad entwickelt war; sein christlicher Sinn aber war Ursache, daß er nicht so sehr mit falschen als mit guten Geistern in Beziehung kam, von denen er dann erfuhr, was in der nahen Zukunft geschehen würde. Er war ungefähr in der nämlichen Lage, wie die Fr. W. . . . von der ich in der vorlezten Erzählung geredet habe.

Damit will ich aber nicht sagen, daß Cazotte bey dieser Belsazars Mahlzeit, nicht ein Herold Gottes, eine Hand gewesen, die das Mene, Teckel, Upharsin mit Flammenzügen an die Wand geschrieben habe. Die Vorsehung bediente sich dieses brauchbaren Werkzeugs, um diese, im Sturm auf dem Mastbaum schlafende, Sünder aufzuschrecken.

Was diese Donnerstimme bewürkt habe, das ist dem Allwissenden allein bekannt; es mag aber doch hin und wieder Nachdenken erregt haben, und wer weiß, ob nicht, gerade im traurigsten Zeitpunkt der Erfüllung, die Erinnerung an Cazottes Vorhersagung geseegnete Folgen gehabt hat. Wahrscheinlich ist sie auch, wo nicht die nächste, doch wohl die entfernte Ursache zu des La Harpe Bekehrung gewesen.

Wenn das entwickelte Ahnungs-Vermögen durch Nachrichten aus der Geisterwelt, nur von denen Dingen die in der nahen Zukunft geschehen sollen, und wozu die Anlagen schon da sind, unterrichtet werden kann, so scheint es schwer zu erklären, wie Cazotte schon sechs Jahre vorher, alles so bestimmt, so gar die Anzahl der Schnitte mit dem Federmesser, die Anzahl der Aderläße, u. d. g. wissen konnte. Hierauf dient zur Antwort: die Französische Revolution, dieses, in seinen Folgen, wichtigste Ereignis in der ganzen Weltgeschichte, wurde viele Jahre vorher vorbereitet. Mir ist von einem Augen- und Ohrenzeugen bekannt, daß gerade in dem Zeitpunkt, als Ludwig der 16te und Maria Antonia von Östreich, miteinander vermählt werden sollten, damals nämlich, als diese Heurath in Wien beschlossen war, der

179

Sturz der königlichen Familie vor sich gehen sollte, und nur dieser Heuraths-Kontrakt machte den Anschlag zu nichte.

Dann ist es aber auch sehr wahrscheinlich, daß die Bürger in der Geisterwelt, und vorzüglich die guten Engel und Geister in den Tafeln der Vorsehung lesen, und wenigstens gewisse Gegenstände der Zukunft, voraus wissen können. So viel erhellet aus allen zuverläsigen Nachrichten aus dem Geisterreich, daß in demselben alles was in der Sinnenwelt geschieht, vorbereitet, von daher die ganze Menschheit regiert werde; doch so daß der freye Wille des Menschen nicht gezwungen wird.

§. 153.

Ich steige nun von dieser höhern Stuffe des entwickelten Ahnungs-Vermögens zu einer niedrigern herab, indem ich untersuchen will, was von dem so genannten Leichensehen zu halten sey, und was davon geglaubt und nicht geglaubt werden müße.

Wenn man auf den Dörfern unter den gemeinen Leuten eine Zeitlang lebt, so wird man bald hie, bald da, von einem Todengräber, einem Nachtwächter, einer Leichenbitterin, einer Hebamme, oder sonst jemand, hören, Er oder Sie könne Leichen sehen. Gewöhnlich äussert sich dieses sehen so, daß eine solche Person, gewöhnlich bey der Nacht, gedrungen wird hinaus zu gehen, und zwar in die Nähe des Hauses, aus dem die Leiche heraus kommen soll; dann sieht sie den Zug mit allen auch den kleinsten Umständen. Das bey dieser Sache viele Träumereyen und Täuschungen mit unterlaufen, daran ist kein Zweifel, aber die Sache selbst hat ihre Richtigkeit, und ist gewiß.

§. 154.

In meinen Jünglings Jahren war in einem Dorf in meinem Vaterland eine Kindtauf-Mahlzeit, auf welche auch der Prediger, ein sehr rechtschaffener Mann, geladen war. Während dem Essen, wurde auch vom dortigen Todengräber gesprochen, der besonders wegen dem Leichensehen sehr bekannt war, und auch gefürchtet wurde: denn er erzählte immer, so oft er eine Leiche gesehen hatte, aus dem oder dem Hause werde nächstens eine Leiche getragen werden. Da dies nun durchaus immer eintraf, so sezte diese Erzählung die Leute in dem benannten Haus, in die äusserste Angst und Verlegenheit, besonders wenn schon jemand darinnen krank oder schwächlich war, dessen Tod wohl auch, wenn man die Vorhersagung nicht vor ihm verhehlte, welches doch fast immer geschahe, befördert werden konnte.

Dem Prediger war dieses prophezeyen ein Greuel. Er verbot, er zankte, er schalt, das half alles nichts, denn der arme Tropf, ob er gleich ein Branteweinsäufer, und ein Mensch von einer gemeinen und niedrigen Denkungsart war, glaubte steif und vest, es sey eine prophetische Gabe Gottes, er müße das sagen, damit sich die Leute noch bekehren könnten. Endlich als alles Ermahnen nichts half, so kündigte ihm der Prediger an: wenn er, noch ein einzigmal eine Leiche ankündigte, so solle er seines Amts entsezt, und aus dem Dorf weggejagt werden. Das half, von nun an schwieg der Todengräber. Ein halbes Jahr nachher, im Herbst, in der Mitte der vierziger Jahre, des verflossenen Jahrhunderts, kommt der Todengräber zum Prediger, und sagt: »Herr Pastor! Sie haben mir verbotten, keine Leiche mehr anzukündigen, das habe ich auch nun nicht mehr gethan, und ich werde es auch nicht mehr thun; aber jezt muß ich Ihnen doch etwas anzeigen, das besonders merkwürdig ist, damit sie doch sehen, daß mein Leichensehen gewisse Wahrheit ist: — in wenigen Wochen wird eine Leiche die Wiese herauf kommen, die auf einem Schlitten mit einem Ochsen gefahren wird.« Der Prediger ließ sich nichts merken, sondern er nahm die Sache gleichgültig, und versezte: »Ja, geht nur hin, wartet eueres Berufs, und laßt solche abergläubische Thorheiten bleiben, ihr versündigt euch damit.«

Indessen kam denn doch dem Prediger die Sache äusserst seltsam und merkwürdig vor: denn in meinem Vaterland ist das Fahren einer Leiche, mit einem Ochsen auf einem Schlitten, äusserst schimpflich, weil man Selbstmörder und schwere Verbrecher auf Schlitten wegschleift.

Einige Wochen nachher kam ein starker Durchmarsch österreichischer Truppen, die nach den Niederlanden zogen; während ihrem Rasttag fiel ein halbmannstiefer Schnee, zugleich starb in einem Dorf, unterhalb dem Kirchdorf eine Frau; alle Pferde aus der ganzen Gegend wurden von dem Kriegsvolk zu Vorspann weggenommen; indessen stand die Leiche da; keine Pferde kamen zurück; der Schnee wurd noch immer höher: keine Karre oder Wagen konnte durchkommen; die Leiche gieng in Fäulnis über; niemand konnte den Gestank ertragen; man muste also aus der Noth eine Tugend machen, die Leiche auf einen Schlitten laden, und einen Ochsen vorspannen.

Indessen kamen der Prediger, und der Schulmeister mit den Schulknaben, der Leiche bis vor das Kirchdorf entgegen, und als die Leiche in diesem Aufzug die Wiese herauf kam, so trat der Todengräber zum Pfarrer, zupfte ihn am Mantel, wieß mit dem Finger dorthin, und sagte kein Wort.

So erzählte dieser Pfarrer die Geschichte mit allen Umständen, ich hab den lieben Mann sehr gut gekannt, er war nicht fähig eine Unwahrheit zu sagen, und noch dazu in einer Sache, die allen seinen Grundsätzen widersprach.

§. 155.

Noch eine Geschichte dieser Art, deren Wahrheit ich ebenfalls verbürgen kann, erzählten mir mein seeliger Vater, und sein Bruder, mein Oheim; beyde sehr christliche Männer, denen eine Unwahrheit zu sagen unmöglich war. Diese hatten beyde Geschäfte in der Westphälischen Grafschaft Mark, wo sie von einem protestantischen Prediger zum Mittagsessen eingeladen wurden.

Während dem Essen, kam auch das Leichensehen aufs Tapet; der Prediger sprach mit Ärgernis davon, weil er auch einen Todengräber hatte, der mit diesem Übel behaftet war, auch Er hatte es ihm oft und vielmals verbotten, allein das half nicht.

Einsmals kommt auch dieser Wahrsager zum Pfarrer, und sagt: »Herr Pastor! in kurzer Zeit, geht eine Leiche aus Ihrem Haus, und Sie gehen hinter dem Sarg, vor allen Leichenbegleitern her!« — Schreken, Zorn, und Unwillen bemeisterten sich, des guten Pfarrers so, daß er den unbesonnenen Mann zur Thür hinaus jagte: denn seine Frau war ihrer Niederkunft nahe; und ungeachtet aller vernünftigen Vorstellungen die er sich machte, verlebte er doch eine sehr traurige Zeit, bis endlich seine Frau glücklich niedergekommen, und aller Gefahr entronnen war. Jezt machte er nun dem Todengräber die bittersten Vorwürfe, und sagte ihm, da sähe er nun wie schlecht seine Träumerey gegründet wäre — allein der Wahrsager lächelte, und antwortete: »Herr Pastor! wir sind noch nicht fertig!« —

Gleich nachher starb die Magd des Predigers plözlich am Schlagfluß. Nun ist es dort Sitte, daß der Hausvater zunächst hinter dem Sarg, vor den nächsten Verwandten der Leiche hergehen muß; diesem wollte nun der Prediger für diesmal ausweichen, um den Leichenseher zu Schanden zu machen; indessen durfte er doch auch die Eltern der Verstorbenen nicht beleidigen, welches im höchsten Grad geschahe, wenn er nicht hinter dem Sarge hergieng. Er fand also eine schickliche Auskunft darinnen, daß seine Frau, die doch nun, dortigen Gebrauch nach, ihren ersten Kirchgang nach dem Kindbett halten muste, an seiner Stelle voran gieng, und er dann, wie gewöhnlich den Schulmeister und die Schüler begleitete.

Dies wurde verabredet, und beschlossen, und die Eltern waren auch wohl damit zufrieden. Am Begräbnistage versammelte sich der Leichenzug im Pfarrhaus; der Sarg stand im Vorhaus auf der Bahre; der Schulmeister stand mit den Schulknaben vor dem Haus im Kreis, und sungen; der Pfarrer war im Begrif heraus an seine Stelle zu gehen; die Frau Pfarrerin trat hinter den Sarg, die Träger faßten die Bahre an, und in dem Augenblick sank die Frau Pfarrerin ohnmächtig zu Boden. Man brachte sie in die Stube, und auch wieder zurecht, aber sie war so übel, daß sie nicht in die Kirche gehen konnte; der Pfarrer war aber durch diesen Zufall dergestalt geschreckt worden, daß es ihm nicht mehr einfiel, den Todengräber zum Lügner zu machen, sondern er trat ganz geduldig hinter den Sarg, so wie es der Wahrsager haben wollte.

Daß die Pfarrerin ohnmächtig wurde, und daß es gerade an dem Ort, und in dem Zeitpunkt geschahe, konnte ganz natürliche Ursachen haben, das benimmt der Sache ihre Merkwürdigkeit nicht; genug die Vorhersagung wurde pünktlich erfüllt.

§. 156.

Da das entwickelte Ahnungs-Vermögen eine Fähigkeit ist, die Anstalten — oder vielmehr das Resultat der Anstalten zu empfinden, die im Geisterreich gemacht, und in der Sinnenwelt ausgeführt werden; so gehört das Leichensehen auch zuverläsig unter diese Rubrick. Und da die Leichenseher und Seherinnen gewöhnlich einfältige, abergläubische, und nicht selten auch lasterhafte Leute sind, so folgt abermahl daraus, daß das entwickelte Ahnungs-Vermögen keinesweges eine Eigenschaft sey, die nur frommen gottsfürchtigen Leuten zukomme, oder daß man es als eine Gabe Gottes ansehen könne; ich halte es, im Gegentheil für eine Seelenkrankheit, die man eher zu heilen als zu befördern suchen müße.

Wer eine natürliche Disposition dazu hat, und dann seine Einbildungskraft lange, und mit Sehnsucht, also magisch, auf einen gewissen Gegenstand heftet, der kann endlich in Ansehung dieses Gegenstandes, dahin kommen, daß er Dinge die diesen betreffen, bestimmt voraus sieht. Die Todengräber, Leichenbitter, Todenweiber, — (welche die Toden aus- und anzukleiden pflegen) — Nachtwächter, u. d. g. pflegen immer Bilder und Vorstellungen zu haben, die mit Nacht, Tod, und Begräbnis in Verbindung stehen; was Wunder, wenn sich endlich ihr Ahnungs-Vermögen auf diesen Gegenstand entwickelt? und ich wollte fast behaupten, daß das Branteweintrinken dazu beförderlich seyn könne.

Es ist hohe Pflicht der Polizey solchen Leuten bey Zuchthausstrafe anzubefehlen, nie zu entdecken, was sie gesehen haben, und sollte es von der Art seyn, daß es als eine warnende Stimme der Vorsehung angesehen werden könne, so mögen sie es dem sagen, der gewarnt werden soll. Indessen ist auch wohl zu bemerken, daß sich die Vorsehung solcher verdorbner abergläubischer Werkzeuge schwerlich bedienen wird.

§. 157.

Zwischen der Frau W. . . . Cazotte und ihres gleichen, und zwischen solchen Leichensehern, ist ein groser Unterschied.

Der weise erleuchtete Christ weiß wohl, wie er so etwas ansehen, und gebrauchen soll.

Im zweyten Stück des zweyten Bandes, des Magazins zur Erfahrungsseelenkunde S. 16 u. 17 wird eines angesehenen Mannes gedacht, dem das Angesicht der Leute die bald sterben werden, so vorkommt, als ob sie schon einige Tage im Grab gelegen hätten, und daß ihm diese Vorempfindung unangenehm seye.

Ich habe schon gesagt, daß das entwickelte Ahnungs-Vermögen das Resultat der Anstalten, und nicht diese Anstalten des Geisterreichs selbst empfinde. Dies Resultat muß versinnlicht werden, wenn es ins Selbstbewustseyn des sinnlichen Menschen übergehen soll. Dies geschieht nun je nach der Disposition der menschlichen Natur: die Leichenseher stellen es sich in der Imagination so lebhaft vor, als sähen sie es würklich, andern sagen es die Geister, wie der Fr. W. . . . und Hr. Cazotte, obigem bildete jenes Resultat die Todesgestalt auf dem Angesicht des Todeskandidaten u. d. g.

§. 158.

Ich könnte noch mehrere unzweifelbare Thatsachen dieser Art anführen, allein um Weitläuftigkeit zu vermeiden, mag es hieran genug seyn. Es ist sonderbar und ausserordentlich merkwürdig, daß man so äusserst wichtige Erfahrungen nicht im Wege ansieht, sondern mit Verachtung bey ihnen vorbey geht. Erscheinungen die aus der sinnlichen Grundlage unseres Denkens nicht können erkläret werden, sind ja unter allen die wichtigsten, weil sie uns den Weg zum Übersinnlichen zeigen, welches für den Menschen, dessen edelster Theil ja auch übersinnlich ist, von unaussprechlichem Werth ist.

Es muß ja jedem vernünftigen Menschen unendlich viel daran gelegen seyn, mit Gewißheit zu wissen, ob die Bibellehre von Gott, vom Fall der ersten Menschen, von der Erlösung durch Jesum Christum, vom Geisterreich und dessen Einfluß auf die Sinnenwelt, von der Fortdauer der Seelen nach dem Tod, wahr, oder nicht wahr, gegründet, oder nicht gegründet sey?

Diese Frage ist von äusserster Wichtigkeit, weil die jetzige Aufklärung durch ihre mechanische Philosophie, das Alles theils läugnet, theils bezweifelt, und dadurch der Menschheit gerade den allerwichtigsten Trost, die süße Hofnung raubt deren sie jezt so bedürftig ist. Man überlege, prüfe, und durchdenke gründlich, und unpartheyisch folgende Bemerkung.

§. 159.

Wenn es viele, durch alle Zeiten fortgesezte, wahrhafte, Erfahrungen giebt, daß vernünftige, rechtschaffene fromme Menschen bezeugen, sie hätten Umgang mit Wesen aus der Geisterwelt; wenn ihnen diese Wesen Thatsachen sagen, die in der Ferne, oder in der Zukunft geschehen, oder geschehen werden, und die der natürliche Mensch schlechterdings, aus allem dem was ihn in der Sinnenwelt umgiebt, und auf ihn würkt, unmöglich wissen kann, und diese Thatsachen werden aufs pünktlichste erfüllt, ist dann die Existenz der Geisterwelt, ihre Theilnahme an den Schicksalen der Menschen, und ihr Einfluß auf sie, nicht eben so unwiderlegbar erwiesen, als die Existenz der elektrischen Materie, des Galvanismus, und des Magnetismus, und die Theilnahme, und Einwürkung dieser Kräfte auf die körperliche Natur?

Da nun aber die mechanische Philosophie durch ihre Aufklärung diesen unzweifelbaren Erfahrungen geradezu widerspricht, so müssen ihre Behauptungen in Ansehung des Geisterreichs und dessen Einflusses auf die sinnliche Welt, grundfalsch seyn. Ferner:

Da alle Erfahrungen die von jeher bis dahin in Ansehung des Geisterreichs gemacht, und beobachtet worden, — insofern sie von Phantasien und Schwärmerey entfernt sind — sich genau an die göttliche Offenbahrung anschliesen, und gleichsam fortgesezte Offenbahrungen sind, so bestättiget das Eine die Wahrheit des andern, folglich auch die Wahrheit der christlichen Religion, nach dem alten apostolischen System.

Aus dem allem folgt nun unwidersprechlich, daß man jede Erscheinung aus dem Geisterreich ehrlich, und unpartheyisch, aufs schärfste und genauste prüfen und untersuchen müße, um das Wahre vom Falschen, Betrug und Täuschung von Würklichkeit, und das Spiel der Einbildungskraft, von dem wesentlichen Daseyn eines Geistes, mit Gewisheit unterscheiden zu können.

Auf diesem Wege wird man zum reinen und ungetrübten Licht der Wahrheit, aber auch wieder zur beruhigenden Überzeugung in der Religion gelangen, die durch die mechanische Philosophie so schrecklich gestört worden ist.

§. 160.

So einleuchtend und einfach dieser Heischesaz ist, so wenig ist er noch bis dahin befolgt worden. Jeder Mensch, auch

der Allereinfältigste muß doch einsehen, daß solche Erscheinungen von äusserster Wichtigkeit sind, und daß es daher
die höchste Pflicht sey, ihre Wahrheit zu prüfen. Der Ursachen, die diese Prüfung verhindert haben, sind drey.

1.) Der panische Schrecken, der alle Menschen, auch die
herzhaftesten, überfällt, wenn sie etwas sehen, dem sie in der
Sinnenwelt keinen Plaz anweisen können, verhindert alle
Annäherung, und verscheucht den Muth zu einer ruhigen
Untersuchung.

2.) Der Aberglauben der bey weitem den grösten Theil
der Menschen beherrscht, glaubt jeder Täuschung, hält
jedes Phantom für wahre Erscheinung, und weil er steif und
vest glaubt, so bedarfs bey ihm keiner weiteren Prüfung und
Untersuchung, und

3.) Bey dem Unglauben, in Ansehung des Übersinnlichen,
ist es System, Grundsaz, durchaus nichts zu glauben. Man
hat einmal entschieden, es existire keine Geisterwelt; oder
wenn eine existire, so stehe sie in keinem Verhältnis mit uns,
sie habe keinen Einfluß auf uns, und auf die uns umgebende
Körperwelt, folglich sey Alles Trug und Täuschung, mithin
keiner Untersuchung werth. Daß man aber diese Untersuchung, oder den Glauben an Ahnungen, Visionen, und
Geistererscheinungen, mit Schimpf und Schande brand-
markt, das ist doch kein gutes Zeichen, und macht der
Aufklärung keine Ehre, denn es ist ein sicherer Beweiß,
daß ihr von daher Gefahr droht, und daß sie von der Seite
leicht überwunden werden könnte.

§. 161.

Ich hoffe man wird doch bey dem Allem meinen Sinn recht
fassen, und mich nicht misverstehen; — der wahre glaubige
Christ bedarf keiner solchen Zeugniße aus dem Geister-

reich, er hat die Bibel, und die seelige Erfahrung, daß sich wahre Christus-Religion als Wahrheit an seinem Herzen offenbart, und er handelt sehr strafbar, wenn er sich durch vorwizige Neugierde verführen läßt, diesseits des Grabes Umgang mit dem Geisterreich zu suchen. Kommt ihm aber dieser Umgang, durch das entwickelte Ahnungs-Vermögen von selbst, so mache er ja nichts besonderes daraus, sondern flehe um Weisheit, es nach dem Willen Gottes behandeln zu können. Zeigt sich ihm aber etwas Ausserordentliches, so gehe er ungescheut im Namen, und in der Furcht Gottes, nicht aus strafbarer Neugierde, sondern in erbarmender Liebe hinzu; dann prüfe er genau und vernünftig, und ist es dann würklich ein Wesen aus der andern Welt, so frage er mit ernstlicher Würde des Christen, im Namen Gottes und Jesu Christi, was sein Begehren sey? — äussert sich dann der Geist so, daß man findet er sey noch im Irrthum, so sucht man ihn eines Besseren zu belehren; verlangt er aber etwas Billiges, so erfüllt man sein Verlangen, wenns nur immer möglich ist. Im folgenden Abschnitt dieses Werks, der ganz und durchaus von Geistererscheinungen handeln wird, werde ich sehr merkwürdige Beyspiele dieser Art, dem lern-begierigen Leser mittheilen. Dem unglaubigen, und wahr-heitliebenden Zweifler rathe ich ebenfalls zur ruhigen Un-tersuchung: denn es ist ja doch warlich nichts nöthiger, als daß man alle mögliche Mittel anwendet, um in einer so unaussprechlich wichtigen Sache immer mehr Licht zu bekommen.

§. 162.

Endlich gebe ich noch jedem Vernünftigen zu bedenken, ob eine Schöpfung, die von Intelligenzen, von freyen ver-nünftigen Wesen regiert wird, nicht Gott geziemender, der Menschheit ersprieslicher, und angenehmer sey, als eine

Welt, die mit der gesammten Menschheit dem eisernen, unabänderlichen, Gebiet der materiellen Kräfte unterworfen ist?

§. 163.

Die sogenannte Hexerey oder Zauberey, und der Glaube oder Aberglaube an sie, ist auch seit Beckers und Thomasius Zeiten, von ihrer Höhe herab in den Staub gesunken. Da diese Sache auch mit dem entwickelten Ahnungs-Vermögen in Verbindung steht, so ist es der Mühe werth, und meine Pflicht, sie genau und unpartheisch nach der Wahrheit zu prüfen.

Daß Menschen deren Ahnungs-Vermögen entwickelt ist, mit Geistern in Verbindung und Umgang kommen können, das ist aus vielen Erfahrungen gewiß; ich habe es im vorhergehenden bewiesen, und werde es noch ferner beweisen.

Eben so zuverläsig ist es, daß die Geister, mit denen ein solcher Mensch in Verbindung kommt, in Ansehung des Grades der Moralität, ihm ähnlich sind. Gute Geister gesellen sich zu guten, böse zu bösen, und mittelmäsig gute und böse, zu mittelmäsig guten und bösen Menschen. Indessen suchen auch böse Geister in Lichtesgestalt gute Menschen zu verführen. Die guten Engel aber geben sich selten mit Leuten ab, die ein entwickeltes Ahnungsvermögen haben, weil dies gegen die Natur und Ordnung Gottes ist; wenn solche Leute nicht schon weit gefördert in der Heiligung sind. Dies Alles sind unzweifelbare Erfahrungs-Wahrheiten, wie ich im Verfolg immer überzeugender zeigen werde.

§. 164.

Daß also böse Menschen entweder durch natürliche Disposition, oder auch durch Kunst, ihr Ahnungs-Vermögen entwickeln, und so auch mit bösen Geistern in Verbindung kommen können, das ist keinem Zweifel unterworfen, ob aber die bösen Geister noch die Macht haben, die ihnen der Aberglaube zuschreibt, das ist eine andere Frage. Seit dem Sieg und Triumph unseres hochgelobten Erlösers, hört ihr Despotismus, ihre Zwangherrschaft über die Menschen auf; nur diejenigen, die sich freywillig von ihnen verführen und leiten lassen, die beherrschen sie; böse gottlose Menschen sind in ihrer Gewalt, und doch auch nur so lange als sie selbst wollen. Dann kämpfen auch die bösen Geister mit allerhand Waffen gegen wahre Christen, Epheser 6. aber sie können nie siegen, oder der Mensch ist selbst schuld daran. Widerstehet dem Teufel so fleucht er von euch — Nur in den Kindern des Unglaubens treibt er sein Wesen, da übt er noch seine Gewalt aus.

§. 165.

Wenn es also Menschen giebt, die mit bösen Geistern in Rapport kommen, sich gar mit ihnen verbinden, um andern Menschen zu schaden, so ist dies doch schlechterdings unmöglich. Der Satan kann keinem Menschen schaden, kein Haar kränken, wenn man ihm nicht selbst Anlaß dazu giebt, und ihm die Thür öfnet. Was man von behexen, von allerhand Krankheiten, und körperlichen Übeln an Menschen und Vieh zu glauben pflegt, und der Hexerey zuschreibt, das ist Aberglaube, und gewöhnlich entweder Betrug, und Täuschung, oder eine Krankheit, ein Umstand, den die Ärzte noch nicht aus natürlichen Ursachen erklären können. Seitdem Jesus Christus auf dem Thron der höchsten Majestät zur Rechten des Vaters sizt, hat der Satan keine Macht mehr über Menschen, die durch Sein theures Blut erkauft sind.

Hexen und Zauberer können also durch ihre Verbindung mit bösen Geistern, niemand schaden, wohl aber, so wie jeder andere böse Mensch, durch Beybringung eines Gifts, oder sonst einer schädlichen Sache.

Ob aber nicht noch eine Zeit kommen kann, wo dem Satan volle Gewalt gelassen wird, durch seine Werkzeuge, alle seine Macht und Kraft zu versuchen, um sich vollends zum Gericht reif zu machen, und die Treue der wahren Verehrer des Herrn, durch einen Kampf bis aufs Blut, zu bewähren, das ist eine andre Frage. Das ist aber ganz was anders, als was man gewöhnlich Hexerey nennt.

§. 166.

Um meinen Lesern einen richtigen Begrif von dieser berüchtigten Sache zu geben, will ich Ihnen die Geschichte, und die wahre Beschaffenheit derselben mittheilen.

Unsre uralten heydnischen Vorfahren hatten einen Priesterorden, deren Mitglieder Druiden genannt wurden. Diese Priester hatten allerhand Geheimnisse, Opfer und Gebräuche, die sie in finstern Eichwäldern feyerten, und von denen das gemeine Volk nichts wissen durfte. Daß hiebey, besonders vor Christi Zeiten, viele Verbindungen mit bösen Geistern, und Satanische Gewalt, herrschend waren, das ist sehr wahrscheinlich.

In diesen geheimen geistlichen Orden wurden auch alte Frauen aufgenommen, die also dadurch einen ansehnlichen Rang bekamen, und Priesterinnen wurden; eine solche Person bekam den Titul Haxa oder Druide. Beyde Namen waren damals Ehrentitel; jezt sind es die entehrendsten Schimpfnamen. Wahrscheinlich rührt auch der Name Gertrud, oder Gertrudis noch daher, und sollte billig abgeschaft werden, indem er mit dem Wort Haxa oder Hexe einerley Bedeutung hat.

Diese Hexen wohnten den Feyerlichkeiten der Druiden bey, dann hatten sie aber auch noch eine ganz eigene Feyer, und ein Opferfest das in der ersten Nacht des Monaths May, immer auf einem hohen Berg gefeyert wurde, wo sie tanzten, schmausten, und ihre heydnische Götzen verehrten. Besonders war der Brocken, oder Blocksberg, vielleicht auch Bocksberg auf dem Harz berühmt, wo der Götze in Gestalt eines grosen Ziegenbocks angebetet wurde. Übrigens bestand das Amt dieser Druiden in Segen sprechen, Beschwören, Bezaubern, und Entzaubern, vorzüglich aber in Bereitung der Arzeneyen, und Heilung der Krankheiten. Deswegen muste auch immer eine gewisse Anzahl Hexen mit in den Krieg gehen, um die Verwundeten zu heilen. Daß die bösen Geister bey diesem hohen Grad des Aberglaubens, des Irrthums, und der Unwissenheit, auch wohl der Bosheit, freyes Spiel hatten, und zu welchen Gräueln also eine solche heydnische Nation verleitet werden konnte, das läst sich leicht denken.

Im südlichen Teutschland kam nach und nach das Christenthum empor, im nördlichen aber, in Ober- und Niedersachsen — zwey Länder die damals den grösten Theil des nördlichen Teutschlandes ausmachten — dauerte das Heydenthum in aller seiner Kraft fort, bis Karl der Grose, die Sachsen endlich ganz überwand, und sie mit dem Schwerd in der Faust zum christlichen Glauben zwang. Aber eben dieses Zwingen war schuld, daß sie zwar öffentlich dem christlichen Gottesdienst beywohnten, aber heimlich noch lange ihre heydnischen Gebräuche fortsezten, bis nach und nach das Licht des Evangelii alle Finsternisse verscheucht hat.

Am längsten blieben aber die Hexen in ihrer Wirksamkeit: denn da man noch keine Ärzte hatte, und also zu niemand anders Zuflucht nehmen konnte, auch zu niemand ein so groses Vertrauen hatte, als zu ihnen, so wendete man sich bey allen Gelegenheiten, wo man ihres Raths und ihrer

Hülfe benöthigt war, an sie; das Bezaubern, Entzaubern, Segensprechen, Beschwören der Geister, u. d. g. dauerte noch immer fort, und da die Hexen glaubten, daß sie das Eine nicht leisten könnten, wenn das Andere nicht damit verbunden wäre, so sezten sie auch noch heimlich, ob es gleich bey Strafe des Feuers verbotten war, ihre Opferfeste in der Walpurgis Nacht auf dem Blocksberg fort. Man will gewisse Spuren haben, daß diese Zusammenkünfte noch bis ins 17te Jahrhundert fortgedauert haben.

Vor vielen Jahren kam ein Buch unter dem Titul: Uhuhu, oder Hexen- Gespenster-, Schatzgräber- und Erscheinungs-Geschichten, Erfurt, 1785. bey Georg Adam Kayser heraus, in welchem der ungenannte Verfasser aus alten Criminal-Akten und Protokollen Auszüge liefert. Diese zeigen nun freylich die unvernünftige und empörende Methode, nach welcher man damals mit solchen armen Geschöpfen, die der Hexerey verdächtig waren, verfuhr, indem man sie durch die Folter zwang, Dinge von sich und andern auszusagen, die ihnen vorher nie in den Sinn gekommen waren; dem allem ungeachtet kommen doch auch ungezwungene Geständnisse, und zwar häufig, vor, aus denen der unbefangene Vorurtheilsfreye Leser deutlich erkennen kann, daß mit einer äusserst verdorbenen, mit den unreinsten und abscheulichsten Bildern angefüllten Einbildungskraft, auch ein entwickeltes Ahnungs-Vermögen verbunden war, wodurch dann eine solche elende Person mit bösen unreinen Geistern in Verbindung und Umgang kam, die ihr allerhand Schönes versprechen, sie auf alle Weise täuschten, ihr weiß machten, sie könne bald hie bald da ein Wunder verrichten, und dadurch denen schaden, auf die sie einen Groll hatte, im Grunde war aber alles nur Spiegelfechterey und Täuschung.

Daß solche verdorbene Personen würklich zuweilen ihren Nebenmenschen vielen Schaden gethan haben, daß ihnen auch böse Geister manchmal mit Rath und That an die Hand gegangen seyen, das will ich nicht läugnen, unmittelbar kann aber der Satan, auch durch eine solche gottlose Person, niemand schaden, wenn ihm nicht jemand selbst die Gelegenheit dazu giebt, und die Gottesfurcht beyseite sezt.

§. 167.

Mir ist eine Geschichte bekannt, deren Wahrheit ich verbürgen kann, weil sie auch aus den Akten eines alten Hexenprozesses gezogen worden: Eine alte Frau saß gefangen, wurde gefoltert und gestand alles, was man sonst den Hexen zur Last zu legen pflegt; unter andern zeigte sie auch eine Nachbarin an, welche in lezterer Walpurgis-Nacht mit ihr auf dem Blocksberg gewesen sey. Diese Frau wurde gerufen, und man fragte sie, ob das wahr sey, was die Gefangene von ihr sage? — hierauf erzählte sie, sie seye am Abend vor Walpurgis-Nacht zu dieser Frauen gekommen, weil sie etwas mit ihr zu reden gehabt habe. Bey ihrem Eintritt in die Küche, habe sie die Gefangene mit dem kochen eines Kräutertranks beschäftiget gefunden. Auf die Frage, was sie da koche, habe jene lächelnd und geheimnisvoll gefragt: »willst du diese Nacht mit auf den Brocken?« aus Neugierde und hinter die Sache zu kommen, hätte sie geantwortet: »Ja, ich will wohl.« Hierauf hätte die Gefangene eine Weile viele von dem Schmaus, von dem Tanz, und von dem grosen Bock geschwazt, hätte dann von dem Kräutertrank getrunken, und ihr ihn auch dargebotten, mit den Worten: »da trinke rechtschaffen, damit du durch die Luft fort kannst!« — sie hätte auch das Töpfgen an den Mund gesezt, und so gethan als trinke sie, aber sie habe keinen Tropfen gekostet. Während dem habe die Gefangene eine Ofengabel zwischen die Beine genommen, und sich auf den Heerd gestellt, bald

196

sey sie niedergesunken, und habe angefangen zu schlafen und zu schnarchen, nachdem sie nun eine Weile zugesehen, sey es ihr zu lang geworden, und sie wäre nach Haus gegangen.

Des andern Morgens sey die Gefangene zu ihr gekommen, und habe sie gefragt: »Nu wie hat es dir auf dem Brocken gefallen? Gelt das war herrlich?« — darauf habe sie herzlich gelacht, und ihr gesagt: sie habe nichts von dem Trank getrunken, und auch sie — die Gefangene — sey nicht auf dem Brocken gewesen, sondern sie habe mit ihrer Ofengabel auf dem Heerd geschlafen. Dann sey die Frau ärgerlich geworden, und habe ihr zugeredet, sie solle doch nicht läugnen, sie habe ja auf dem Brocken mitgegessen, getanzt und den Bock geküßt.

Diese Erfahrung giebt einen Schlüssel zu den mehresten sonst so unbegreiflichen Geständnissen der so genannten Hexen. Das war wohl einer von den Zaubertränken der alten Druiden, wodurch eine ohnehin von lauter Teufeleyen angefüllte Einbildungskraft, vermittelst des, durch den Trank verursachten Schlafs, so exaltirt werden konnte, daß die armen betrogenen Weiber selbst vest glaubten, daß alles was sie träumten, würklich geschehen seye. Auf die Art ist fast alles erklärbar, was in den Protokollen, sonst unglaubliches von ihnen vorkommt.

§. 168.

Solche Personen soll man eines bessern belehren, und sie von der Schändlichkeit ihrer Gesinnungen überzeugen. Würden sie überführt daß sie ihrem Nächsten geschadet hätten, — welches aber nicht durch die Folter geschehen darf — so bestraft man sie je nach dem Verhältnis ihres Verbrechen, aber nicht als Hexen.

§. 169.

Hier muß ich doch eines, unter den gemeinen Leuten, noch so häufig im Schwang gehenden, Lasters gedenken, welches in meinen Augen noch abscheulicher ist als die Hexerey selbst, nämlich: wenn man jemand, auf eine blose ungegründete Vermuthung hin, in den Verdacht der Hexerey bringt. Dies ist schrecklich! ich habe mehrere Beyspiele erlebt, daß Bauernweibern blos aus Haß und Neid, wenn etwa eine Kuh blutige Milch gab, oder einem Kind etwas fehlte, eine brave fromme Nachbarin, in den Verdacht der Hexerey brachten. Dieser Verdacht schleicht wie ein Pestdampf von Ohr zu Ohr, weit und breit umher, und nun ist es um das ganze irdische Glück einer solchen unschuldigen Familie geschehen; jedermann scheut sie, niemand geht ohne Noth mit ihren Gliedern um, man fürchtet ihnen abzukaufen, oder mit ihnen zu handeln, und niemand mag in diese Familie heurathen. Begeht nun der oder die, wer einen solchen Verdacht verursacht, nicht eine Zaubersünde? solche eingefleischte Teufel verdienten eher verbrannt zu werden, als eine arme Hexe.

Christus sagt ausdrücklich, daß Er an jenem Tage, jeden der so lieblos urtheilt mit eben dem Maaß messen werde, womit er seinen Nächsten gemessen habe, das heist: wer einen seiner Mitmenschen für einen Zauberer oder Hexe erklärt, den will Er als einen Zauberer, oder als eine Hexe richten.

§. 170.

Wenn man des seeligen Eckartshausen Aufschlüsse zur Magie liest, so muß man erstaunen, welche wunderbare Dinge durch die Kunst möglich sind. Aber man entdeckt auch die dunkle Gränze zwischen der Sinnen- und Geisterwelt.

In der zweyten Auflage dieses Buchs, München bey

Joseph Lentner 1791. S. 57 u. f. erzählt er eine äusserst merkwürdige, und lehrreiche Geschichte. Sie hier ganz mit seinen eigenen Worten zu erzählen, würde zu meinem Zweck zu weitläufig seyn. Ich begnüge mich also nur das Wesentliche mitzutheilen.

Eckartshausen wurde mit einem Schottländer bekannt, der sich aber nicht mit Geister beschwören, und dergleichen Charlatanerien abgab, aber doch ein merkwürdiges Kunststück von einem Juden erfahren hatte, welches er auch Eckartshausen mittheilte, und mit ihm den Versuch machte, welcher ausserordentlich ist, und gelesen zu werden verdient. Derjenige welcher einen gewissen Geist citiren lassen und sehen will, muß sich einige Tage lang geistig und physisch darauf vorbereiten. Dann sind auch sonderbare und merkwürdige Erfordernisse und Verhältnisse zwischen der Person die einen gewissen Geist sehen will, und diesem Geist nöthig — Verhältnisse welche nicht anders erklärbar sind, als daß doch hier etwas aus dem Geisterreich herüber auswittere. Nach allen diesen Vorbereitungen wird aus gewissen Substanzen, die aber Eckartshausen, mit Recht, um des gefährlichen Misbrauchs willen, nicht bekannt macht, in einem Zimmer ein Dampf gemacht, der sich augenscheinlich zu einer Gestalt bildet, die derjenigen ähnlich ist, die man sehen will. Hier ist von keiner magischen Leuchte, durchaus von keinem optischen Kunststück die Rede, sondern der Dampf bildet würklich eine menschliche Gestalt, die derjenigen ähnlich ist, die man verlangt. Den Schluß der Erzählung, will ich nun noch mit Eckartshausens eigenen Worten hier einrücken:

»Einige Zeit nach der Abreise des Fremden, (nämlich des Schottländers) machte ich selbst dies Experiment für einen meiner Freunde. Er sah wie ich, auf die nähmliche Art, und hatte die nähmliche Fühlung.

199

Die Beobachtung die wir machten war diese: So bald der Rauch in die Kohlpfanne geworfen wird, bildet sich ein weißlichter Körper, der über der Kohlpfanne in Lebensgröse zu schweben scheint.

Er besizt die Ähnlichkeit mit der zu sehen begehrten Person; nur ist das Gesicht aschfärbig.

Wenn man sich der Gestalt nähert, so fühlt man einen Gegendruck; so etwas, als wenn man gegen einen starken Wind gienge, der einen zurückstöst.

Spricht man damit, so erinnert man sich des gesprochenen nicht mehr deutlich; und wenn die Erscheinung verschwindet, so fühlt man sich, als erwachte man aus einem Traum. Der Kopf ist betäubt. Überhaupt fühlt man ein Zusammenziehen im Unterleibe: auch ist sehr sonderlich, daß man die nähmliche Erscheinung wieder ansichtig wird, wenn man im Dunkeln ist, oder aus dunkeln Körpern sieht.

Die Unannehmlichkeit dieser Sensation, war die Ursache, daß ich diese Erscheinung, so sehr oft manche in mich drangen, nicht gern machte.

Ein junger Cavalier kam einmal zu mir, und wollte mit aller Gewalt diese Erscheinung sehen. Da er ein Mensch von feinem Nervenbau, und von sehr lebhafter Einbildungskraft war, nahm ich um so mehr Bedenken, und zog einen sehr erfahrnen Arzt zu Rathe, dem ich das ganze Geheimnis entdeckte. Dieser behauptete, daß die in dem Rauch befindliche Narkotische Ingredienzien die Phantasie in heftige Bewegung bringen müsten, und nach Gestalt der Umstände sehr schädlich seyn könnten: auch glaubte er, daß die vorgeschriebene Zubereitung sehr vieles zur Imagination beytrage, und sagte mir, ich sollte einmal in sehr kleiner Dosis, für mich, ganz ohne Zubereitung den Versuch machen. Ich that es eines Tages nach der Mahlzeit, da eben der Medikus bey mir zu Mittag aß. Kaum aber war die

Dosis Rauch in die Kohlpfanne geworfen, als sich zwar eine Gestalt präsentirte: allein eine Angst der ich nicht mächtig war, überfiel mich, und ich muste sogleich dieses Zimmer verlassen. Ich befand mich gegen drey Stunden sehr übel, und glaubte immer die Gestalt vor mir zu sehen. Durch den Geruch vieles Weinessigs, den ich schnupfte, und mit Wasser trank, wurde mir Abends wieder besser. Aber ich fühlte doch gegen drey Wochen eine Entkräftung, und das sonderlichste dabey ist, daß, wenn ich mich noch dieses Auftritts erinnere, und auf einen dunkeln Körper etwas lang hinsehe, sich dieses aschengraue Bild meinen Augen noch ganz lebhaft darstellt. Seit dieser Zeit wagte ich es nun nicht mehr, weitere Versuche damit zu machen.

Der nähmliche Fremde gab mir noch einen andern Rauch, er behauptete, daß, wenn man mit demselben Kirchhöfe des Nachts beräuchere, man eine Menge Tode sollte über den Gräbern schweben sehen. Da diese Räucherung aus noch viel heftigern narkotischen Ingredienzien besteht, so wagte ich niemals diesen Versuch.

Sey die Sache nun, wie sie immer wolle, so bleibt sie doch immer auffallend, und verdient von Physikern untersucht zu werden. Ich holte bereits von verschiedenen Gelehrten und Freunden ihre Meinung hierüber ein, vor denen ich auch der Ingredienzien halber kein Geheimniß mache; nur öffentlich sie bekannt zu machen, finde ich nicht rathsam.

Den auffallenden und merkwürdigen Brief eines tiefdenkenden Mannes, den ich über dieses Phänomen erhielt, will ich hier beysetzen.

›Auszug aus einem Schreiben
de Dato W . . . 17. Dec. 1785.

—— So giebt es würklich Sachen in der Natur, von welchen sich unsre Philosophie nichts träumen läst. Die Gottheit hat dem Sterblichen vieles verhüllt, und der Ewige hat mit einem unbeweglichen Siegel manche Geheimniße der Natur für ihn verschlossen. — Nicht alles ist Einbildung; es kann auch vieles Würklichkeit seyn; denn denken Sie, Lieber! daß einst unermeßliche Meere die Scheidewand zwischen Menschen waren, die die Europäer nicht kannten, und daß es vielleicht solche Scheidewände zwischen andern Wesen geben kann, von welchen viele Sterbliche bisher noch keine Begriffe haben. — Es kann vieles Betrug, vieles Täuschung seyn; aber alles ist es gewiß nicht. Swedenburg und Falck, waren gewiß keine Betrüger, und unerklärbar ist uns doch ihr Daseyn — wird vielleicht vielen unerklärbar bleiben, bis die Traube am Stock reif, und die Zeit zur Weinlese ist. Schröpfer und Böhmer möchte ich nicht zu den vorigen zählen, obwohl mir auch sehr vieles von ihnen ein Räthsel ist. Der Mensch erfand das Schif, und kömmt mit unbekannten Völkern, die jenseits des Meeres wohnen in Umgang, warum sollte es unmöglich seyn, sich mit der Geisterwelt zu verbinden, da alles eine Kette, alles ein ganzes ist‹ — —«

§. 171.

So weit Eckartshausen; was er ferner von dieser Sache sagt, ist merkwürdig, aber hier einzurücken zu weitläuftig. Vorzüglich ist der Dunst auffallend sonderbar, der auf den Kirchhöfen die Toden zeigen soll. Ich weiß gewiß, und mein ehrwürdiger Freund Pfeffel weiß es auch, aus einer merkwürdigen Erfahrung, daß es Menschen giebt, deren Ahnungs-Vermögen, in Ansehung des Gesichtsorgans so entwickelt ist, daß sie menschenähnliche Dunstfiguren, bey Tage seltener, vorzüglich aber des Nachts, über den Gräbern sehen. Ich vermuthe daß dieses, der durch keine physische Naturkraft zerstörbare Auferstehungskeim ist. Daß aber der, der ihn zu sehen vermögend ist, nur sehr wenige, bey

weitem nicht alle, sieht, weil der ganze Dunstkreis damit
angefüllt seyn muß, rührt vermuthlich daher, daß dieser
Keim bey dem einen viel gröber, viel materieller, als bey
dem andern ist. Daß sich aber die abgeschiedene Seele in
ihm aufhalte, ist nicht wahrscheinlich; vermuthlich über-
kleidet sie sich damit, wenn sie einem Menschen erscheinen
will.

So viel scheint mir ausgemacht zu seyn, daß der fürchterliche Rauch, der sich in eine Menschengestalt bildet, diese
Gestalt im Gehirn hervor bringt, weil sie noch lange hernach
sich zeigt, wenn man auf etwas schwarzes sieht, und die
Augen schliest. Aber eben so wahrscheinlich ist es doch auch,
daß sich eine Erscheinung aus dem Geisterreich, oder doch
etwas von seiner Gränze her, mit einmischt, weil auf den
Kirchhöfen nicht eine sondern viele Figuren sichtbar werden, und es einmal gewiß ist, daß die Auferstehungskeime
(so will ich sie einstweilen nennen) nicht in der Einbildung
sondern würklich und wesentlich da sind.

§. 172.

Auch das ist merkwürdig, daß die feinen Materien die dem
Geisterreich nahe kömmen, der Gesundheit so nachtheilig
sind. Sie sind also ein kreisendes Flammenschwerd eines
Cherubs, der den Vorwiz der Menschen zurück hält, damit
sie innerhalb ihren Gränzen bleiben.

Alle dergleichen Kunststücke, wie man sie bald in Zauber-
büchern, auch hin und wieder bey Gelehrten der Vorzeit,
bald auch bey verschiedenen Personen, unter dem gemeinen
Volk, Teufelsbannern, Quacksalbern, u. d. g. antrift, sind
noch immer Überbleibsel aus dem Heidenthum: denn so
wohl in der heiligen, als auch in andern heidnischen Schriften, trift man Spuren von dergleichen Dingen an. Der

Magnetismus, Zaubertränke, Zauberdämpfe, und wer weiß, welche Mittel noch mehr, die verlohren gegangen sind, wurden angewendet, um das Ahnungs-Vermögen zu entwickeln, mit dem Geisterreich in Rapport zu kommen, und Dinge zu erfahren, die der Mensch in diesem Leben nicht wissen soll. Alle Orakel der Heiden, und alle ihre so genannte Wunder entspringen aus dieser Quelle. Ihre Zauberer und Zauberinnen waren in diese Geheimnisse eingeweiht.

§. 173.

Auch die alten Israeliten hatten einen starken Hang zu dergleichen Dingen. Die Hexe zu Endor ist ein Beweiß davon. Der König Saul hatte die Wahrsager und Zeichendeuter auszurotten gesucht, wie auch recht, und dem Mosaischen Gesez gemäß war. Indessen waren dergleichen Leute doch noch heimlich übrig geblieben, und da der König bey Gott in Ungnade war, von daher keine Antwort erwarten durfte, und doch in seiner Angst gern den Ausgang des Kriegs wissen wollte, so suchte er Rath bey der Wahrsagerin zu Endor, die wohl berühmt in ihrer Kunst seyn muste. Das Geistercitiren war also schon damals eine bekannte, aber bey Lebensstrafe, und das mit Recht, verbottene Sache.

Die Wahrsagerin bekam Befehl den verstorbenen Propheten Samuel zu citiren; der sich, wie alle Heiligen des alten Bundes, im Hades, in einer seeligen Ruhe befand, bis der Todesüberwinder, sie alle im Triumph, in seine, für sie bereitete Wohnungen einführte.

Das Weib wandte seine Künste an, aber an statt eines ihr dienstbaren Geistes, der die Rolle Samuels spielen sollte, erschien er, auf Gottes Wink und Zulassung selbst. Dies hatte die Wahrsagerin nicht erwartet, darum schrie sie für Angst, und sagte, sie sehe Elohim, etwas göttliches. Und nun kündigte Samuel dem Saul an, daß er nächster Tagen bey ihm im Toden- oder Geisterreich seyn werde. Diese Erzählung ist in mancher Rücksicht merkwürdig, weil sie bey ruhigem Nachdenken mancherley Begriffe entwickelt, die Licht über diese dunkle Sache verbreiten.

§. 174.

Ich habe mich bey dieser Materie von den Ahnungen, Vorhersagungen und Zaubereyen, oder überhaupt, vom entwickelten Ahnungs-Vermögen lange aufgehalten, allein ich hielte es um des wichtigen Resultats willen, für höchst nöthig. Dieses Resultat will ich nun hier im Namen des Herrn verwahrlich niederlegen; könnte ich es doch mit Flammenschrift schreiben, oder jedem meiner Zeitgenossen ins Ohr rufen, daß es durch Mark und Bein gienge, denn in der nahen Zukunft wird man es brauchen können.

Alle die Künsteleyen, das Ahnungs-Vermögen zu entwickeln, und mit dem Geisterreich in Verbindung und Umgang zu kommen, — jedes Bestreben dazu — ist Zaubereysünde, und von Gott ernstlich und strenge verbotten. Kommt es frommen und erleuchteten Personen von selbst, so müssen sie nichts besonderes daraus machen, sondern eher seine Folgen vermeiden als suchen, und sich dessen mit Furcht und Zittern, und mit Weisheit zum Wohl der Menschen bedienen.

Die grosen Begebenheiten unserer Zeit, spannen allenthalben das Nervensystem zu ängstlichen Erwartungen in der nahen Zukunft. Nervenschwache Personen, die nun durchs Lesen biblischer Weissagungen, und ihrer Erklärungen, anstatt sich dadurch zur Sinnesänderung, und wahren Bekehrung führen zu lassen, vorwizig zu grübeln anfangen, und die zukünftigen Schicksale errathen wollen, können leicht dadurch ihr Ahnungs-Vermögen, in höherem oder geringerem Grad, je nachdem es ihre körperliche Disposition zugiebt, entwickeln. Die damit verbundene Exaltation, die erhabene Empfindung nebst den neuen Aufschlüssen, und der Erleuchtung der Einsichten, die damit verpaart sind, überzeugt eine solche Person, daß das was in ihr vorgeht, eine ganz besondere Wirkung des heiligen Geistes sey; aber man glaube mir sicher und gewiß, daß das nicht der Fall ist. Sie kann allerdings vortrefliche höchstnüzliche Sachen sagen, auch würklich Nutzen stiften, aber man traue ja nicht, denn ehe man sichs versieht, so mischt sich ein falscher Geist in Lichtsengels-Gestalt dazu, und die arme Menschen werden irre geführt.

Sie sagen oft zukünftige Dinge vorher, die auch pünktlich eintreffen, aber das beweist durchaus nichts göttliches, wie aus dem vorhergehenden erhellet. Die wahre Gabe der Weissagung ist ganz etwas anders, wie ich nun auch zeigen werde.

Liebe Leser alle! Die grose allgemeine Prüfung, oder Versuchungsstunde, in welcher die bis aufs Blut ausharrende Treue der wahren Christusverehrer auf die Probe gesezt, und bewährt werden soll, ist nicht gar weit mehr. Dadurch werden diejenigen aus der ganzen Christenheit herausgebracht, und versiegelt, die des glorreichen Königreichs Jesu Christi, dessen Bürgerschaft, und der ersten Auferstehung werth sind.

Diese grose Versuchung wird zweyfach seyn; auf der einen Seiten wird Satan mit seinem Heer alle seine Kräfte aufbieten, diejenigen die ihrem Erlöser treu anhangen, durch kräftige Irrthümer zu verführen, 2. Thessal. 2. V. 9. bis 12. Hiezu dienen ihm nun solche Werkzeuge, die mit neugierigem Vorwiz ausgerüstet, nach Geheimnissen geizen, und sich allerhand Künste erlauben, mit dem Geisterreich in

Verbindung zu kommen. Vorzüglich aber findet er die Menschen brauchbar, bey denen sich das Ahnungs-Vermögen entwickelt, und die geheimen Lüste im Irrthum lechzen. Diese armen Seelen sind am fähigsten falsche Propheten zu werden, und dann diese wieder am fähigsten, andere zu verführen.

Wenn sie euch dann sagen werden, hie ist Christus, da ist Christus; dies wird geschehen, oder jenes wird geschehen; diesen Weg geht, oder jenen geht; jezt müst ihr aus Babel ausziehen, da- oder dorthin, so sollt ihr durchaus nicht glauben, sondern ruhig, mit wachen und beten, nur das Eine das Noth ist, im Auge behalten, und in der wahren Einfalt, und in der reinen Lehre des Evangeliums beharren, es mag euch dann darüber gehen wie es will. Er ist in den Schwachen mächtig, und legt seinen Getreuen nie schwerer auf, als sie tragen können. Ihr werdet in den schwersten Zeiten die gröste Freudigkeit empfinden, darum fürchtet euch nicht.

Auf der andern Seiten wird auch das Heer des Abfalls, so unglaublich es auch jezt scheint, solcher lügenhaften Zeichen und Wunder sich bedienen, um das einfältige Volk zu täuschen, und es zur Anbethung des Thiers zu bewegen. Ich erinnere mich noch sehr wohl, daß schon einmal die Rede, in einem gewissen Orden, davon war, und jezt kommt würklich eine grose weit aussehende Verbindung wieder empor, deren Zwecke weit aussehend sind. Merkwürdig ist es, daß auch der Unglaube anfängt, auf Verbindung mit dem Geisterreich zu denken, worüber er sonst spöttisch gelacht hat.

Wachet und betet, daß ihr nicht in Anfechtung fallet, der Geist ist willig aber das Fleisch ist schwach.

§. 175.

Als vor zwanzig und etlichen Jahren, Meßmer und Gaßner, die ersten Versuche mit dem Magnetismus begonnen, so entstand hin und wieder, auch bey frommen redlichen Männern die Idee, ob vielleicht die biblischen Wunderthäter, so gar Christus selbst, sich solcher Mittel bedient hätten? — nachher als die Würkungen des Ahnungs-Vermögens, nähmlich zukünftige Dinge vorher zu sagen, noch dazu kamen, so kam auch noch der Gedanke hinzu, ob nicht auch die Propheten durch das entwickelte Ahnungs-Vermögen geweissagt hätten?

Man meynte es gut: denn im ersten Fall hofte man der Vernunft in Ansehung der Wunder in etwas zu Hülfe zu kommen, und im zweyten, wollte man dadurch der Glaubwürdigkeit der biblischen Weissagungen eine Stütze verschaffen; allein für dieser Hülfe, und für dieser Stütze, bewahre uns der liebe Gott. Dem schon im Anfang der Verwesung sich befindenden Lazarus, konnte kein Magnetismus das Leben wiedergeben, und eben so wenig konnte magnetisirtes Wasser zu Wein gemacht werden. Alle Wunder, die in der Bibel, und der Vernunft so unglaublich vorkommen, sind uns darum unglaublich, weil wir von der Materie und den Körpern durchaus unrichtige Begriffe haben. Es ist hier der Ort nicht, diese Materie auseinander zu setzen, doch lege ich folgenden Saz als eine ewige Wahrheit, für den Forscher der Wahrheit, zum Nachdenken hier verwahrlich nieder:

Ausser Raum und Zeit, giebt es keine Materie, und keine Körper, alles ist da realisirte Idee Gottes; da besteht die ganze Schöpfung aus lauter Grundwesen, die sich jedes vernünftig denkende Wesen, je nach seiner inneren Einrichtung vorstellt. Wir Menschen müssen sie uns in Raum und

Zeit denken, aber uns nicht träumen lassen, daß sie an und für sich selbst, also in dem Verstand Gottes, oder anderer Geister eben so gedacht werden.

Wer über diesen Saz reiflich nachdenkt, der wird in Ansehung der wahren Wunder, keine Schwierigkeit mehr finden, und er wird bald erkennen, daß nur Gott allein wahre Wunder würken, das ist, ein Grundwesen in das andere verwandeln, und daß dieses gar keine Unordnung in die äussere Natur bringen kann. Ich gehe nun zu dem Begrif von den Weissagungen über, um zu zeigen, wie himmelweit sie von den Würkungen des Ahnungs-Vermögens verschieden sind.

§. 176.

Wir haben zwo Offenbarungen Gottes, die uns in die Sinnen-fallende, Schöpfung, und die Bibel, beyde zusammen enthalten alles, was uns zu unserm irrdischen und ewigen Wohl zu wissen nöthig ist. So lang irgend jemand etwas lehrt, oder weissagt, das diesen Offenbarungen Gottes gemäß, und in ihnen gegründet ist, so können und müssen wir es als göttliche Wahrheit annehmen; so bald aber dieser Lehrer behauptet, es sey ihm von Gott offenbart worden, so macht er sich schon verdächtig, weil Gott das was Er den Menschen einmal feyerlich offenbart hat, nicht noch einmal wiederholt; es ist alsdann nichts anders, als daß der heilige Geist diesen Lehrer erleuchtet hat, so daß er die von ihm vorgetragene Wahrheit deutlicher entwickeln, und eindringender darstellen kann.

Wenn jemand biblische Weissagungen erklärt, und zeigt, was allenfalls erfüllt ist, oder noch erfüllt werden muß; in diesem leztern Fall aber entscheidend spricht, oder gar behauptet, er habe göttliche Offenbahrungen darüber gehabt, so macht er sich abermals verdächtig.

Weissagt oder prophezeit jemand etwas, das gegen die göttlichen Offenbahrungen streitet, und giebt er es für göttliche Offenbahrung aus, so ist er gewiß ein falscher Prophet, streitet es aber nicht gegen die heilige Schrift, und ist doch nicht in ihr gegründet, so ist es eine neue Lehre. Dies leztere ist nun eben der Hauptpunkt, auf den es hier ankommt. Denn alle vorigen Fälle sind nicht zweifelhaft, jeder wahre Christ wird und muß Ja und Amen dazu sagen.

Wenn uns ein Mensch, den wir auch als den frömmsten kennen, etwas Neues sagt, das nicht mit den Lehren und Weissagungen der heiligen Schrift streitet, aber doch auch nicht aus ihr bewiesen werden kann, so entstehet die Frage, wie wir uns dabey zu verhalten haben? —

Es giebt sehr rechtschaffene fromme Leute, die aber das Ausserordentliche und Wunderbare lieben, und sich unvermerkt ein Lieblingssystem gebildet haben, das sie auch auf ihre Art aus der Bibel zu beweisen suchen. Wenn nun diese einen Schriftsteller, oder auch eine Person finden, die göttliche Offenbahrungen zu haben vorgiebt, und diese sind ihrem System gemäß, so nehmen sie sie ohne weiters als göttlich an, vorausgesezt, wenn derjenige der da weissagt, ein wahrer Christ ist. — Sie geben den Grund ihres Glaubens an, der in dem wahren Christen wohnende heilige Geist werde nicht zugeben, daß er mit falschen Offenbahrungen getäuscht werde. Daß dieser Glaubensgrund durchaus falsch sey, ist bald, und unwiderlegbar bewiesen.

Der seelige Gottfried Arnold, gewiß ein wahrer Christ, und ein ausserordentlich gelehrter und belesener Mann, hatte selbst einen starken Hang zum Ausserordentlichen und Wunderbaren, wie solches alle seine Schriften bezeugen; er giebt uns also in gegenwärtigem Fall, die allerunverdächtigsten Belege zu meinem Beweiß an die Hand: in seiner Kirchen- und Ketzergeschichte werden, wo nicht alle, doch gewiß die merkwürdigsten Personen angeführt, welche seit der Apostelzeiten zukünftige Dinge vorher gesagt haben; wenn wir nun alle ihre Weissagungen bis auf unsere Zeiten, genau und unpartheyisch prüfen, und mit der Geschichte vergleichen, so finden wir daß bey Allen Wahres und Falsches durcheinander gemischt ist. Bey allen ihren Offenbahrungen blicken immer eigene Lieblingsideen durch, die dann auch mit dem Wahren für göttlich gelten müsten. Keine ihrer Weissagungen ist ganz und pünktlich eingetroffen, immer nur Einiges und Anderes nicht. Man kann und soll sich also durchaus nicht auf sie verlassen, denn man weiß ja nicht, was von ihren noch unerfüllten Weissagungen wahr oder falsch ist. Es ist also auch unstreitig und gewiß, daß der heilige Geist diese gewiß fromme Seelen nicht gegen Täuschung und Irrthum gesichert hat.[*] Das ist ja aber auch natürlich: denn der heilige Geist lehrt und erleuchtet; Er giebt Kraft zur Besiegung der Sünde, und zur Ausübung wahrer Gottseeligkeit; Er erweckt Lust und Liebe zu allen Guten, und Abscheu gegen alles Böse, aber Er zwingt den freyen Willen nicht im geringsten; dem Menschen bleibt die Freyheit dem heiligen Geist zu widerstehen, Phantasien für Würklichkeit, und entwickeltes Ahnungs-Vermögen, für Gabe der Weissagung zu halten. Er verläst aber darum den Menschen nicht, wenn er nur redlich bleibt, und mit aufrichtiger Wahrheitsliebe irrt. Sobald aber der Mensch seinen Irrthum zum Lieblings- zum Glaubenssaz, zu seinem Idol macht, folglich nun ein Schwärmer wird, so weicht nach und nach der Geist Gottes; und solche bedauernswürdige Seelen, werden dann gefährliche Werkzeuge des Satans und seines Reichs.

---

[*] Unser Wissen, all unser Erkennen ist Stückwerk, sagt Paulus, der doch gewiß den heiligen Geist empfangen hatte.

Obiges Alles sage ich, im Namen des Herrn, als eine Wahrheit, auf die ich leben und sterben will, und ich sage sie deswegen, weil es seit der Erschaffung der Welt keine Zeit gab, in der es so nöthig war, als jezt.

§. 177.

Wahrscheinlich werden nun meine Leser, und zwar mit Recht, erwarten, daß ich nun auch zeige, wie sich der wahre Prophet, vom blos Ahnenden, wahre göttliche Offenbahrung, vom entwickelten Ahnungs-Vermögen unterscheide? —

Wenn jemand, auch der frömmste Mensch, bezeugt, Gott habe ihm offenbart, daß dieses oder jenes geschehen werde, oder daß es mit einer unbekannten Sache, diese oder jene Beschaffenheit habe, so kann und darf ich ihm das nicht auf sein bloses Wort glauben, denn er kann sehr leicht irren. Will ich es als eine gleichgültige Sache betrachten, die mich nichts angeht, und es wäre dann würklich eine göttliche Offenbahrung, so sündigte ich schwerlich: denn wie kann und darf mir etwas gleichgültig seyn, das mir Gott durch irgend jemand sagen läst?

Was kann und was soll ich denn nun thun?

Soll ich sagen, ich glaube dir nicht, von der Apostelzeit an, giebt es keine wahre Weissagungen, keine Propheten mehr! so wäre das eine absprechende Vermessenheit, die sich auf nichts gründet, und auch dem Geist der Weissagung entgegen ist, denn der sagt deutlich, daß in den lezten Zeiten, vielleicht nun bald, wieder Zeichen, Wunder und Weissagungen statt finden werden.

Oder soll ich ihm auf sein Wort glauben? — das kann ich nicht, weil er irren kann; auch dann nicht, wenn er sich gar auf englische Erscheinungen beruft; wenn er mir auch beweist, daß diese Erscheinungen wahr, nicht Täuschung sind, — denn wer steht mir dafür, daß das erscheinende Wesen ein guter Geist sey — und wenn ers auch wäre, daß er nicht irren könne?

Aber ich darf doch auch nicht gleichgültig dabey seyn — was bleibt mir denn übrig? — das Einzige das übrig bleibt, ist: der neue Prophet muß mir unwidersprechlich beweisen, daß ihn Gott gesandt habe, er muß mir sein Creditiv zeigen, und dieses muß in einer Thatsache bestehen, die nur Gott allein möglich ist; das ist: er muß wahre Wunder im Namen Jesu Christi thun — ich sage, wahre Wunder, denn es giebt sehr viele Geheimniße und Künste in der Natur, die wahre Wunder zu seyn scheinen, aber es durchaus nicht sind. Man lese Eckartshausens Schriften, und vorzüglich seine Aufschlüße zur Magie, so wird man sich gegen die Täuschung durch falsche Wunder schützen können. Die Wunderwerke Christi, der Propheten und Apostel zeigen, was wahre Wunder sind, und was sie für einen Karacter haben müssen.

Wir finden in der heiligen Schrift von Anfang bis zu Ende, daß Gott alle seine Gesandten an die Menschen, mit der Gabe Wunder zu thun, begabte, und Christus wuste sehr wohl, daß man den Menschen nicht zumuthen könne, Ihm und seinen Aposteln auf ihr Wort zu glauben, Er bekräftigte also seine Lehre, durch grose und merkwürdige Wunder, und seine Jünger thaten das nähmliche. Für das, und zur Bestättigung dessen was wir wissen, und was uns offenbaret worden, bedarfs nun keiner Wunder mehr, aber so bald wieder neue Offenbahrungen nöthig sind, so bald sind auch wieder Wunder nöthig; wenn mir ein Engel, ja Christus selbst erschiene, so müste Er mir beweisen, daß Er das seye, wofür Er sich ausgäbe, weil ich durch falsche Geister betrogen werden kann. Diese Vorsicht, einen solchen Beweiß zu fordern, von der wir merkwürdige Beyspiele in der Bibel finden, hat Gott nie ungnädig angesehen, im Gegentheil,

Er ließ sich mit groser Langmuth zu denen Männern herab, die Er als Werkzeuge gebrauchen wollte. Nur dann wenn sie von der Wahrheit bis zum Überfluß überzeugt seyn musten, und dann doch nicht glaubten, wie dies bey den Jüdischen Zeitgenossen Christi der Fall war, dann wurde ihr Unglaube bestraft. Merkwürdig ist hiebey, daß der Priester Zacharias, der dem Engel Gabriel nicht aufs Wort glaubte, ein Zeichen forderte, und die Stummheit zum Zeichen bekam, ein so strenges Notabene zum Beweiß erhielt. Es kommt hier alles darauf an, ob Zacharias den Engel kannte, oder nicht? im ersten Fall, war es strafbarer Unglaube, im andern, nöthige Vorsicht, daß er ein Zeichen forderte. Daß das Erste statt gefunden habe, daran ist kein Zweifel: denn Gabriel erschien gewiß nicht in einer zweydeutigen Gestalt.

Endlich kommt auch noch das hinzu, daß der Styl der Propheten weit bestimmter und erhabener ist, als der, dessen sich die gewöhnlichen Weissager bedienen. Man lese nur in obengedachter Kirchen- und Kezergeschichte, die Reden jener frommen Seelen, die geweissagt haben, so wird man bald einen grosen Unterschied entdecken.

Wenn man die Erzählung Mosis und Bileam genau betrachtet, wo wirds mehr als wahrscheinlich, daß Er durch das entwickelte Ahnungs-Vermögen geweissagt habe: ein wahrer Prophet Gottes war er nicht, das zeigt sein ganzes Betragen; daß er aber auch göttliche Reden gehört habe, wie das bey vielen, die aus dem Ahnungsvermögen prophezeyen, der Fall ist, das zeigt seine Geschichte. Merkwürdig ist, was 4 B. Mos. 24. V. 1. von ihm gesagt wird: dieser Vers lautet in der Grundsprache so: »Und Bileam sahe, daß es in den Augen Jehovah's gut war, Israel zu seegnen, darum gieng er diesmal, wie er sonst oft that, nicht zu den Wahrsagereyen, sondern« u. s. w. Es waren also damals Anstalten, wo man das Wahrsagen lernen konnte, und diese waren wohl nichts anders, als Schulen, in welchen die Künste gelehrt wurden, wie man das Ahnungs-Vermögen entwickeln, und mit dem Geisterreich in Verbindung kommen könne.

Die Art und Weise wie sich Jehovah den Propheten offenbarte, ist nicht so ganz bekannt. Indessen wissen wir so viel, daß es bald durch Gesichte, und Träume, bald durch eine vernehmliche äussere Stimme, vielleicht auch durch eine innere Einsprache ins Gemüth, bald durch die Bottschaft der Engel geschahe. Ihre Sendung wurde aber immer mit ausserordentlichen Thatsachen begleitet, und sehr feyerlich, und gotteswürdig dargestellt. Dann zielten ihre Weissagungen grosentheils auf die ferne Zukunft, wohin kein Ahnungs-Vermögen reichen kann. Jesaiah weissagte über 600 Jahr vor Christi Geburt, und sagte sein Leiden vorher; und alle Propheten kündigen Dritthalbtausend Jahr vorher, das herrliche Reich des Friedens an.

DAS VIERTE HAUPTSTÜCK.

Von Gesichten (Visionen)
und Geister-Erscheinungen.

§. 178.

Ich komme nun endlich zum wichtigsten, aber auch schwierigsten Theil meiner Theorie der Geisterkunde. Die ganze Sache wird als etwas Verdächtiges und Erniedrigendes behandelt. Es gehört zum guten Ton, zum Wohlstand, über Gespenster-Geschichten zu lächeln, und sie wegzuläugnen, und doch ist es kurios, daß man sie so gern erzählen hört, und daß sie noch dazu, der ungläubige Erzähler, gemeiniglich, so wahrscheinlich zu machen sucht, als nur immer möglich ist.

Der Aberglaube ist etwas Verächtliches und Erniedrigendes; da man nun alle Geistererscheinungen für Aberglauben erklärt, so ist natürlich, daß man sich auch der Geistererscheinungen schämt. Hier kommt es aber nun darauf an, ob denn alle Erzählungen von solchen Erscheinungen Täuschung, Lügen, und Aberglauben sind? bey weitem die mehresten sind es gewis; aber eben so gewiß, und wahrhaftig ist es auch, daß abgeschiedene Menschenseelen, nach ihrem Tod wieder erscheinen, und sich bald eine kürzere, bald eine längere Zeit, auch wohl Jahrhunderte lang, den noch lebenden Menschen zeigen, auch noch wohl Dienste von ihnen verlangen. Die Wahrheit dieser Behauptung werde ich im Verfolg unwidersprechlich beweisen.

§. 179.

Wenn ich die Würklichkeit beweise, so ist der Beweiß der Möglichkeit unnöthig; wenn man aber glaubt daß ein Ding unmöglich ist, so bezweifelt man jeden Beweiß der Würklichkeit, um also dieses zu vermeiden hab ich in den beyden ersten Kapiteln dieses Werks gezeigt, daß die gewöhnlichen Schulbegriffe vom Wesen des Menschen grundfalsch, und daß es wohl möglich seye, daß eine von ihrem Körper geschiedene Seele, wieder sichtbar werden könne. In Ansehung der Philosophie bin ich also auf dem Reinen, aber mit vielen Lehrern der Religion noch nicht: denn da alle wahre Erscheinungen abgeschiedener Menschenseelen apodiktisch beweisen, daß es einen Mittelort, ein Todenreich (Hades) gebe, in welchem sich die Seelen, die noch zu keinem von beyden Örtern ihrer Bestimmung reif sind, aufhalten, und zu einem von beyden vollends zubereitet werden, so müßen die Gottesgelehrten, welche in diesem Stück den Symbolen der protestantischen Kirchen treu bleiben wollen, entweder sagen, auch die wahresten Erzählungen vom wiederkommen verstorbener Menschen seyen nicht wahr, oder es seyen Spukereyen der bösen Geister.

Hierauf antworte ich, wenn ich meinen Beweiß der Wahrheit redlich und vollständig führe, — und das werde ich gewiß — so ist und bleibt Wahrheit, Wahrheit; eben so gewiß werde ich darthun, daß solche Erscheinungen keine Spukereyen böser Geister sind. Und dann hat ja auch die heilige Schrift ganz und gar nichts gegen meine Theorie, im Gegentheil sie begünstigt sie. Endlich bitte ich zu bedenken, ob sie würkliche Erscheinung eines abgeschiedenen Geistes, ohne mein Mitwürken — Aberglauben genannt werden könne? — ist das Aberglauben, wenn ich bey hellem Bewustseyn, einen Irrwisch, oder sonst eine seltene Natur-

erscheinung sehe? — es kommt hier nur darauf an, was ich
für einen Gebrauch davon mache? — ich werde also auch
zeigen, wie man sich bey solchen Erscheinungen vernünftig
und christlich zu verhalten habe.

§. 180.

Unter dem Wort Gesicht, oder Vision, verstehe ich eine
Erscheinung, die jemand sieht, ohne daß ein würklicher
Gegenstand da ist, die also blos in der Einbildung existirt —
sie ist also ein bloser Traum, den aber derjenige der ihn hat,
für eine wahre Erscheinung hält. Indessen unterscheiden
sich doch die Visionen von den gewöhnlichen Träumen
darinnen, daß sie Zusammenhang haben, und der Würklichkeit ähnlich sind, auch daß man sie wachend haben kann.
Ich bitte diese meine Beschreibung immer mit dem Wort
Vision zu verbinden, wenn es im Verfolg vorkommt.

§. 181.

Aus diesem Begrif ist nun klar, daß eine Vision ganz und
gar nichts bedeutet: denn sie beweist weiter nichts, als eine
sehr lebhafte Imagination, und eine natürliche Disposition,
ihre Bilder für etwas wesentliches zu halten. Hysterische
und Hypochondrische Personen sind zu Visionen geneigt.
Sie bekommen sie mit oder ohne Entzückungen; aber solche
Leute entwickeln auch leicht ihr Ahnungs-Vermögen, so
daß sie auch zugleich mit dem Geisterreich in Verbindung
kommen; da läuft dann alles durcheinander, und es gehört
viel Kenntniß und Erfahrung dazu, eine Vision von einer
wahren Geistererscheinung zu unterscheiden. Der Grund-
und Heischesatz, von dem alle Prüfungen dieser Art aus-
gehen müssen, besteht in folgendem Begrif:

Wenn mehr als eine Person, ohne vorhergegangene Communication, unvorbereitet und unerwartet eine Erscheinung, oder wenn sie auch nur einer sieht, doch Thatsachen sehen, die keinen andern Ursprung, als von der Erscheinung haben können, so ist es keine Vision, sondern eine wahre Geistes-Erscheinung. Beyspiele sollen die Begriffe vollends läutern und vollständig machen.

§. 182.

In der Mitte der neunziger Jahre, als ich an einem Sommerabend Abends um 6 Uhr mein leztes Collegium für den Tag gelesen hatte, und wieder auf meine Studierstube kam, — es war in Marburg — kam ein Student zu mir, den ich sehr wohl kannte, indem er einer meiner würdigsten Zuhörer, nach Kopf und Herz ein ganz vortreflicher Mensch war, und noch ist. Er bekleidet jezt ein wichtiges Amt, bey einem verehrungswürdigen Fürsten. Ich empfieng ihn herzlich, und ließ ihn sich zu mir setzen. Dann erzählte er mir, es sey in den funfziger Jahren etwas merkwürdiges in seiner Familie vorgegangen: sein Vater, damals ein junger Mann von etwa 20 Jahren, sey öfters von einem Geist besucht worden. Sein Grosvater, der Lehrer an einer lateinischen Schule gewesen, habe diese ganze Geschichte pünktlich aufgeschrieben, und drucken lassen, aber nur in wenigen Exemplaren, um sie seinen Kindern und Kindskindern zur Belehrung und zum ewigen Andenken zu hinterlassen. Auch einige der nächsten Anverwandten hatten solche Büchlein bekommen. Nun grif er in die Tasche, und gab mir das Seinige zum Lesen; dann verließ er mich und gieng fort. Ich laß dies höchstmerkwürdige Dokument mit Staunen, und Verwunderung; und gabs dann dem Besitzer mit Dank wieder zurück.

So unvergeßlich mir auch die Thatsache selbst war, so waren doch so viele merkwürdige Umstände damit verbunden, die ich unmöglich behalten konnte, so daß ich herzlich wünschte, dies Büchlein selbst zu besitzen oder wenigstens es dann gelehnt zu bekommen, wann ich einst dieses Buch schreiben würde, auf welches ich mich schon seit vielen Jahren vorbereitet habe, und siehe da! als ich vor ein paar Jahren durchs . . .sche Land reiste, so erhielt ich das Büchlein von einem nahen Verwandten, dessen, der den Geist gesehen hatte, geschenkt; hier liegt es neben mir auf dem Schreibtisch, ich darf es aber nicht aus den Händen geben, damit die Namen der Familie nicht ins Publikum kommen: denn das würde meinem theueren Freund, dem ehemaligen Studenten viele Correspondenz, und Portounkosten, vielleicht auch andere Ungelegenheiten, Spott und Schmach zuziehen, wozu ich nicht von Ferne Anlaß geben will. Wenn ich aber zu Steuer der Wahrheit hier einen Auszug daraus mittheile, so, daß ich keinen Namen nenne, und die Sache so erzähle, daß die würdige Familie nicht compromittirt wird, so hoffe ich, daß man mir dies nicht übel nehmen wird; die vielen Personen, die es ohnehin wissen, werden bald merken, wovon die Rede ist. Folgendes ist der Titel dieses merkwürdigen Buchs:

»Wahrhafte Erzählung von einem Geist, welcher . . . zu . . . vom ersten Januar bis den 30sten April 1755 in gewissen Periodis zum öftern erschienen. Von dem Vater desselben umständlich beschrieben im Monath May 1755, und zum Privatdruck gebracht im Monath April 1759.«

Auf der andern Seiten des Titelblatts steht folgendes Motto: »Ps. 102. V. 19. Das werde geschrieben, auf die Nachkommen, und das Volk das geschaffen soll werden, wird den Herrn loben.«

Nun folgt der Inhalt des Buchs selbst, oben drüber steht

»in Nomine Iesu Salvatoris« (im Namen Jesu des Erlösers) dann folgt die Erzählung des Vaters: Mit dem Anfang des Jahrs 1755 träumte seinem Sohn alle Nacht, es käme ein kleiner Mann mit einem blauen Rock, und braunen Brusttuch bekleidet, auch eine Peitsche um seinen Leib hangend, nach vorherigem Anklopfen zur Stubenthür herein getretten, der ihm einen guten Morgen biete, und spreche: »ich habe dir etwas zu sagen: gehe hinunter in den . . . berg, unter dem Baum bey der . . . Wiesen wirst du auf und neben einem Stein 13 Kreuzer finden, die nimm und steck sie ein, dann grabe ein wenig, so wirst du viel Geld finden.« — Dann sahe auch . . . im Traum allemal den Plaz und den Baum, wo das Geld liegen sollte, auch das Geld selbst, wie es sich zum Theil oben auf der Erden präsentirte.

Der gute Jüngling wachte allemal mit grosem Schrecken auf, und erzählte seinen Traum. Beyde Vater und Sohn hielten ihn zwar für natürlich, aber doch für merkwürdig, und erzählten ihn etlichen guten Freunden.

Nach etlichen Nächten erschien der Geist dem Sohn wieder im Traum, und wiederholte obige Worte, verweiß ihm aber dabey, daß er die Sache ausplaudere, zugleich stellte er ihm die Gestalt zweyer bekannter Männer vor, von denen er bezeugte daß sie schon nach dem Plaz gegangen wären, um das Geld zu suchen, sie würden es aber nicht bekommen.

Von dem an sahe der Sohn den Geist auch noch nach dem Wachen, und man schloß daraus, daß es kein bloser Traum, sondern eine wahre Erscheinung sey. Dies sezte die guten Leute in grosen Schrecken, besonders da der Geist nun alle Nacht kam, und der Sohn bey seinem jedesmaligen Anklopfen aufwachte. Dies geschah in jeder Nacht zwey bis dreymal, wobey dann allemal die Ermahnung das Geld zu holen, wiederholt wurde. Je öfter und je länger aber, diese

Anforderung fortgesezt wurde, desto ängstlicher wurde der Jüngling, und er erklärte sich dahin, daß er auf keinen Fall dorthin gehen, und das Geld holen würde. Um ihm allen Verdacht zu benehmen und ihn aufzumuntern, bediente sich der Geist der Anfangsworte des 23sten Verses aus 1 Cor. 11. »Ich habe es vom Herrn empfangen, was ich euch gegeben habe«, und dann empfahl er ihm, wenn er hinab gienge, das Geld zu holen, so soll er das Lied singen: »Wer Jesum liebt, und trauet Gott, dem schenkt Er seinen Seegen.«

Da nun der Sohn aus groser Angst niemals ein Wort mit dem Geist sprechen konnte, so entschlossen sich beyde Vater und Sohn, den Geist schriftlich über verschiedene Punkte zu fragen, diese Fragen schrieb der Sohn den 14ten Januar auf, und legte sie in der Schlafstube auf den Tisch; so bald der Geist die folgende Nacht kam, bemerkte er sie gleich, und beantwortete sie klar und deutlich. Hier folgen nun Fragen und Antworten von Wort zu Wort.

»IESUS.

Höre Geist! ich frage dich in Jesu Namen:
1. Wer du seyst?

Antw. Ich bin von hier, und habe das Geld mit fünf andern vergraben, diese fünf aber sind zur Ruhe gekommen, und ich noch nicht; im . . . bin ich gestorben.

2. Warum bist Du und machest auch mich so unruhig?

Antw. Warum ich so unruhig? hab ich schon gesagt, daß es nähmlich das vergrabene Geld sey, welches mich beunruhige; ich kann auch nicht eher zur Ruhe kommen, bis du es holest. Ich beunruhige dich zwar, aber du kannst dir gleich helfen, gehe nur hinunter und hole das Geld.

3. Bist du ein guter Geist, und hast noch Hülfe von nöthen, so wollte ich dir von Grund des Herzens gerne helfen, wenn es in meinem schwachen Vermögen und Kräften

stünde; weil ich aber dieses nicht thun kann, so frage ich dich in Jesu Namen, ob ich dasjenige, so du an mich begehrst, nicht durch eine andere Person verrichten lassen könne?

Antwort. Freylich bin ich ein guter Geist: und auf die Frage war die Antwort: Nein es kann mich sonst niemand als du erlösen. Ich habe schon 120 Jahre auf dich gewartet, und wenn du mir nicht hilfst, so muß ich wiederum 120 Jahr leiden, und in Unruhe seyn. Ich bitte dich, hilf mir! du kannst, wenn du hinunter gehst, zwar Leute mitnehmen, doch daß sie nicht so weit mitgehen, daß sie auf den Plaz sehen können, bis du vor das Geld hast, alsdann können sie dir es helfen heimtragen. Du kannsts nicht allein tragen, sie können ja einsweilen für dich beten; ich will selbst mit dir gehen, fürchte dich nur nicht, wenn dir gleich drunten allerhand Fürchterliches und Scheußliches vorkommt, ich will dir schon in Allem helfen.«

Dem allem ungeachtet war es dem Sohn schlechterdings unmöglich allein an den grausenvollen Ort zu gehen, und überhaupt fanden sie Alle, die Eltern und der Sohn, eine grose Bedenklichkeit bey der Sache, weil sie fürchteten, sich zu versündigen. Sie vereinigten sich also dahin, wieder einige Fragen aufzusetzen, und sie in folgender Nacht dem Geist vorzulegen, und dies geschah auf nachstehende Weise:

»IESUS.

Höre Geist! ich frage dich ferner in Jesu Namen:

1. Ob ich nicht einmal auf den angezeigten Plaz, wo das Geld liegt, ohne etwas Fürchterliches zu sehen oder zu hören gehen könne, aber mit etlichen Personen?

Antw. Das kannst du thun, du wirst nichts sehen noch hören; jedoch was hilft das dich und mich? gehe lieber gleich allein mit mir hinunter, so bin ich befreyet.

2. Warum kann ich dir nicht helfen, wenn jemand bey mir ist? ich will keine andere als fromme Leute, die du mir anzeigen kannst, mitnehmen.

Antw. Du must allein hinunter gehen, denn du allein bist mir zum Helfer ernannt, andere können dir und mir nicht helfen.

3. Soll ich nicht etliche fromme Personen und Prediger in dieser Sache um Rath fragen, weil ich fast noch nicht recht glauben kann, daß du ein guter Geist bist; unser Heyland hat ja alle erlöst, solltest du davon ausgeschlossen seyn? und wie sollte ich dich erlösen können? Jesus hat für Alle gelitten.

Antw. Nein! du hasts nicht nöthig, denn sie werden dich alle abwendig machen wollen. Zweifle doch ja nicht, daß ich ein guter Geist bin. Der Heyland hat mich zwar auch erlöst, aber von diesem Ort sollst du mir helfen, du bist dazu ersehen. Laß mich doch nicht noch 120 Jahr leiden.

4. Hab ich dann, wenn es auch seyn sollte, nicht noch einige Zeit, Raum und Plaz dazu?

Antw. Du hast noch einige Zeit hierzu, aber bis dahin hast du und ich keine Ruhe. Ich bitte dich hole das Geld.«

Hierauf bemerkte noch der Geist, daß er noch 120 Tage Frist hätte, binnen welcher Zeit das Geld geholt werden müste.

Bey allem dem waltete bey Vater und Sohn noch immer der Zweifel ob, ob der Geist ein gutes oder böses Wesen seye? — und da sie Samstags den 18ten Januar, Abends um 10 Uhr beysammen saßen, und von dem Geist redeten, auch der Vater sich besonne, ob böse Geister auch den Namen Jesus nennen könnten, weil der Geist ihn nannte, und sich nun erinnerte, daß die Geister, die Christus austrieb, Ihn oft mit diesem Namen benannten, so bemerkte er, daß sein

Sohn erstarrte, sich entsezte, und sagte: »Vater betet!« — der Vater befolgte diese Aufforderung, mit oftmaliger Anrufung des Namens Jesu, und hofte dadurch den Geist zu vertreiben, aber dieser schaute ihm ins Gesicht, und sprach: »Ich kann den Namen Jesus auch gar wohl leiden; doch weil ihr jezt so furchtsam seyd, will ich wieder fort gehen.« Welches dann auch geschahe.

Den folgenden Sonntag Abend kam des Vaters Bruder, um die betrübten Leute in ihrem geheimen schweren Kreuz zu besuchen. Indem sie so beysammen saßen, konnte der Sohn auf einmal nicht mehr reden, und legte den Kopf auf den Tisch; daran merkten sie, daß der Geist wieder zugegen sey, sie fiengen also an zu singen: »Ihr Höllengeister packet euch, ihr habt hier nichts zu schaffen.« Der Geist sang diese Worte mit heller Stimme mit, und dann verschwand er.

Den Montag als den 20ten Januar erschien der Geist wieder Morgens um 8 Uhr in der Wohnstube, und da gegen 10 Uhr des Vaters Bruder fort gehen wollte, und ihm Vater und Sohn das Geleit gaben, so kam auch der Geist die Treppe herauf, der Sohn wurde wieder ohnmächtig, und man muste ihn zurück ins Zimmer bringen, indessen sagte der Geist: »Jezt kannst du dem Vettern das Geleit geben, und zugleich das Geld holen.« Diesen Tag war das Treiben des Geistes überaus heftig. Dienstags den 21sten Januar kam er Morgens um acht Uhr in die Schulstube, der arme Geisterseher entwich in ein Nebenzimmer, der Geist folgte ihm nach, rang die Hände, und betete dreymal folgende Worte: »Herr Gott, du bist barmherzig, und deine Güte währet ewiglich! Ach! warum lässest du mich so lange leiden?« dann gieng er fort.

Um 10 Uhr kam er wieder, aber nicht in seinem vorigen Costüme, sondern in einer ganz weisen Gestalt, und sprach zum Sohn: »jezt hab ich dich 20 Tage lang gebetten, resolvire dich doch und hilf mir. Nun werde ich dich 20 Tage verlassen; willst du unterdessen hinunter gehen, und das Geld holen, so kannst du es thun; es wäre mir schon eine grose Linderung, wenn ich immer da bey dir bleiben dürfte, aber ich muß nun fort, und habe keinen Augenblick länger Zeit; in 20 Tagen, nähmlich den 10ten Februar, um diese Stunde will ich wieder bey dir seyn.«

Der Geist hielt Wort, er kam in weißer Gestalt wieder, wiederholte seine Bitte dringend, kam oft, und begleitete den Sohn allenthalben hin, ausser daß er in Gegenwart fremder Leute nicht sprach, auch freute er sich, daß er wieder bey ihm seyn dürfe.

Dienstags den 11ten Februar, Abends um 10 Uhr kam der Geist wieder in die Wohnstube, und brachte noch einen kleinen Geist, in der Größe eines 4 bis 5 jährigen Kindes, in hellglänzender Gestalt an der Hand führend mit. Dieser kleine Geist redete aber nichts, sondern sunge das Te Deum laudamus »Herr Gott dich loben wir!« so lieblich und schön, daß der Sohn alle aufrief, zuzuhören, indem er glaubte alle Anwesende müsten das Singen hören. Bis dahin hatte der Vater dem Geist immer bezeugt, daß er nimmermehr zugeben würde, daß sein Sohn das Geld allein holte; jezt zeigte er an, daß er erbetten habe, der Vater dürfe mitgehen, nur müße er 10 Schritt vom Ort entfernt bleiben, und dieses müsse folgenden Mittwochen den 12ten Februar Mittags um 12 Uhr unfehlbar geschehen; der kleine Geist würde auch dabey seyn, sie sollten sich gar nicht fürchten.

Diese Ankündigung sezte die Familie in noch grösere Angst. Der Vater betete unabläsig zu Gott um Rettung, Bewahrung und Durchhülfe, wobey er dann auch innere Tröstungen, und Gnadenversicherungen spürte. Immer aber blieb der Entschluß vest, nicht in das Begehren des Geistes zu willigen.

Der furchtbare Mittewochen, mit seiner 12ten Stunde kam; der Vater saß unten bey einem Freund am Tisch, jezt wird er hinauf zu seinem Sohn gerufen, den er in tödlicher Mattigkeit findet. Alle fallen auf die Knie und beten, denn sie glaubten, er würde sterben, allein er erholte sich wieder, und erzählte nun, der Geist sey voller Zorn zu ihm gekommen, weil sie das Geld nicht holen wollten, habe ihn auf das Herz gedrückt und gesagt: »nun will ich dir den Rest geben!« bald bezeugte er, daß der kleine Geist da wäre, und ihn anstriche, wodurch er sich vollkommen wieder erholte; dann sung der kleine Geist, in Gegenwart des Andern das Lied: »Gott der Vater wohn uns bey!« da nun der Sohn sehr beängstigt war, und im Haus für Angst nicht bleiben konnte, so wurde ein Spaziergang nach einem benachbarten Kirchdorf, in Begleitung guter Freunde vorgenommen; aber auch hier erschien der Geist zweymal, einmal unterwegens und das zweitemal im Pfarrhaus, wo er im Vorhaus stand, als sie ankamen.

Da nun der Geist immer dringender und drohender wurde, so entschlossen sich beyde Vater und Sohn, da lezterer immer noch nicht mit dem Geist reden konnte, wieder einige Fragen aufzusetzen, und sie dem furchtbaren Wesen vorzulegen. Die Fragen und die Antworten folgen hier wörtlich:

»In dem gestrigen Evangelio, hat der Herr Jesus seinen Versucher mit dem Worte Gottes abgewiesen; Ihme nachfolgend, sage ich dir und frage dich, und zwar da ich niemals im Stande bin, mündlich mit dir zu reden, wiedrum schriftlich:

Antw. Ich bin kein Versucher, jedoch ist mir lieb, das Wort Gottes zu hören; und daß du nicht mit mir reden kannst, daran bist du selbst schuld.

1. Es steht geschrieben: prüfet die Geister, ob sie aus Gott sind; daß du nun wie ich endlich zugebe, ein guter aber kein

seeliger Geist seyest, das bezeuget deine Unruhe, mithin kann und darf ich auch nicht glauben, daß dein Begehren von Gott sey.

Antw. Ich sehe deiner Eltern Zweifel wohl, da sie glauben ich sey kein guter Geist; aber siehe! ich ehre und liebe Gottes Wort, und habe die Seeligkeit durch Hofnung. Meine Unruhe ist auch keine Höllenunruhe, sondern eine von Gott mir zugeschickte Läuterung, da ich bey dem Abscheiden noch an dem Geld gehangen, von dem du mich befreyen sollst.

2. Es steht geschrieben, meine Schäflein hören meine Stimme, und sie folgen mir, aber eines Fremden Stimme hören und folgen sie nicht: diesem nach muß ich meines Jesu Stimme folgen, und bin auf keinen Geist gewiesen, als der du mir ein Fremder bist, den ich nicht kenne, noch folgen darf.

Antw. In allewege must du deinem und meinem Jesu folgen, und seiner Stimme gehorchen; aber Gott hat auch andere Wege als das Wort Gottes, das, was keine Glaubenssachen sind, zu offenbaren, wie gar oft durch Träume geschieht. Du bist mir gar kein Fremder, sondern aus meinem Geschlecht im siebenten Glied; mein Vaterland ist in Sachsen.

3. Es steht geschrieben: Ihr Kinder seyd gehorsam euern Eltern in dem Herrn; willst du mich von dem Gehorsam abwenden, so bist du wider Gott. Nun weist du gar wohl, daß meine Eltern mir nicht zugeben, in dein Begehren zu willigen, warum liegst du mir dann wider ihren Willen immer an, deinen Willen zu thun? — mache es mit ihnen aus.

Antw. In alleweg must du deinen Eltern gehorsamen, in allen nicht wider Gott streitenden Dingen; ich will dich auch von diesem Gehorsam durchaus nicht abwendig machen; weil aber dieselben dies mein Begehren verwerfen, so könntest du in diesem Fall ein Mittel vor die Hand nehmen, dieses Geld ohne ihr Wissen zu holen; ist es geschehen, so wird es schon recht seyn. Ich bin nicht auf Sie, sondern auf Dich angewiesen, und darum hab ich auch warten müssen, bis du 20 Jahr alt bist.

4. Es steht geschrieben: wer sich in Gefahr begiebt der verdirbt darinn, und einem verwegenen Menschen schlägts endlich übel aus. Warum soll ich mich nun unter Geister und Teufel, mithin in Leibes- und Seelengefahr begeben? — und wer kann mich versichern, daß mir bey Abholung des Gelds, am Leib, oder an der Seel, oder am Gemüth, nichts Gefährliches begegne; zumahl der böse Feind bey dem Geld ist, und es verwahret; auch wie du mir selbst sagst, fürchterliche Dinge zum Vorschein kommen lassen werde.

Antw. In allewege ist dieser Spruch wahr, aber merke: wer sich muthwillig und vermessen in Gefahr begiebt, der verdirbt darinnen, dies thust du aber nicht. Daß der Teufel und seine Engel ihr Geplerr dabey haben werden, ist gewiß; aber daß sie dir nicht schaden können, biß du das Geld hast, ist auch gewiß, und darum darfst du dich nicht fürchten.

5. Es steht geschrieben, kann doch ein Bruder niemand erlösen; wie soll ich dann dieses thun, und dich erlösen können? Bey unserm Jesu wird eine ewige Erlösung gefunden, der kann dir ohne dies Geld helfen, und dich in Ruhe setzen.

Antw. In allewege bleibt dieser Spruch wahr, und es wär mir übel gesagt, wenn du mich erlösen solltest; der Heyland erlöst dich mich und alle; aber dennoch sollst du bey diesem Geld als ein Erlöser auf höhere Erlaubnis dich finden lassen, und meiner Quaal, welches sonst nicht geschieht, ob es gleich dir nicht begreiflich, ein Ende machen.

6. Es steht geschrieben: unser Herr Jesus dräuete nicht,

da Er litte, sondern stellte es dem heim, der recht richtet; warum drohest du diesem zuwider mich zu plagen, wenn ich nicht in dein Begehren willige?

Antw. In allewege ist dies wahr. Ich thue dich auch ungern plagen, aber meine Noth und Angst treibt mich dazu an, deine Widersezlichkeit hat die Schuld.«

Da der Geist in der Beantwortung der zewyten Frage erwähnt, daß der Sohn dem Geist nicht fremd sondern ihm im 7ten Glied in absteigender Linie verwand seye, so suchte der Vater in seiner Stammtafel nach, und fand daß ein gewisser Laurentius ... ein Bergmann zu ... an der Sächsischen Gränze im 7ten Glied, der Stammvater seines Sohns war; da sich aber dieser Laurentius im Jahr 1566 verehlicht hatte, der Geist aber bezeugte, daß er 120 Jahr in diesem Zustand gewesen, folglich, 120 von 1755 abgezogen im Jahr 1635 gestorben seyn müste, so fand der Vater einen Zweifel in der Sache, indem alsdann gedachter Laurentius von 1566 an bis 1635 also 69 Jahr in der Ehe gelebt haben müste, welches ihm unglaublich vorkam; alsofort, den nämlichen Tag am 18ten Februar, Nachmittags um 3 Uhr erschiene der Geist wieder, und sagte: »Ihr habt meintwegen in der ...schen Stammtabell nachgeschlagen: ich bin nicht der Lorenz ... sondern dessen leiblicher Bruder, und ein Sohn Gregorii ... Pfarrers zu ... mein Vater ist mir früh gestorben, und da mein Bruder Hochzeit hielt, war ich 4 Jahr alt, und gieng mit meines Bruders Söhnen in die Schule. In den Böhmischen Unruhen bin ich bis hieher nach ... gekommen, wo ich eine Wittwe heurathete, ich war auch kein Bauer sondern ein Handelsmann.«

Durch alle diese Begebenheiten und Ängstigungen wurde der Sohn ganz elend; er suchte sich also eine Veränderung zu machen, und gieng nach ... als er bey dem Ort vorbeygieng, wo das Geld liegen sollte, sahe er einen Mohren und einen Hund auf demselben; ungeachtet allenthalben Schnee war, so war doch dieser Plaz grün; der Geist stellte sich auch wieder ein und quälte ihn mit seinen Versuchungen; bey der Rückkehr fand er alles auf die nähmliche Art, und als ihn der Geist verließ, so hörte er ein jämmerliches Klaggeschrey hinter sich.

Die tägliche und nächtliche Erscheinungen des Geistes dauerten immer fort, und seine Anforderungen das Geld zu holen wurden immer dringender; da ihm aber dies rundaus abgeschlagen wurde, so wurde er ungehalten und begehrte mit dem Vater zu sprechen, allein dieser fand Bedenken dabey, und schlug es ab. Doch sezte der Geist einen Tag zu dieser Unterredung vest, nähmlich 20 Tage später, auf Samstags den 1sten Merz Abends um 8 Uhr, oder Sonntags den 2ten Morgens zwischen 8 und 9 Uhr, und versicherte, daß dem Vater nichts geschehen sollte, doch müste er bey dem Abschied fleisig beten. Dieser aber schlug diese Unterredung durchaus ab. Bey allen Besuchen bezeigte der Geist eine grose Andacht bey dem Singen, Beten, und Lesen.

Einsmals laß der Vater das Kapitel Rom. 8, und als der Geist auch erschien, so sagte der Vater: »wenn du willst, so kannst du auch da bleiben und zuhören.« Der Geist antwortete: »O das ist mir lieb daß man mich da bleiben heist«, dann sezte er sich gleich hinter den Tisch neben den Sohn; und da im Lesen die Worte vorkamen »wir sind schon seelig in der Hofnung« u. s. w. klopfte er für Freuden die Hände zusammen, und sprach: »Ach Ja Ja! seelig in der Hofnung!«

Auch das ist anmerkenswerth, daß dem Geist aus allen seinen Fingern Feuer sprühte, wenn er wegen der Widersezlichkeit des Sohns in Zorn gerieth. Oft äusserte er auch, wenn ihn jemand zu sehen wünschte, so könnte das geschehen, allein es würde Reue darauf folgen. Als der

Vater einst sagte: er könne unmöglich ein guter Geist seyn, weil er seinen Sohn so plage, so sagte er voller Zorn: »Bald, bald, bald werdet ihr erfahren daß ich ein guter, und kein böser Geist bin, aber zu eurem Unglück.« Der Vater empfahl sich und die Seinigen dem Schuz Gottes, und es erfolgte nichts gefährliches.

Vom 2ten bis den 22sten Merz sezte der Geist seine Erscheinungen fort, aber während dieser Zeit sprach er nicht; auch auf mündliche und schriftliche Fragen erfolgte keine Antwort, indessen verließ er den Sohn fast gar nicht; in den folgenden 20 Tagen kam er gar nicht, ausser am 2ten April geschahe folgendes: Vater und Sohn giengen auf die Schulwiese, an welcher der Ort des Geldes war. Da nun lezterer jezt keine Furcht hatte, weil der Geist ausblieb, so giengen beyde auf den Plaz, aber sie sahen und hörten nichts; so bald sie von dem Ort weg waren, erschien der Geist, er war sehr ungehalten, und sagte: warum er so einfältig sey und jezo herab gehe, da sein Vater bey ihm, und alles auf dem Felde sey? er vermehre hierdurch seine Quaal, er hätte ihm ja oft gesagt: er müsse allein dahin gehen; und jezt da bleiben bis der Vater fort, und jedermann zu Haus sey.

Jezt wurde der Sohn wieder sehr schwach, er sahe auch den Mohren und den Hund wieder. Voller Angst sagte der Sohn, »o Vater wir müssen nach Haus!« die Bangigkeit wurde so groß, daß der Vater selbst in Furcht gerieth. Mit vieler Mühe kamen sie endlich zu ihrer Wohnung.

Nun waren von den 120 Tagen noch die lezten 20 Tage übrig; auf diese war den guten Leuten recht bange, denn sie fürchteten, der Geist würde nun alle seine Kräfte anstrengen, um zu seinem Zweck zu gelangen; die Furcht trieb sie zu einem anhaltenden und ernstlichen Gebet an, und dies beruhigte sie auch, besonders da der Vater merkwürdige Tröstungen im Traum erhielt.

Den 10ten April, morgens 8 Uhr erschien der Geist wieder, aber nicht mehr weiß, sondern in seinem ersten Costüm. Seine Anrede an den Sohn war: »deine Hartnäckigkeit macht, daß ich wieder so erscheinen muß.« Dann zeigte er auch an, daß nun der Sohn nicht mehr wie vormals, zu jeder Zeit, sondern nur immer in der 20sten Stunde das Geld holen könne. Dann bat er beweglich um Hülfe, indem nur eine kleine Frist mehr übrig sey.

Nach diesem erschien der Geist noch dreymal, und zwar auch nur alle 20 Stunden, nähmlich den 11ten April, Morgens um 4 Uhr, die folgende Nacht um 12 Uhr, und den 12ten Abends um 8 Uhr. In den zweyen Erscheinungen am 11ten April sagte er zu dem Sohn, er hätte ehemalen etwas zu beantworten ihm aufgeschrieben, er dürfe es aber nicht mehr beantworten. Ausser diesem redete er gar wenig mehr, sondern winselte nur erbärmlich, und schlenkerte seine Hände auf und ab, aus welchen abermals Feuer sprizte, und dies lamentabele Betragen war so gros, daß der Sohn das grausame und erbärmliche Winseln Tag und Nacht hörte. Der ganzen Familie wurde dabey angst und bange, so daß der Vater endlich beschloß eine schriftliche Erklärung aufzusetzen, und sie dem Geist vorzulegen. Nachdem also der Geist Samstags den 12ten April Abends um 8 Uhr an der Stubenthür stand, und nach und nach in die Stube kam, so las ihm der Vater folgendes vor:

»Im Namen Jesu bezeuge ich dir, o du armer Geist!

1. Daß dein betrübter Zustand mir und den Meinigen sehr zu Herzen gehe; und jammert uns, daß wir nicht im Stande sind, dir zu helfen.

2. Daß es von meinem Sohn durchaus keine Hartnäckigkeit, daß er bisher in dein Begehren nicht gewilligt, allermassen dir ja seine Ohnkraft, und Unvermögen hierzu, wohl bekannt seyn muß, indem er, da er doch deiner Gestalt

einmal sollte gewohnt seyn, gleichwohlen niemals noch mit dir reden können, sondern bey jeder Ankunft gleichsam als ohnmächtig da gesessen oder gelegen.

3. Ist dir bekannt, daß wir ohnlängst in das Thal, und auf den Plaz gekommen, wie ängstlich und betäubt, auch ganz entkräftet er aber damals worden, weist du auch, und hat er die Teufel nur von Ferne gesehen, doch aber ein solches Entsetzen darüber bekommen, daß er sich auf den Berg in den Wald begeben müssen, wie sollte er nun im Stande seyn, gar unter die Teufel hinein zu gehen?

4. Hast du gestern gesagt: daß wenn er dir nicht helfe, würde er sein Lebtag kein Glück und Seegen haben. Da möchte ich gerne wissen, ob du dieses von Gott oder vom Satan her hast?

5. Ach wir lassen dich gar ungerne hülfloß fortgehen, allein was sollen wir thun, oder anfangen, daß dir geholfen werde? kanst du so gieb Antwort und Bescheid.

Ich überlasse dich der Barmherzigkeit Gottes, der Erlösung des Herrn Jesu, und dem Trost des heiligen Geistes, Amen!«

Von hier an wird mein Büchlein so merkwürdig, daß ich die wichtigsten Stellen mit den eigenen Worten des Vaters einrücken muß. Er sagt:

»Unter und nach diesem Ablesen nun, sagte der Geist zu meinem Sohn: ›Ich will dir ein Lied aufschlagen und zeichnen, dieses bete und singe fleisig‹, hat darauf des Sohns Handbibel, welcher auch ein klein Gesangbüchlein beygedruckt ist, oben vom Brett herunter genommen, solche aus dem Futteral gezogen, und ihm das Lied: ›O Herre Gott begnade mich‹ u.s.w. aufgeschlagen, ihme sonderlich den 3ten Vers: ›Von den Blutschulden mich errett‹ u.s.w. mit dem Finger gewiesen, dann eine Schnaupe (ein Ohr) an das Blatt gemacht, und die Bibel wieder an ihren Ort gestellt, worauf er mit den Worten, ›nun werde ich etliche Zeit ausbleiben‹, wieder fortgegangen.

Sobald sagte mein Sohn, was der Geist mit der Bibel vorgenommen, und meinte, wir müsten diesen Vorgang auch gesehen haben, begehrte auch, die Bibel geschwind herab zu langen, weilen aus selbiger, wie der Geist solche aus dem Futeral gezogen, ein Dampf gegangen sey, und da wir solche herab langten, fanden wir mit Erstaunen, wie an beyden Decken oben wo der Geist sie angegriffen, und aus dem Futteral genommen, das Leder eingeschnorret, und verbrannt war, und beym Aufmachen sahen wir gleich das Lied, ›O Herre Gott begnade mich‹ u. s. w. mit einer Schnaupe gezeichnet; linkerseits aber, wo er die Bibel mit der linken Hand, und zwar mit einem Finger und dem Daumen gehalten, ware aussen an der Decke, wo der Finger angesezt war, das Leder auch eingeschrumpfen, und verbrannt, innwendig aber, wo der Daum gehalten worden, 2 Blätter ganz durch- und die 5 nächstliegenden durchschlagender, versengt und schwarz gebrandt, und wo er mit einem Finger den Vers: ›Von den Blutschulden mich errett‹ u. s. w. gewiesen, da war ebenfalls der Fingerzeig schwarz, und versenget, dabey sichs an gedachten Brandorten ansehen läst, daß die Finger nicht fleischern, sondern als ein Gerippe gestaltet sind. Wie dann dieses fürchterliche Denkmahl, in dem Gesangbüchlein dieser Bibel — (welche zu Wittenberg Anno 1696. in 12mo gedruckt, und in Franzband mit goldnen Schnitt gebunden) — ad oculum demonstriret werden kann, gedachte Bibel auch desfalls zu einem immerwährenden Andenken und Wunder aufbehalten werden solle.«

Dies ist nun auch geschehen, die Familie besizt diese äusserst merkwürdige Bibel noch, viele bewährte Personen haben sie gesehen, und können sie noch immer sehen.

Dieser Vorgang sezte alle Hausgenossen in die gröste Bestürzung, Furcht und Verwunderung, und da man nicht wuste, was noch ferner geschehen könnte, so wurde beschlossen mit einem benachbarten frommen Prediger Rath zu pflegen. Montags den 14ten April gieng also der Vater zu diesem Pfarrer und erzählte ihm die ganze Sache im engsten Vertrauen; dieser würdige Mann staunte und wunderte sich, indessen gestand er auch, daß ihm die Sache zu wichtig sey, als daß er ihm Rath ertheilen könne, doch wieß er ihm des seeligen Dr. Speners Theologische Bedenken an, in welchen auch von Geistererscheinungen gehandelt wird; dann versprach er auch selbst nachzudenken, und ihm dann seine Meinung mitzutheilen. Die Frage, warum es eigentlich zu thun war, bestund darinnen: ob dem Geist mit Singen und Beten des angezeigten, und so fürchterlich markirten Lieds, »O Herre Gott begnade mich«, mit gutem Gewissen willfahret werden könnte?

In Speners lezten Theologischen Bedenken, im ersten Band, findet sich ein ganzer Abschnitt von Geistererscheinungen, und auch folgende, in gegenwärtigem Fall, entscheidende Stelle:

»Daher ich in diesem Fall das Sicherste, ja bis auf eine oder andere Seite genugsame Überzeugung folget, nöthig achte, nicht allein in dem Urtheilen selbsten, sich nicht zu übereilen, sondern sich insgesamt in der ganzen Sache also zu comportiren, daß man einestheils, wo Gott etwas darunter hätte, weder lästerte, noch ganz aus der Acht liese, deswegen nichts des Guten, worzu die Erscheinung vermahnet, und anderwärts her, solchen göttlichen Willen zu seyn bekannt ist, um derselbigen willen unterlasse. Anderntheils wo das Werk vom Satan wäre, und er sein Affenspiel darunter anstellen wollte, nichts seiner Lust einräume, sondern allein vest an Gottes Wort halte, und ohne Unterlaß den Herrn herzlich anrufe, uns seines Willens zu versichern, und nicht betrogen werden zu lassen, u. s. w.«

Diesem Rath, des erleuchteten frommen Theologen, zufolge, wurde nun das Lied nicht nur ohne Bedenken, Morgens und Abends von der Familie gesungen, sondern der Sohn betete und sunge es, nach des Geistes Verlangen, oft und vielmals.

Nach wenigen Tagen lief auch das von obengedachtem Prediger versprochene schriftliche Bedenken ein; dieses bestunde summarisch in folgenden acht Punkten:

1. Daß es gute und böse Engel gebe, auch diese und jene erscheinen können, ist eine göttliche Wahrheit.

2. Die bösen Engel können nicht ohne Gottes Zulassung, und die guten wollen nicht ohne Gottes Sendung und Willen erscheinen.

3. Die guten Engel können bey ihren Erscheinungen nichts wider Gott; und die bösen Engel nichts für Gott, seine Ehre, und der Menschen wahres Beste suchen.

4. Der guten Engel Verrichtung an den Menschen darf nichts seyn, so direkte oder indirekte wider Gottes Offenbahrung in der heiligen Schrift gehet.

5. Eben so wenig kann ein erscheinender guter Geist oder Engel etwas von uns verlangen und thun, was wider die Liebe streitet.

6. Wenn demnach ein Geist, der die Gestalt eines Engels des Lichts darstellt, etwas verlangt so wider die Menschenliebe wäre, so kann man ihn für keinen guten Geist oder Engel halten.

7. Von einem Menschen und Christen etwas verlangen, das mit zweiffelhaftem Gewissen gethan werden muß, ist wider die Liebe.

8. Da nun der erscheinende Geist dieses thut und ver-

langt, auch noch dazu droht, und den Leib plagt, so ist derselbe keinesweges zu hören, sondern als ein Versucher zum Bösen abzuweisen.

SCHLUSS.

Die Seelen, welche solcherley Erscheinungen und Versuchungen nach Gottes heiligen und heilsamen Rath, mittel- oder unmittelbar betreffen und angehen, hätten sich solches zum Besten, zu aller Treue, und neuem Eifer im Christenthum, zum wachen und streiten nach Ephes. 6. V. 10. u. f. somit aber zum Preiß Gottes, und Verherrlichung Jesu Christi unter ihnen und andern, wo solche Sache, nach Maasgab christlicher Klugheit und Vorsicht, wohl angewendet ist, kräftig dienen zu lassen. Gott richte die ganze Sache zu solchem seel. Ende um Christi willen. Ja, Er wird es thun, denn Er ist getreu. 1 Cor. 10. V. 13.

Dieses Bedenken, so wie das obige Spenerische, hatte die Würkung, daß sich Vater und Sohn noch vester entschlossen sehr vorsichtig zu Werk zu gehen; sie hielten also an im Gebet und Danksagung, für die bisherige gnädige Bewahrung, und faßten das veste Vertrauen zu Gott, Er werde sie nun auch ferner beschützen.

Die folgenden Blätter des Büchleins sind so wichtig, daß ich für nöthig achte, sie von Wort zu Wort hier abzuschreiben.

»Indeme aber der Geist von obgedachtem 12 ten April an, die folgende Zeit und Monath hindurch nicht mehr zu sehen noch zu hören war, so dankten wir zugleich Gott für diese Ruhe, und vermeinten, er werde vielleicht gar aussen bleiben; allein es war der lezte Tag und Stunde von den 120 Fristtagen des Geistes noch nicht da, auf welche Zeit wir gleichwohl immer noch zwischen Furcht und Hofnung gewartet.

241

Nun dieser Tag welches der 30ste und lezte April, und der Mittwochstag vor Philippi und Jakobi war, erschiene endlich, und da Nachmittags die achte Stunde herbey kam, da kam auch schnell und unversehens der Geist zur Stube hereingetretten, nicht aber in seiner ersten und andern — sondern viel weissern, und hellern Gestalt; er bezeigte eine grose Freudig- und Vergnügsamkeit, dankte meinem Sohn, daß er das gesezte Lied — (so nannte es der Geist) — bishero gesungen und gebetet, und zeigte an, wie er Kraft dessen würklich von dem Plaz und Geld erlöset, und gänzlich befreyet, gleichwohlen aber noch nicht völlig zur Ruhe gekommen sey, welche er aber jedoch zu hoffen habe; versicherte dabey, wie er, mein Sohn, das auf dem Plaz liegende Geld haben solle und müße, auch gewiß auf eine wundersame und unbegreifliche Art bekommen werde, wann aber dieses geschehe, wisse er nicht, es könne vielleicht noch lang anstehen.

Hierauf verlangte der Geist, daß mein Sohn mit ihm niederknien, und beten sollte; er thats, und da hat dann der Geist ein ziemlich langes und meist mit Schriftworten abgefaßtes Gebet meinem Sohn vorgesagt, welches derselbe laut nach - und also mit dem Geist gebetet; wobey sonderlich merkwürdig, daß vormals, so oft der Geist erschienen, mein Sohn wohl alles, was der Geist geredet, auf das eigentlichste gehört, verstanden und behalten, aber niemals im Stande gewesen, auch mit ihme zu reden, er dieses mahl aufrecht geblieben, und sonder Ohnmacht mit ihm reden, und laut beten können. Ist aber nur zu bedauern, daß diesmalen wegen groser Consternation, das Gebet selbst Verbotenus, und nach seiner Länge, nicht recht hat gefaßt, und behalten werden können; doch war selbiges summarisch folgenden Inhalts.

›Heiliger, gütiger und barmherziger Gott! gros von Rath,

und mächtig von That; du kannst alles, vermagst alles, deine Gewalt ist groß, und deine Gerichte sind unbegreiflich, dir allein gebührt Lob, Ruhm, Preiß, Dank und Ehre. Du erniedrigest und erhöhest, du hilfst in Nöthen, errettest vom Verderben, und erlösest vom Tode; du stösest in der Höllen Rachen, und führest wieder heraus; du errettest von den Blutschulden, und vergiebst Missethat, Übertrettung und Sünde, du erzeigest mir Gnade und Barmherzigkeit; du setzest mir eine güldene Krone auf mein Haupt; du setzest mich an deinen Tisch, wo die schneeweisen heiligen Engelein sitzen, und lässest mich sehen deine Güte die ewiglich währet, durch das Verdienst, und die Erlösung Jesu Christi. Heilig, Heilig, Heilig ist Gott der Herr Zebaoth! und alle Lande müssen seiner Ehre voll werden, Amen. Die Liebe und Barmherzigkeit Gottes, die Gnade Jesu Christi, und die Gemeinschaft und Trost des heiligen Geistes sey mit uns jetzo und in alle Ewigkeit. Amen.‹

Nach Vollendung dieses Gebets sagte der Geist zu meinem Sohn: ›gieb mir etwas, damit ich dir meine Hand geben kann‹, wobey er auch zugleich seine flache Hand darhielte; mein Sohn sagte mir dieses, worauf ich ihm mein Schnupftuch, ihm solches zu geben darreichte, der Geist sprach aber: ›nicht das, sondern von dir muß es etwas seyn‹, worauf mein Sohn sein eigen Schnupftuch aus der Taschen zog, und solches dem Geist auf die Hand legte, welches wir aber gleich wieder herunter fallen gesehen, und auf dem Boden liegen lassen. Nach diesem gab der Geist meinem Sohn die Anweisung, daß er von dieser Geschichte, keinem, der solche nicht glauben würde, etwas sagen sollte, versicherte ihn auch darnebst, daß er hinführo keine solche Aversion mehr vor dem Plaz haben werde, und thate hierauf folgenden Wunsch: ›Gott bewahre dich und alle meine Anverwandte vor einem solchen Leben, welches dergleichen

Quaal und Unruhe nach sich zieht!‹ seine lezten Worte waren: ›Jezt gehe ich fort von dir, du wirst mich nun nimmermehr sehen.‹

Hierauf wurde das Schnupftuch, welches Leinen, und blau und weiß gestreift ist, vom Boden aufgehoben und besichtiget, und da sahen wir abermal mit Erstaunen, wie fast in der Mitten, wo der Geist solches genommen, die fünf Finger einer Hand eingebrannt, und zwar so, daß der Zeiger- und Mittelfinger zu einem kleinen Theil ganz durch, der Daum und die andern zwey Finger aber schwarz gebrannt, und versengt waren; wie dann dieses auch so fürchterlich marquirte Schnupftuch, samt der Bibel, bey diesem Verzeichnis gelegter, denen Nachkommen zu einem immerwährenden Andenken solle aufbehalten werden.«

Dieses Schnupftuch ist im . . . schen bey Freunden und Bekannten herumgeschickt worden, die es mit staunender Verwunderung gesehen, und untersucht, mir es erzählt, und die Wahrheit der Sache bezeugt haben. Der Vater fährt fort:

»Und so hat dann der barmherzige Gott die 120 Tage lang nach seinem heil. Rath und Willen über uns verhängte Plage, wiedrum gnädig von uns hinweggenommen, und auf eine wundersame Art und Weise das End derselbigen uns sehen lassen. u. s. w.

Damit aber oben belobter frommer Prediger dem ich diese Sache anvertrauet, und desfalls consilirt, so wohl, als meine anwesende Kinder und Bruder diese Geschichte in ihrem Zusammenhang lesen, und mit uns den Herrn preisen, auch meine Nachkömmlinge zum Nutzen ihrer Seele dereinst erfahren und vernehmen möchten, was vor merkwürdige Dinge ihren Vorfahren begegnet? und wer eigentlich diejenigen gewesen, welchen ein Geist, der vor 120 Jahren seinen Leib verlassen, erschienen? so ist diese Geschicht nach dem wahren Verlauf der Sache, von mir durch die Hand meines Sohns, aufgezeichnet worden, wobey, und daß solches nicht in Persona prima, nähmlich von meinem Sohn selbst geschehen, melde, daß ich, weil der Sohn bey dem Vorgang selbst, meist kränklich und schwächlich, und zumal wegen des Geists-Gesichts in den Augen blöd und entkräftet gewesen, alle Umstände bey jeder Erscheinung sogleich in mein Diarium eingezeichnet, und also die ganze Sache durch mein Concept gegangen. Indessen ist alles obbeschriebene meinen Angehörigen, wie meinem Sohn und mir selbst bekannt, denen Nachkommen zur vesten und glaubhaften Versicherung aber, wird es von mir und gedachtem meinem Sohn, als der Hauptperson von dieser Begebenheit beygehends mit eigener Hand und Siegel attestirt, und confirmirt. So geschehen zu . . . so ein Evangelisch Lutherischer Marktflecken im . . . Ritterkanton . . . ohnfern der . . . zwischen . . . und . . . gelegen, den 16 ten May 1755.

Einer Höchst- Preißlich- Kaiserl. Commission in . . . und . . . Debitsache, der Zeit verordneter Administrations-Verwalter, auch Freyherrl. . . . Gerichts-Schreiber und Schulbedienter dahier.

. . . .

. . .

(L. S.)

Daß vorstehende Geistes-Geschichte nach allen und jeden Umständen, wie solche mein Vater aus meinem Mund auf- und durch meine Hand zusammen geschrieben, also sich zugetragen, und das, was in vorhergehenden 26 Blättern verfasset, die dürre und reine Wahrheit, worauf ich leben und sterben kann und will, sey, und in sich halte, das be-

245

zeuge mit diesem, und meiner eigenhändigen Unterschrift und Siegel. . . . den 16ten May 1755.

. . . .

. . .

p. t. . . . allhier.

(L. S.)«

§. 183.

Zulezt folgt noch ein Anhang zu dieser Geistergeschichte, den ebenfalls der Vater verfaßt, und der eben so feyerlich von Vater und Sohn unterschrieben, und besiegelt worden, mit diesem verhälts sichs folgender Gestalt:

Aus voriger Erzählung ist bekannt, daß sich dreymal ein schöner hellglänzender kleiner Geist, in Gesellschaft des Grösern habe sehen lassen. Dieser kleine Geist erschiene noch fernerhin von 20 zu 20 Tagen, ohne etwas zu reden.

Am 29sten August 1755 Mittags um halb 12 Uhr kam er zur Stubenthür herein, gieng in der Stube auf und ab, und sung den 5ten Vers aus dem Lied, »Meinen Jesum laß ich nicht«, welcher also lautet:

»Nicht nach Welt, nach Himmel nicht,
Meine Seele wünscht und sehnet,
Jesum wünscht sie und sein Licht,
Der mich hat mit Gott versöhnet,
Der mich freyet vom Gericht,
Meinen Jesum laß ich nicht.«

Nach diesem wendete er sich zum Sohn: und sagte zu ihm: »Fürchte dich nicht, du kennest mich ja schon. Ich gehe nun 120 Tage von dir, sey auf deiner Hut«, und damit verschwand er.

Die lezten Worte, »sey auf deiner Hut«, sezte die guten Leute wieder in Verlegenheit; der Sohn verfaßte ein Gebet auf diese Umstände, das er Morgens und Abends andächtig betete. Einmal hatte er einen furchtbaren Traum, in welchem ihm ein Engel einen grosen Schaz brachte, den aber der Satan wieder wegholte, dann kam auch der Tod, und sagte: »ich komme auf Gottes Befehl« u.s.w.

Endlich kam auch der bestimmte 120ste Tag, dieser war der 27ste Dezember; bey dem Anfang desselben, Nachts um 12 Uhr erschien der kleine Geist wieder, und sung aus dem Lied, »Herr Gott nun schleuß den Himmel auf« u.s.w. folgende Worte:

> »Hab gnug gelitten,
> Mich müd gestritten,
> Schick mich fein zu,
> Zur ewgen Ruh;
> Laß fahren was auf Erden,
> Will lieber seelig werden.«

Nach diesem Gesang wendete er sich zum Sohn, und sagte:

»Siehe! ich komme meinem Versprechen nach abermal zu dir, fürchte dich nicht, denn dein Elend hat nun ein Ende; und bleibest du in der Furcht Gottes, so hast du lauter Labsal zu hoffen; ich bleibe nicht lange bey dir, sondern gehe auf eine, und etliche Zeit von dir, aber wie ich stets an dich gedenke, so denke du auch an Gott und an mich.«

Jezt sunge er obige Worte nochmahls und verschwand.

§. 184.

Diese äusserst merkwürdige Geschichte hab ich deswegen so vielen Erzählungen dieser Art vorgezogen, weil sie ausser allem Zweifel vollkommen wahr, und zugleich zu meinem Zweck sehr lehrreich ist. Daß sie in zweyfachem Sinn wahr sey, läst sich leicht beweisen: denn fürs Erste, wenn sie ganz und durchaus erdichtet wäre, so wüste ich mir keine vermessenere und gottlosere Spizbüberey zu denken als eben diese; und zu dem würde ja damals bey dem Druck des Büchleins, die ganze Familie der Lüge widersprochen haben. Hiezu kommt noch, daß der ganze Caracter der Erzählung, oder die Art des Vortrags, der Dichtung gerade zu entgegen ist; und fürs zweyte, wollte man sagen, der junge Mensch habe blos Visionen gehabt, es seyen nur Täuschungen der Imagination gewesen, so widerlegt dieses die versengte Bibel, und das angebrannte Schnupftuch, denn beyde Stücke sind zuverläsig da, und können von jedermann gesehen werden. Ich schliese also nun mit vollem Recht, daß diese Geistererscheinung eine wahre und unläugbare Thatsache sey, und wenn sie das nun ist, was können wir dann daraus lernen? — Dieses will ich suchen nach Wunsch zu beantworten.

§. 185.

Das Erste was hier zu bemerken vorkommt, ist: daß nur der Sohn allein, und sonst niemand den Geist gesehen habe. Dies beweist meine Theorie von Entwicklung des Ahnungs-Vermögens: der Geist war, aus verborgenen Ursachen nicht in der Lage, daß er öffentlich erscheinen durfte: denn er erklärte sich darüber, indem er sagte: er könne sich auch wohl dem Vater zeigen und mit ihm reden, aber es würde ihn reuen; daher bediente er sich des jungen Menschen, als bey welchem er eine Disposition zur Entwicklung des Ahnungs-Vermögens fand; diese Entwicklung bewürkte er nun nach und nach dadurch, daß er im Schlaf, wo alle Sinnen ruhen, auf seine Einbildungskraft würkte, und ihr sein Bild so oft vorstellte, und eindrückte bis es haftete, und sich der Geist nun dadurch ihm anschaulich machen, ferner auch auf seine innern Sinne würken, und mit ihm reden konnte. Mit einem Wort: der Seher wurde bis auf einen gewissen Grad Somnambül und kam mit dem Geist in Rapport; dieser übertrug ihm dann seine Gedanken ins Gehör-organ, so wie man im Traum sprechen hört, und es also ein anderer, ob er wohl gegenwärtig ist, nicht vernehmen kann. Der Geist aber der keine Organisation mehr für die Sinnen- oder Körperwelt hatte, las alles was vorgieng in der Seele des Sehers. Was also der Vater sagte, das sahe oder hörte, der Geist in der Vorstellungskraft des Sohns, so wie eine magnetisirte Person, wenn sie in hohem Grad hellsehend (Clairvoyante) ist, auch die Gedanken und Vorstellungen dessen deutlich erkennt, mit dem sie in Rapport gesezt wird, wenn aber dieser auch in der Seele der magnetisirten Person lesen will, so muß er in eben den Zustand versezt, und Somnambül, oder welches eins ist, sein Ahnungs-Vermögen muß entwickelt werden. Durch die Erfahrungen die man mit dem Magnetismus gemacht hat, wird man in den Stand gesezt, das Unbegreifliche bey den Geistererscheinungen zu erklären.

§. 186.

Aber nun das Anliegen des Geistes selbst — wie schrecklich! — Hundert und zwanzig Jahr hängt er mit Sehnsucht an dem Geld, das ihm doch nichts mehr nützen kann; das heist wohl recht, wo euer Schaz ist, da ist euer Herz, und der Gedanke, dieser Reichthum müsse wieder an den rechten Erben kommen, quält ihn wie eine Furie, vorzüglich weil er nun der Sinnenwelt abgestorben, in der Geisterwelt lebt, und also sein Verlangen, nach dem gewöhnlichen Lauf der Natur nicht befriedigen, keinem lebenden Menschen ent-decken kann. Endlich fand er dann einen seiner Nach-kommen, der die physische Disposition hatte, daß er auf ihn würken, und sein Ahnungs-Vermögen entwickeln konnte; dies erfuhr er vermuthlich von einem kürzlich Verstorbenen der den jungen Menschen kannte.

§. 187.

Man muß aber ja nicht glauben, daß die ganze Sache so gut und recht, oder dem Willen Gottes gemäß war; keineswegs! der Geist kam ja auch zur Ruhe, ohne daß das Geld gehoben wurde; er irrte darinn, daß er glaubte, er würde zur Ruhe kommen, wenn er seinen Schaz an den rechten Mann brächte, seine Ruhe bestand vielmehr darinnen, daß er sich zum Erlöser wendete, und seine Anhänglichkeit ans Irrdische verläugnete; welches auch am Ende geschahe, als Vater und Sohn streng darauf beharrten, sein Geld durchaus nicht holen zu wollen.

Diese Gesinnung beyder frommen Personen ist sehr merkwürdig, und mancher wird bey dem Lesen dieser Geschichte gedacht, und sich gewundert haben, warum sie doch das Verlangen des Geistes nicht erfüllten, denn es war dem Ansehen nach nichts unrechts? Allein die Vorsehung waltete über ihnen, und die Angst des Sohns, verbunden mit der Sprachlosigkeit, war gewiß eine höhere Veranstaltung, denn dadurch wurden sie vorzüglich abgeschreckt, den Willen des Geistes zu erfüllen: denn gesezt, sie hätten ihm gefolgt, so hätten sie höchstwahrscheinlich nichts gefunden, denn das was der Sohn auf dem Plaz sahe, war ein bloses Blendwerk, das sich der Geist selbst dahin schuf, und zwar nach den herrschenden abergläubischen Ideen, die er aus seinem Erdenleben mit hinüber genommen hatte, daß nämlich böse Geister die vergrabenen Schätze bewachten, welche Ideen er dann auch in die Imagination des Sehers übertrug, so daß dieser auch glauben muste, er sehe würklich böse Geister in Gestalt eines Mohren und eines Hunds.

§. 188.

Mir sind wahrhafte Geschichten bekannt, daß die Geister-
seher in unterirrdische Gewölbe geführt worden, wo sie
ungeheure Schätze, und um dieselben her, sie bewachende
Geister gesehen, die sich aus Anhänglichkeit ans Irrdische,
diese Blendwerke geschaffen hatten, und sie für etwas
Wesentliches hielten, aber im Grund war ganz und gar
nichts da. Man sieht also hieraus, daß die abgeschiedenen
Menschenseelen eine schaffende Kraft haben, so daß sie ihre
Produkte sich und andern anschaulich machen können.
Man denke über dies Vermögen bey guten und bösen
Geistern weiter nach, so wird man erstaunliche Entdek-
kungen machen.

§. 189.

Jezt denke man sich den Fall, Vater und Sohn hätten dem
Geist gefolgt, der Sohn wäre hingegangen, hätte das Blendwerk aufgegraben, und nach Haus geschleppt, wo er dann
zuverläsig nach der hand nichts als rohe wilde Erde würde
gefunden haben, was wäre nun aus dem Geist geworden?
entweder hätte er geglaubt, der Sohn sey dieses Schatzes
nicht würdig, und hätte sich noch immerhin in den Besiz
desselben geträumt, wie bisher, mithin sich auch eben so
gequält; oder er hätte nun gefunden, daß sein Geld verlohren seye, daß es also nie an den rechten Erben kommen
könnte, wodurch dann sein Jammer noch gröser, und lang-
wieriger geworden wäre.

Ich will aber auch den Fall setzen, das Geld wäre nicht
von denen, die es vergraben halfen, abgeholt worden, sondern es wäre wirklich noch da gewesen, so wäre der Geist
freylich ruhig, vielleicht auch verklärter geworden, weil sich
der Glanz der Geister wie ihre Gemüthsstimmung verhält;

aber er wäre dadurch gewiß nicht zu einer höhern Stuffe befördert worden, sondern seine Anhänglichkeit an das Geld wäre geblieben, und er würde nun immer gesorgt haben, ob es auch wohl und nüzlich angewendet würde? mit einem Wort, er muste diesem Mammon ganz absterben.

§. 190.

Wie konnte aber der Geist die geschriebenen Aufsätze lesen? — Antw. So wie eine Somnambüle liest, was man ihr auf die Herzgrube legt, oder wie die Frau in Lyon, durch den Rapport mit andern Personen, die das Geschriebene in der Hand halten, oder seinen Inhalt wissen.

§. 191.

Wenn der Geist zornig, oder auch sehr betrübt, wenn folglich eine Leidenschaft in ihm herrschend war, so sprüzten Funken aus seinen Fingerspitzen. Diese merkwürdige Erfahrung beweist meine Theorie vom Lichtgewand der Seelen: der Geist ist mit der ätherischen Hülle unzertrennlich verbunden, diese Substanz würkt auf uns bald als Licht, dann als Elektrizität, oder als Galvanismus, und als Magnetismus, je nachdem sie durch die Umstände modifizirt wird. Aus der gegenwärtigen Beobachtung erhellet, daß die unangenehmen Leidenschaften die Geisterhülle elektrisch machen, und entzünden. Denkt man sich nun die bösen Geister, in ihrem Zorn, in ihrer Wuth und Verzweiflung, so ist das höllische Feuer nicht mehr ein bloses Bild, nicht mehr orientalische Bildersprache, sondern Würklichkeit und Wahrheit.

Wenn ein abgeschiedener Geist in seinem Gemüth ruhig ist, so wird seine Berührung als das sanfte Wesen einer kühlen Luft empfunden, genau so, als wenn man die elektrische Materie auf einen Theil des Körpers strömt. Der Geistkörper ist also ganz in der Gewalt des Gemüths, und er bildet sich im Äussern und Innern nach der Imagination und den Grundtrieben. Welche schröckliche Carricaturen und Scheusale müssen also aus Menschen entstehen, die so ganz unter der Gewalt ihrer bösen Leidenschaften stehen. Misstellen schon hier Zorn, Wollust, Neid, Selbstsucht, und dergleichen unsre veste Körper, wie vielmehr jenes feine Wesen, das im Augenblick alle Formen annimmt. Aber nun denke man sich auch eine Seele die mit Gott versöhnt, durch und durch geheiligt, und mit dem hohen Gottesfrieden beseeligt ist; muß sie nicht nach ihrem Tod das höchste Ideal menschlicher Schönheit erreichen?

§. 192.

Es muß manchem sonderbar vorkommen, daß der Geist so ganz in seiner ehmals gewöhnlichen Kleidung erschien, so gar, daß er seine Courier-Peitsche nicht vergaß, und sie umhangen hatte, weil er vermuthlich mit Pferden, oder sonst mit Vieh gehandelt hat. Ich weiß daß ein Geist erschienen ist, an dem die messinge kleine Schuhschnallen ganz känntlich waren. Im Grunde betrachtet, ist das alles ganz natürlich: der Geist nimmt die Gestalt an, die ihm seine Imagination giebt, und diese stellt sich diejenige vor, die am stärksten Eindruck auf sie gemacht hat. Die mehresten Geister erscheinen sonst in ihrem Leichenanzug. Eine bösere Gestalt als sein Inneres ist, wird sich kein Geist geben, und wollte er sich eine bessere umheucheln, so würden ihn die andern Geister bald entlarven, und er dürfte in dieser Gestalt in keiner Gesellschaft erscheinen.

§. 193.

Aus der vorliegenden Geistergeschichte läst sich aber die gegründete Vermuthung ziehen, daß die abgeschiedenen Menschenseelen, von Stuffe zu Stuffe aufwärts, oder abwärts, ihre Gestalt verändern, so daß sie im ersten Fall schöner und glänzender, im andern aber heßlicher und finsterer werden. Der Geist von dem hier die Rede ist, mag ein guter, ehrlicher, bürgerlich rechtschaffener Mann gewesen seyn, so wie es deren Millionen weiße giebt, aber den wahren Weg aus der Finsternis zum Licht, oder der wahren Bekehrung, und Heiligung durch die Erlösungs-Anstalten Jesu Christi, hatte er nicht gegangen. Die buchstäbliche Erkenntnis seines Zeitalters hatte er; er kannte die Lieder seines ehmaligen Gesangbuchs, aber mehr hatte er auch in den 120 Jahren nicht gelernt. Er war also, die lange und schreckliche Erfahrung seiner Leiden abgerechnet, noch auf der nähmlichen Stuffe, auf der er gestorben war, folglich hatte er auch noch das nähmliche Kleidungskostüme. Als er aber endlich von seinem Jammer erlöst wurde, so nahm er auch schon eine verklärtere Gestalt an, ob er gleich noch lange nicht zur eigentlichen Seeligkeit reif war: denn das Sengen und Brennen der Bibel, und des Schnupftuchs scheint mir ein Beweiß zu seyn, daß sein Gemüth noch sehr leidenschaftlich gesinnt war; auch träumte er noch immer seine fixe Idee, der Sohn müsse doch am Ende den Schaz noch bekommen.

§. 194.

Mit was für Geistern dies bedauernswürdige Wesen die lange Zeit über, Umgang gepflogen, davon sagt die Geschichte nichts. Aus andern Erfahrungen ist bekannt, daß sich gleich nach dem Abschied einer Menschenseele aus diesem Leben, Engel zu ihr gesellen, um sie der Seeligkeit zuzuführen. Bringt sie nun noch Irrdischgesinntheit Lieblingsneigungen, und Leidenschaften mit, so daß sie der Seeligkeit noch nicht fähig ist, so suchen sie die Engel zurecht zu weisen, dies wird aber dort eben so gewöhnlich abgewiesen, als wenn hier fromme Prediger und Seelenführer die Weltlichgesinnten ermahnen. Die Gesellschaft der Engel wird ihnen beschwerlich, sie fliehen sie, und suchen ihres gleichen, mit denen sie sich, von dem was ihnen am liebsten ist, unterhalten können; so entstehen dann Gesellschaften von einerley Gesinnung, da ihnen aber im Geisterreich geradezu Alles fehlt, was ihre in der Sinnenwelt gehegten Wünsche befriedigen kann, so wird ihre Sehnsucht immer stärker, und peinigender, und ihre Ideen werden immer fixer, und unauslöschbarer, so daß nun erschröcklich schwere und langwierige Mittel nöthig sind, um einen solchen verarmten Geist noch zu retten. Höchst wahrscheinlich sind aber solche Geister-Gesellschaften unter der Aufsicht eines Geistes, den sie leiden können, und der ihnen angenehm ist: denn auch hier noch bleibt die Freyheit des Menschen unangetastet. Dieser Vorsteher aber gehört auch zu einer solchen Gesellschaft, und ist noch im Irrthum, folglich sind auch die ihm untergebene Geister, indem sie ihm gehorchen, noch für Irrthum nicht sicher.

§. 195.

Diese Vermuthung scheint mir aus dem Umstand erweißlich zu seyn, daß der Geist immer eine Abhängigkeit von andern Wesen verräth, bald weggehen muß, bald wieder kommen darf. Auch das ist sonderbar, daß alle Termine die Zahl 20 zu ihrer Bestimmungszahl haben: als 6. 20 = 120 Jahre, 120 und 20 Tage — Ob diese Zeitrechnung zu den Geheimnissen des Geisterreichs gehöre, oder im Aberglauben derer gegründet war, von denen der Geist abhienge, das weiß man nicht, so viel ist aber gewiß, daß seine geistigen Vorgesezte darinnen irrten, daß sie ihm befahlen oder erlaubten, bey seinen noch auf Erden lebenden Nachkommen auf diese Art Hülfe zu suchen. Dieser Rückweg ist nie der rechte; doch möchte ich den Fall ausnehmen, wenn ein Geist auf diesem Wege noch zugefügte Beleidigungen, als Mord, Diebstahl, Schulden, u. d. g. noch so viel möglich versühnen oder erstatten könnte, doch will ich auch hier nicht entscheiden. Weit besser ist es, wenn dies noch diesseits des Grabes geschieht.

Daß aber würklich der Geist und seine Vorgesezten irrten, ist dadurch erwiesen, daß er nicht durch das vorgeschriebene, und vorgesezte Mittel, die Hebung des Schatzes, sondern vielmehr, durch das Gegentheil auf eine höhere Stuffe gefördert wurde. Es war ein groses Glück daß der Geist fromme Leute antraf, denen er sich anvertraute, sonst wäre er noch unglücklicher geworden. Vater und Sohn betrugen sich vortreflich, musterhaft, und wahrhaft christlich. Jezt sind beyde auch droben und werden sich dieser herrlich bestandenen Prüfung freuen. Doch war auch gewiß ein guter Geist dabey thätig, der dem Sohn die grose Angst einflöste, und seine Zunge band, wenn der Geist zugegen war, vielleicht hätten sich doch, ohne das, die guten Leute, aus Unkunde noch verführen lassen.

§. 196.

Daß aber unser groser Erlöser, auch dort noch, uns verborgene höchst weise Anstalten getroffen habe, wodurch auch dann noch Seelen gerettet, und zum Licht geführet werden können, ob sie gleich nie die Seeligkeit erreichen werden, die denen bereitet ist welche hier in der Heiligung vollendet worden, das dünkt mir gewiß zu seyn. Er selbst legt mir diese Hofnung ins Herz, wenn er sagt: »Die Sünde in den heiligen Geist, werde weder in dieser noch in jener Welt vergeben, folglich werden auch Sünden in jener Welt vergeben!!! aber wehe dem, der es darauf ankommen läst: denn seine Vermessenheit kommt eben der Sünde in den heiligen Geist nahe.«

Wer sich aber auch durch diese Anstalten noch nicht ziehen lassen will, und seine Triebe und Leidenschaften immerfort verstärkt, der geräth in immer schlimmere ihm ähnliche Gesellschaften, bis er seine Gränze in der Hölle erreicht hat.

§. 197.

Ich habe vor 40 Jahren einen sehr frommen und erleuchteten Handwerksmann gekannt, dessen tiefe Einsichten, und in der That heiligen Carakter ich oft bewundert habe. Ich hab viel von ihm gelernt, und er sagte mir damals schon vieles voraus, das hernach erfüllt worden ist. Ich besuchte ihn auf seinem lezten Krankenlager, und war ein Zeuge seines herrlichen Todes.

Dieser Freund hatte einen sittsamen, stillen, und eingezogenen Gesellen, mit dem er wegen seiner Kenntnisse und guten Aufführung auf einem vertrauten Fuß lebte. Beyde unterredeten sich oft von dem Zustand der Seelen nach dem Tod, vorzüglich aber auch von der Wiederbringung aller Dinge. Nach und nach wurde der Geselle schwindsüchtig, mein Freund behielt ihn auch in diesem Zustand bey sich, und leistete ihm gleichsam Gesellschaft bis an die Pforte des Todes. Während der ganzen Zeit der Krankheit wurden obige Gespräche immer fortgesezt, und mein Freund wagte es den Gesellen zu bitten, daß er ihm, wenn er könne, nach seinem Tod erscheinen, und ihm von seinem Zustand, und von der Wiederbringung aller Dinge Nachricht geben möchte. Der Geselle versprach das unter dem Beding, wenn es ihm erlaubt wäre.

Bald nachher starb der junge Mensch, und nun harrte sein Meister auf seinen Besuch, und auf Nachricht aus der andern Welt. Etwa drey Wochen nach dem Tod des Gesellen, als der Meister Abends um 10 Uhr in seiner Schlafkammer sich ausgezogen hatte, eben ins Bett gestiegen war, und noch darinnen saß, so bemerkte er gegenüber an der Wand einen bläulichen Lichtschimmer, der sich zu einer menschlichen Figur bildete. Er fragte also ohne Furcht: »bist du es Johannes?« — der Geist antwortete vernehmlich, »Ja!« jener fragte ferner: »wie gehts dir?« dieser erwiederte: »ich befinde mich ruhig in einer öden dunklen Gegend, aber mein Schicksal ist noch nicht entschieden.« Nun folgte auch die Frage wegen Wiederbringung aller Dinge. Der Geist antwortete darauf weiter nichts, als folgende Zeilen aus einem alten Lied:

> »Laßt uns den Herren bitten hie
> Und niederfallen auf die Knie
> Laßt uns vor unserm Schöpfer bücken!«

Das Wörtchen »hie«, ist die Hauptsache. Hier sollen und wollen wir unsre Sache mit unserm Erbarmer ausmachen, und — wie mein seeliger Oheim Johann Stilling einst sagte — »dafür sorgen, daß wir mit den Ersten über den Jordan kommen«.

Mein Freund war so kühn, noch um einen Besuch zu bitten; nach einiger Zeit erfolgte er auch, aber der war fürchterlich; ich hab die näheren Umstände desselben nie erfahren können; so viel hatte es aber gefruchtet, daß der liebe Mann jedermann für einer solchen Vermessenheit warnte, und nun überzeugt war, daß wir diesseits durchaus keinen Umgang mit dem Geisterreich suchen, sondern ihn so viel als möglich vermeiden müsten.

Die mehresten Geistererscheinungen, wo nicht gar Alle, sind Abweichungen von der göttlichen Ordnung, folglich auch sündlich. Wir sollen und dürfen keine wünschen, vielweniger veranlassen. Das Schicksal unserer lieben Abgeschiedenen soll uns ein Geheimnis bleiben, und eben so auch die Maximen der göttlichen Regierung nach denen sie jenseits verfährt. Was uns die Bibel, und die ungesuchten Erfahrungen davon haben kund werden lassen, und was uns noch ferner ohne vorwitziges Forschen kund wird, damit wollen wir uns begnügen lassen, bis wir hinüber sind.

§. 198.

Beyspiele belehren am sichersten: ich will also noch einige zuverläsige Erscheinungen erzählen, in welchen Geister entweder Freunden ihren Tod angezeigt, oder sonst noch etwas zu besorgen gehabt haben. Um aufs genauste bey der Wahrheit zu bleiben, rücke ich meine Urkunden wörtlich ein: »Nachfolgende Anekdote ist mit möglichster Sorgfalt nach der ehemaligen Erzählung des unten erwähnten kaiserlichen geheimen Raths von Seckendorf hieher notirt worden.

König Friedrich Wilhelm I. von Preußen, Vater Königs Friedrichs des IIten, stund mit dem König August dem IIten von Polen, in so freundschaftlichen Verhältnissen, daß sie einander, wenns möglich war, wenigstens einmal des Jahrs sahen. Dies geschah auch noch kurz vor dem Tode des Lezteren; derselbe schien sich damals ziemlich wohl zu befinden, nur hatte er eine etwas bedenkliche Entzündung an einer Zähe. Die Ärzte hatten ihn daher für jedem Übermaaß in starken Getränken sehr gewarnt, und der König

von Preußen, welcher dies wuste, befahl seinem Feldmarschall von Grumbkow (der den König bis an die Gränze
begleitete, und ihn dort in einem königlichen Schloß, noch
Standesgemäß bewirthen sollte) daß er bey jenem Abschieds-
schmauß, alles sorgfältig vermeiden möchte, wodurch die —
dem König von Polen aus erwähnter Ursache von den Ärzten
so sehr empfohlene Mäsigung, im Genuß des Weins, über-
schritten werden könnte.

Als aber König August noch gleichsam zu guter Lezte
einige Bouteillen Champagner verlangte, so gab Grumbkow,
der diesen Wein selbst liebte, nach, und genoß dessen auch
seiner seits so viel, daß er sich, indem er über den Hof des
königl. Schlosses in sein Quartier gieng, an einer Wagen-
deichsel eine Rippe zerbrach, und sich daher in einem Trag-
sessel zum König August bringen lassen muste, als dieser
seine Reise des andern Morgens sehr früh fortsetzen, und
ihm noch einige Aufträge an König Friedrich Wilhelm
geben wollte. Hiebey war der König von Polen ausser einem
vorn geöfneten Hemd, nur mit einem kurzen Polnischen
Pelz bekleidet.

In eben diesem Aufzug, nur mit geschlossenen Augen,
erschien er am 1sten Febr. 1733 früh, ungefähr um 3 Uhr
dem Feldmarschall von Grumbkow und sagte zu ihm:

›*Mon cher Grumbkow! je viens de mourir ce moment a
Varsovie.‹

Grumbkow, dem die Schmerzen des Rippenbruchs damals
noch wenig Schlaf gestatteten, hatte unmittelbar zuvor, bey
dem Schein seiner Nachtlampe, und durch seine dünne
Bettvorhänge, bemerkt, daß sich die Thüre seines Vor-
zimmers, worinn sein Kammerdiener schlief, öfne, daß eine
lange menschliche Gestalt herein komme, in langsam feyer-
lichem Schritt um sein Bett herumgehe, und seine Bett-

---

* Mein lieber Grubkow! ich bin so eben in Warschau gestorben.

vorhänge schnell öfne. Nun stand die Gestalt Königs Augusts gerade so, wie Lezterer nur wenige Tage vorher lebendig vor ihm gestanden war, vor dem erstaunten Grumbkow, und gieng dann, nachdem er obige Worte gesprochen hatte, wieder zu eben der Thür hinaus. Grumbkow klingelte, fragte den zur nähmlichen Thür hereineilenden Kammerdiener: ob er den nicht auch gesehen habe, der so eben gerade da herein und hinaus gegangen sey? — der Kammerdiener hatte nichts gesehen.

Grumbkow schrieb so gleich den ganzen Vorgang an seinen Freund, den damals bey König Friedrich Wilhelms Hoflager befindlichen kaiserlich königlichen Gesandten, und Feldmarschall Grafen von Seckendorf, und bat lezteren, die Sache dem König bey der Parade, mit guter Art zu hinterbringen. Bey dem Gesandten von Seckendorf befand sich, als ihm das Grumbkowische Billet schon früh um 5. Uhr zukam, dessen Schwestersohn, und Gesandtschafts Sekretär von Seckendorf, nachheriger Brandenburg Anspachischer Minister, und zulezt kaiserlicher Geheimer Rath. Jener sagte zu diesem, indem er ihm das Billet zum lesen darbot: ›sollte man nicht denken, die Schmerzen hätten den alten Grumbkow zum Visionär gemacht? ich muß aber den Inhalt dieses Billets noch heute den König hinterbringen.‹

Nach 40 Stunden (wo ich nicht irre) langte durch die von Warschau nach Berlin von 3. zu 3. Stunden unterlegten Polnischen Ulanen, und Preusischen Husaren, die Nachricht in Berlin an, daß der König von Polen in der nähmlichen Stunde da Grumbkow jene Erscheinung gehabt hatte, zu Warschau gestorben sey.«

Aus der Geschichte, Leben und Thaten des Königs von Preußen Friedrich Wilhelms des Ersten, Hamburg und Breslau 1735. pag. 454, kann folgendes noch zur Erläuterung beygefügt werden: hier wird auch bestättigt, daß der König von Polen den 1sten Februar 1733. gestorben sey, und daß man diese Nachricht schon den 4ten in Berlin erhalten habe. Ferner wird auch bemerkt, daß der König von Polen, bey seinen Hin- und Herreisen zwischen Dresden und Warschau, seinen Weg von Dresden aus, über Crossen nach Karga, und von da vollends nach Warschau, genommen, bey welcher Gelegenheit der König von Preußen fast allemal den General und Staatsminister von Grumbkow nach Crossen schickte, und den König da bewillkommen liese.

§. 199.

Die Wahrheit dieser Geschichte beruht auf der Glaubwürdigkeit solcher Personen, an deren Kopf und Herz zu zweifeln Verbrechen seyn würde, sie ist also gewiß. König August empfand bey herannahendem Tode sicherlich sehr tief, daß er bey Grumbkows Gastmahl den Rath seiner Ärzte so schlecht befolgt hatte; zugleich mochte er auch wohl diesem seinem Wirth den Vorwurf machen, daß er, da er den Sinn der Ärzte wuste, und noch dazu vom König in Preußen gemessenen Befehl hatte, sorgfältig alles zu vermeiden, was seinem erhabenen Gast schaden könne, alles Schädliche hätte entfernen, und in das Verlangen nach Champagner, nicht hätte einwilligen sollen. Mit dieser tiefen Reue, und gleichsam fixen Idee starb er; die Sehnsucht, den Herrn von Grumbkow sein Versehen ans Herz zu legen, war die Ursache, daß er auf seine Imagination würkte, sein Ahnungs-Vermögen entwickelte, woher dann die Erscheinung entstand.

§. 200.

Bey solchen Erscheinungen muß man sich nicht vorstellen, daß die Seele des Königs, von Warschau nach Crossen hätte reisen müssen — wer meine Grundsätze, die ich gleich im Anfang dieses Werks aufgestellt habe, hinlänglich gefaßt hat, der wird sich erinnern, daß die Menschenseele in ihrem Körper, vermög der sinnlichen Werkzeuge, alles in Raum und Zeit empfindet, so bald sie aber aus dem Körper geschieden ist, so hört das was wir Raum, Körper, Ausdehnung, Entfernung u. s. w. nennen, auf; man verstehe mich wohl, die Vorstellung die sie in diesem Leben von den Gegenständen der Sinnenwelt erhalten hat, die hat, und behält sie, die bleiben ihr, aber von nun an empfindet sie nichts mehr von ihr, ausser was sie von den Seelen die immerfort im Geisterreich ankommen, erfährt, oder wenn sie in den seltenen Fall geräth, mit einem noch Lebenden in Rapport zu kommen, und ihm zu erscheinen. Dann bitte ich auch wohl zu bemerken, daß die Seele ihr Wesen nicht verändert; die Grundformen ihrer Vorstellungskraft, nähmlich Raum und Zeit, behält sie ewig, aber beyde sind ihr jezt von allem dem leer, was sie hier empfand, dagegen empfindet sie nun die Gegenstände der Geisterwelt, aber auch in Raum und Zeit, sie kann nicht anders; doch mit dem grosen Unterschied, daß ihr in Zeit und Raum alles nahe, nichts fern ist, sie kann wissen was in der Ferne, und was in der Zukunft geschieht, insofern es ihr die Gesetze des Geisterreichs erlauben.

§. 201.

Ich weiß, daß viele würdige Männer, und christlich denkende Personen, die Vermuthung haben, man würde nach dem Tode die Werke der Schöpfung recht betrachten, von Stern zu Stern reisen, dort Aufträge ausrichten, und darinnen einen grosen Theil der Seeligkeit finden; solche Leser dieser Schrift werden den Kopf schütteln, und mit meiner Vorstellungsart nicht zufrieden seyn; diesen gebe ich aber hier den Trost, daß ich selbst diese Vermuthung habe, aber daß dies dann erst statt finden werde, wann die Seele mit ihrem neuen verklärten, und unsterblichen Körper versehen seyn wird.

§. 202.

Man hat mehrere Beyspiele, und mir selbst sind etliche bekannt, daß Leute sich selbst gesehen haben, und bald darauf gestorben sind: so bald jemand sich selbst ausser sich sieht, andere aber die zugegen sind, nichts bemerken, so kann die Erscheinung zwar wahr, aber auch blose Einbildung seyn, wenn sie aber auch von andern bemerkt wird, so ist sie kein Phantom, sondern etwas Wesentliches.

Mir ist folgende Geschichte von einem glaubwürdigen Mann erzählt worden, der sie von dem Sohn der Dame, die sie betrift, als eine gewisse Wahrheit gehört hatte: die alte Frau von M. ... saß unten in ihrem Wohnzimmer, und schickte ihre Magd hinauf, in ihr Schlafgemach um etwas zu holen. So wie sie die Thür aufmacht, sieht sie ihre gnädige Frau dort in ihrem Armsessel sitzen, ganz natürlich so, wie sie sie drunten verlassen hatte. Die Magd erschrickt, läuft hinunter, und erzählt der Dame was sie gesehen habe. Diese will sich von der Wahrheit überzeugen, geht also selbst hinauf, und sieht sich selbst eben so wie sie die Magd gesehen hatte. Bald nachher starb diese Dame.

Im 5ten Stück des 2ten Bandes des Museums des Wundervollen S. 389, stehen folgende Erscheinungen dieser Art: der in Weimar lebende Regierungs Sekretär Triplin geht wie gewöhnlich auf die Regierung, um ein Stück Akten zu suchen, woran ihm viel gelegen, und weswegen er sehr besorgt gewesen war. Als er dahin kommt, sieht er sich selbst auf seinem Stuhl sitzen, und das Stück Akten vor sich haben; er erschrickt, geht nach Haus, und schickt seine

Magd dahin, um die an seinem Siz liegende Akten zu holen. Diese soll nun auch ihren Herrn da sitzend angetroffen, und geglaubt haben, er sey durch einen andern Weg ihr zuvor, und dahin gekommen.

Auf der nächsten 390sten Seite befindet sich noch folgende Geschichte dieser Art, die mir auch noch von andern Seiten her bekannt ist: »Als in Rostock der Professor der Mathematick, und Hauptpastor an der Jacobskirche, Becker, in Gesellschaft verschiedener junger Freunde die er bey sich bewirthete, in einen theologischen Streit gerieth, indem er behauptete, daß ein gewisser Theologe in seiner Schrift eine gewisse Meynung äussere, dieses aber jemand läugnete, so entfernte er sich, und gieng in seine Bibliothek, um das Buch zu holen. Hier sah er sich nun selbst auf dem Stuhl am Tisch sitzen, auf dem er gewöhnlich zu sitzen pflegte. Er gieng näher hinzu, sah dem Sitzenden über die rechte Schulter, bemerkte, daß dieses sein anderes Selbst, mit dem einen Finger der rechten Hand, auf eine Stelle der vor sich liegenden aufgeschlagenen Bibel wieß; er sahe, daß es die Stelle war: ›bestelle dein Haus, denn du must sterben!‹ Er kehrte voll Erstaunen und Unruhe zur Gesellschaft zurück, der er den Vorfall erzählte, und ob man ihm schon die Sache auszureden, auch alle nachtheilige Bedeutung kraftloß zu machen suchte, so blieb er doch standhaft bey der Meynung, diese Erscheinung bedeute seinen Tod, weshalb er auch von seinen Freunden Abschied nahm. Des andern Tags, Nachmittags um sechs Uhr endigte er sein Leben, er befand sich schon in einem hohen Alter.«

§. 203.

Da man alle dergleichen Erscheinungen nach den gewöhnlichen mechanischen Gesetzen nicht zu erklären vermag, so nimmt man seine Zuflucht zu den in unserer Seele noch nicht entdekten verborgenen Kräften, denen man dann Würkungen zuschreibt, die noch unbegreiflicher, und unglaublicher sind, als Geistererscheinungen. Um also die Zuflucht zu diesen zu vermeiden, behauptet man der Professor Becker sey aus Furcht, oder durch den Eindruck, den die Erscheinung auf ihn gemacht habe, gestorben.

Ich bin vest überzeugt, daß noch nie jemand durch den Eindruck seiner Imagination gestorben ist; sondern alle Fälle die man zum Beweiß anführt, sind nur auf zweyerley Art möglich, und lassen sich durch dies leztere Beyspiel erklären:

1) War die Erscheinung des Professor Beckers, nichts wesentliches, sondern blos Würkung seiner Einbildungskraft, so war die Erscheinung selbst schon Würkung einer in seinem Körper verborgenen Ursache seines nahen Todes, aber keinesweges die Ursache desselben selbst.

2) War seine Erscheinung aber würklich ein Wesen aus der andern Welt, das ihm seinen Tod anzeigen und ihm zu verstehen geben wollte, daß er sich darauf gefaßt machen möchte, so war ja wiedrum der zureichende Grund zum Tod, schon vor der Erscheinung da, weil diese dadurch zum Erscheinen bewogen wurde.

Man hat freylich Beyspiele, daß Leute durch plözliche, alle Kräfte übersteigende Gemüths-Erschütterungen gestorben sind, aber nun alle dergleichen Erscheinungen dadurch begreiflich machen zu wollen, ist zu weit gegangen.

§. 204.

Wer, oder was, war aber nun die Figur, welche in obiger Erzählung die Frau von M. . . . vorstellte? denn daß dies kein Trug der Einbildungskraft war, das sieht jeder leicht ein, weil die Frau und die Magd sie beyde gesehen haben.

Nach meiner Theorie war es ein Wesen aus der Geisterwelt, das in seinem irrdischen Leben die Familie von M. . . .
oder diese Dame selbst, sehr geliebt, und nun ihren nahen
Tod erfahren hatte; die Sehnsucht ihr dieses kund zu thun,
damit sie sich dazu vorbereiten möchte, bewog es zu dieser
Erscheinung.

Daß unsre verstorbenen Lieben uns immer nahe sind, auf
welcher Stuffe der Seelig- oder Unseeligkeit sie sich auch
befinden mögen, ist wohl gewiß: denn da es eigentlich
keinen Raum giebt, weil dieser nur in unserer Vorstellung
besteht, so ist die abgeschiedene Seele da, wo das ist was sie
liebt. Aber deswegen empfinden sie uns so wenig, als wir sie
empfinden, was sie von uns wissen, das erfahren sie von den
Seelen die eben verschieden sind, und dann auch aus den
Anstalten, die in Ansehung unserer im Geisterreich gemacht
werden. Wenn nun ein Geist merkt, daß einer noch lebenden ihr sehr lieben Person, etwas merkwürdiges oder gefährliches bevorsteht, so sehnt sie sich es ihr bekannt zu machen;
die Mittel dazu sind aber dort so schwer als es uns hier schwer
fällt, mit Geistern in Rapport zu kommen, und vielleicht
auch eben so der Ordnung Gottes zuwider. Ein solcher Geist
wählt also das Mittel das ihm möglich ist, wie z. B. hier, wo
er die Gestalt der geliebten Person annimmt, und sich auf
ihren Stuhl sezt. Die Selbsterscheinungen sind also eine
Art von Ahnungen, aber ohne ein entwickeltes Ahnungs-
Vermögen, und ohne Mitwürkung der Engel.

Die zweite Geschichte von dem Regierungs-Sekretär ist
unvollständig; weil man nicht weiß, ob er die Akten würklich auf dem Tisch gefunden habe, oder ob es blos Blendwerk
war? und ob er bald hernach gestorben ist, oder nicht? wenn
diese Geschichte wahr ist, so war es ein freundschaftlicher
Geist der ihn aus seiner Verlegenheit retten wollte.

§. 205.

Eine der merkwürdigsten warnenden Erscheinungen, ist diejenige, die den Herzog von Buckingham betraf. Sie ist auch gewiß wahr, und keine Erdichtung, oder sonst verschönerte Geschichte, wie ich aus sichern Quellen weiß, ich will sie hier wörtlich mittheilen, so wie sie im 2ten Stück des 2ten Bandes des Museums des Wundervollen von der 89sten Seite an, eingerückt ist.

»Der Herzog von Buckingham war Minister bey dem König von England Carl dem Ersten, dessen Liebling er war; und da man ihn für den Urheber der Gewaltthätigkeiten hielt, die sich der König erlaubte, so war er bey dem Volk sehr verhaßt, und büßte nachmals sein Leben auf eine gewaltsame Weise ein: er wurde im 36sten Jahr seines Lebens von dem Lieutenant Felton mit einem Messer erstochen. Von einer Erscheinung, die vor dem Tode des Herzogs von Buckingham vorhergieng, erzählt der Lord Clarendon, in seiner Geschichte der Rebellion und bürgerlichen Kriege in England folgendes:

Unter denjenigen, die bey der königlichen Garderobe zu Windsor in Diensten standen, befand sich ein Mann, der wegen seiner Rechtschaffenheit, und Klugheit allgemein verehrt, und der damals etwan funfzig Jahr alt war. Dieser Mann war in seiner Jugend in einem Collegio zu Paris erzogen worden, wo sich zu eben der Zeit George Villiers, der Vater des Herzogs von Buckingham, befand, mit dem er eine genaue Freundschaft errichtet, den er aber doch von der Zeit an, nicht wieder gesprochen hatte.

Als sich nun dieser Garderobe-Aufseher ungefähr 6 Monathe vor der Ermordung des Herzogs bey vollkommener Gesundheit in seinem Bette zu Windsor befand, erschien ihm um Mitternacht ein Mann von ehrwürdigem Ansehen, zog die Vorhänge seines Bettes auf, und fragte ihn, indem er ihn starr ansahe, ob er ihn nicht kenne? Anfänglich antwortete er ihm nicht, weil er für Schrecken halb tod war. Als er aber zum zweytenmal gefragt wurde, ob er sich nicht erinnere ihn gesehen zu haben? so fiel ihm die Erinnerung an George von Villiers, vermittelst der Ähnlichkeit des Körpers und der Kleidung ein, er sagte ihm daher, daß er ihn für George von Villiers halte. Die Erscheinung versezte hierauf, daß er recht habe, und bat ihn ihr die Gefälligkeit zu erweisen, sich in ihrem Namen zu ihrem Sohne, dem Herzog von Buckingham zu verfügen, um ihm zu sagen, daß er alle seine Kräfte anstrengen möchte, sich beym Volk beliebt zu machen, oder wenigstens die gegen ihn aufgebrachten Gemüther zu besänftigen, sonst würde man ihn nicht lange mehr leben lassen. Nach diesen Worten verschwand die Erscheinung, und der gute Mann, sey es nun daß er völlig erwacht, oder nicht erwacht war, schlief bis an den Morgen ruhig fort.

Bey seinem Erwachen sahe er diese Erscheinung für einen Traum an, und würdigte ihn keiner besondern Aufmerksamkeit. Eine oder zwo Nächte darauf, erschien ihm die nähmliche Person noch einmal an eben demselben Ort, und in der nähmlichen Stunde, mit einer etwas ernsthafteren Mine als das erstemal, und fragte ihn, ob er den Auftrag ausgerichtet hätte, den er von ihr empfangen hätte? Da die Erscheinung wohl wuste daß es nicht geschehen war, so gab sie ihm sehr ernstliche Verweise, und sezte noch hinzu, daß sie mehr Gefälligkeit von ihm erwartet hätte, und daß wenn er ihr Verlangen nicht befriedigen würde, er keine Ruhe haben, sondern allenthalben von ihr verfolgt werden sollte.

Der in Furcht und Schreken gesezte Garderobe-Aufseher versprach zu gehorchen. Doch war er des Morgens unschlüssig, und wuste nicht, was er thun sollte. Er fand sich in Verlegenheit, eine zweite so sichtbare und deutliche Erscheinung als einen Traum zu betrachten, und auf der andern Seiten schien ihm der hohe Stand des Herzogs, die grose Schwierigkeit vor ihn zu kommen, und noch mehr die Bedenklichkeit, die Sache dem Herzog glaubwürdig zu machen, die Ausführung seines Auftrags zu vereiteln und unmöglich zu machen.

Er war einige Tage unentschlossen, was er thun sollte; endlich faßte er den Vorsaz, sich eben so unthätig, wie das erstemal zu verhalten. Es erfolgte nun eine dritte aber weit fürchterlichere Erscheinung, als die zwo vorhergehenden: die Erscheinung verwieß es ihm in einem bittern Ton, daß er sein Versprechen nicht gehalten hätte. Der Garderobe-Aufseher gestand, daß er die Vollziehung dessen, was sie ihm aufgetragen, wegen der Schwierigkeit vor den Herzog zu kommen, aufgeschoben habe, indem er mit keiner Person bekannt sey, durch welche er Zutritt zu dem Herzog zu erhalten, hoffen könne, und wenn er auch Mittel fände, Gehör zu bekommen, so würde ihm doch der Herzog nicht glauben, daß er einen solchen Auftrag erhalten habe; man würde ihn für wahnsinnig halten, oder glauben, daß er entweder aus eigener Bosheit, oder auf Anstiften böser Leute, den Herzog zu hintergehen suche. Auf diese Art würde sein Untergang unvermeidlich seyn. Die Erscheinung aber beharrte bey ihrem Vorsaz, und sagte: daß er nicht eher Ruhe haben solle, als bis er ihrem Verlangen Genüge geleistet hätte. Zugleich sezte sie hinzu, daß der Zutritt zu ihrem Sohn leicht wäre, und daß diejenigen die ihn sprechen wollten, nicht lange warten dürften. Damit er aber Glauben fände, so wolle sie ihm zween bis drey Umstände sagen, von denen er aber gegen niemand etwas, ausser gegen den Herzog erwähnen dürfe; so bald nun dieser dieselben vernehmen würde, würde er auch seiner übrigen Erzählung Glauben beymessen.

Dieser dritten Aufforderung und Erscheinung glaubte er gehorchen zu müssen, und reißte daher gleich den andern Morgen nach London ab, und da er den Requetenmeister, Sir Ralph Freemann, der eine nahe Anverwandtin des Herzogs geheurathet hatte, genau kannte, so machte er ihm seine Aufwartung, und ersuchte ihn, daß er ihn mit seinem Ansehen unterstützen möchte, damit er eine Audienz erhielte, indem er dem Herzog Sachen von Wichtigkeit zu hinterbringen habe, die eine grose Verschwiegenheit, und einige Zeit und Gedult, sie anzuhören, erforderten.

Sir Ralph kannte die Klugheit und Bescheidenheit dieses Mannes, und er schloß aus dem, was er nur in allgemeinen Ausdrücken vernommen hatte, daß etwas Ausserordentliches die Ursache seiner Reise sey. Er versprach ihm daher zu willfahren, und mit dem Herzog davon zu sprechen. Bey der ersten Gelegenheit gab er dem Herzog auch Nachricht von dem guten Ruf und dem Verlangen dieses Mannes, und hinterbrachte ihm Alles was er von der Sache wuste. Der Herzog gab ihm die Antwort, daß er den folgenden Tag früh mit dem König auf die Jagd gehen, und daß ihn seine Pferde bey der Lambethbrücke erwarten würden, wo er des Morgens um 5 Uhr zu landen gedächte, und wenn ihn der Mann daselbst erwarten wolle, so würde er sich mit ihm, so lang es nöthig wäre unterhalten können.

Sir Ralph ermangelte nicht, den Garderobe-Aufseher zur bestimmten Stunde an den Ort zu führen, und ihn dem Herzog bey dem Aussteigen aus dem Schif vorzustellen. Der Herzog nahm ihn sehr gefällig auf, ging mit ihm seitwärts, und sprach beynahe eine ganze Stunde lang mit demselben. Niemand befand sich an diesem Ort, als Sir Ralph, und die Bedienten des Herzogs, allein alle diese standen so weit entfernt, daß sie unmöglich etwas von der Unterredung vernehmen konnten, ob sie schon sahen, daß der Herzog oft, und mit vieler Bewegung sprach. Sir Ralph Freemann, der die Augen beständig auf den Herzog gerichtet hatte, bemerkte dies noch besser als die Übrigen, und der Garderobe-Aufseher sagte ihm auf ihrer Rückreise nach London, daß, als der Herzog die besonderen Umstände gehört hätte, die er ihm entdeckte, um das Übrige seiner Unterredung glaubwürdig zu machen, er seine Farbe verändert und betheuert habe, daß niemand als der Teufel ihm dieses habe entdecken können, indem nur er (der Herzog) und eine andere Person Kenntniß davon habe, von der er gewiß überzeugt sey, daß sie es keinen Menschen gesagt habe.

Der Herzog sezte die Jagd fort, doch bemerkte man, daß er sich beständig von den Übrigen entfernte, in tiefes Nachdenken versunken war, und an dem Vergnügen keinen Antheil nahm. Noch Vormittags verließ er die Jagd, stieg in Whitehall ab, und begab sich in das Zimmer seiner Mutter, mit der er zwo bis drei Stunden lang verschlossen war. In den benachbarten Zimmern hörte man ihre laute Unterredung, und als er wieder heraus kam, bemerkte man viele Unruhe in seinem Gesicht mit Zorn vermischt, welches man noch niemals in einer Unterredung mit seiner Mutter, für welche er jederzeit die tiefste Ehrfurcht bezeugte, wahrgenommen hatte. Die Gräfin fand man nach der Entfernung ihres Sohns weinend, und im grösten Schmerz versunken. —
So viel ist bekannt, und ausgemacht, daß sie sich nicht darüber zu verwundern schien, als sie die Nachricht von der Ermordung des Herzogs, welche einige Monathe darauf erfolgte, erhielt. Es schien also daß sie dieselbe voraus gesehen, und daß ihr ihr Sohn Nachricht von dem, was ihm der Garderobe-Aufseher entdeckt, gegeben hatte. Auch nahm man in der Folge nicht die Betrübniß an ihr wahr, die sie

über den Verlust eines so geliebten Sohns nothwendig empfinden muste.

Insgeheim erzählt man sich, die besondern Umstände, an die der Garderobe-Aufseher den Herzog erinnert, hätten einen unerlaubten Umgang betroffen, den er mit einer seiner nahen Anverwandtinnen unterhalten hätte, und da er allen Grund zu vermuthen hatte, daß die Dame nicht selbst davon geredet haben würde, so glaubte er, daß ausser ihr nur der Teufel davon etwas wisse, und gesprochen haben könne.

Im Brittischen Plutarch werden noch mehrere Ahnungen aufgeführt, welche Bezug auf den Tod des Herzogs von Buckingham haben sollen, allein diese alle können in obiger Erscheinung ihren Ursprung haben.«

§. 206.

Diese wichtige Erscheinung giebt uns wiedrum Stof zu verschiedenen fruchtbaren Bemerkungen:

Warum erschien Georg Villiers nicht seinem Sohn selbst, wahrscheinlich, weil dieser keine natürliche Anlage zur Entwicklung des Ahnungs-Vermögens hatte; vielleicht hätte auch der Herzog die ganze Sache als eine Täuschung der Einbildungskraft angesehen, und in den Wind geschlagen; das konnte er aber nicht, als sein Vater seinem ehmaligen Freund erschien, und ihm ein Geheimniß entdeckte, das dieser ohne eine wahrhafte Erscheinung unmöglich wissen konnte; gesezt der Vater hätte dem Sohn auch selbst das Geheimnis gesagt, so hätte das nicht verhindert, daß es der Sohn noch immer als ein Spiel der Einbildungskraft angesehen hätte, indem er selbst ja das Geheimnis wuste, und es seiner Imagination gegenwärtig war.

§. 207.

Die Geschichte ist uns abermal ein Beweiß, daß unsere abgeschiedenen Freunde, unsre Umstände und Angelegenheiten erfahren, darum sorgen, und sich bemühen zu unserm Wohl mitzuwürken; allein es kommt nur darauf an, ob sie die rechten Mittel dazu wählen? Ein seeliger Geist, der zum Anschauen Gottes seines Erlösers gelangt ist, der sucht diese Mittel nicht rückwärts auf der Erden, sondern er fleht zum Herrn dem Erbarmer, daß Er doch so gnädig seyn, und durch seine alles vermittelnde Vorsehung die Sache zum Besten lenken wolle; kann nun ein trauriger Zufall nicht vermieden werden, weil er zum Besten des Ganzen mitwürken muß, so verehrt er den Willen seines himmlischen Vaters, und beruhigt sich; eine Seele aber die noch, auch nach ihrem Tod, in irrdischen Dingen lebt und webt, und sorgt, und immer noch gern die Hände mit im Spiel haben möchte, sucht dann solche geszwidrige Mittel, erscheint, wenn sie Gelegenheit dazu findet, und sezt diejenigen denen sie erscheint, in Verlegenheit.

§. 208.

Es ist traurig, daß man solche höchst wichtige Erfahrungen, wie die Geistererscheinungen in der That sind, so verächtlich und wegwerfend als eine entehrende Sache behandelt, und den, der so etwas gesehen zu haben behauptet, als einen Schwachkopf belächelt, bespöttelt, und bedauert; prüfen soll man alles redlich und genau, freylich wird man dann unter hundert Erzählungen neun und neunzig Täuschungen finden, aber wenn nun die Hunderste wahr ist, — so ist der erscheinende Geist unser Bruder, bey dessen Schicksalen wir nicht gleichgültig bleiben dürfen. Es kommt aber dann auch darauf an, daß wir in einem solchen Fall wissen was unsre Pflicht ist, und dieses zu zeigen ist einer der Hauptzwecke dieses Buchs.

Wenn ich an der Stelle des Garderobe-Aufsehers, und endlich der wahren Gegenwart des verstorbenen Vaters, des Herzogs gewiß gewesen wäre, so hätte ich mich ernstlich zu Gott gewendet, Ihn demüthig um Schuz gebetten, und dann vest und männlich dem Geist folgendes gesagt:

Lieber Freund! ich sehe mit Leidwesen, daß du noch nicht zur Ruhe gekommen, und auch noch immer nicht auf dem rechten Wege bist, dazu zu gelangen — erinnere dich doch, was dein und mein Erlöser zum reichen Mann sagt: Sie haben Mosen und die Propheten, wenn sie denen nicht glauben, so werden sie auch nicht glauben, wenn jemand von den Toden auferstünde. Der Herr hat unzählbare Mittel und Wege, auf das Herz deines Sohns zu würken, zu Ihm wende dich, flehe zu Ihm um Rettung deines Sohns, und suche bey schwachen Menschen nicht Hülfe, kann es mit seinem Rath bestehen, so erbarmt Er sich gewiß seiner, ist aber sein Tod um des gemeinen besten willen beschlossen, so hilft auch meine Sendung nicht; und soll ich ein Werkzeug zu seiner Rettung seyn, so muß ich erst von höherer Hand dazu den Auftrag bekommen. Jesus Christus erbarme sich deiner, der Herr seegne dich, und gebe dir seinen Frieden! Bey dieser Gesinnung wär ich unerschütterlich geblieben, und hätte bey ferneren Erscheinungen, immer nach diesem Grundsatz gehandelt. Hiemit will ich aber nicht sagen, daß der Garderobe-Aufseher unrecht gethan habe — er folgte endlich seiner Überzeugung; hätte er aber nach obigem Grundsaz verfahren, so hätte er vielleicht den armen Geist, eine gute Stuffe weiter gefördert, so wie dies in der oben erzählten Gelderhebungs-Geschichte der Fall war. Daß ich hier richtig urtheile, dafür bürgt mir Gottes Wort und die Erfahrung;

was half dem armen Geist, und dem Herzog diese Sendung und Ermahnung durch den Garderobe-Aufseher? — ganz und gar nichts! der Herzog, sey es Spott oder Ernst gewesen, schrieb die Erscheinung dem Teufel zu, und dabey bliebs. So lang das Gemüth nicht zur tiefen und gründlichen Erkenntniß, und zur schmelzenden Empfindung, seines unaussprechlich grosen sittlichen Verderbens gebracht, und dadurch bewogen wird, mit wahrer Reue, und herzlicher Sinnesänderung zu Christo zu eilen, und mit wahrem thätigen Glauben, Vergebung der Sünden, und Ruhe in seinem Versöhnungstod zu suchen, so helfen alle Geistererscheinungen, und deren Ermahnungen gar nichts, sie können erschüttern, ein vorübergehendes Nachdenken erwecken, übrigens aber nützen sie nicht mehr, als eine jede andere mündliche oder schriftliche Ermahnung, und dazu bedürfen wir keine Werkzeuge aus der andern Welt.

§. 209.

Folgende Erscheinungs-Geschichte ist mir von einem sehr frommen Prediger zugeschickt worden. Ich kenne diesen wahrhaft apostolischen Mann, und bin gewiß daß er mir kein Wort schreibt, von dessen Wahrheit er nicht vollkommen überzeugt ist. Hier folgt die getreue Abschrift seines mir anvertrauten Aufsatzes:

»Copia eines mir auf meine oft wiederholte Bitte, überreichten Aufsatzes, den ich nach dieser genommenen Abschrift, für den Hr. Hofrath Jung bestimmt, vernichten werde, damit er nicht nach meinem Tod gemisbraucht werde.*)

›Ich hatte — (so schreibt die Fr. Pastorin N.N.) — nach meiner Verheurathung 1799. eine mir unerklärbare Er-

---

* Ich glaube diesen Misbrauch dadurch zu vermeiden, wenn ich die Namen und alles was kenntlich machen kann, weglasse.

scheinung; eine angenehme, und unangenehme; die Erste bestand darinnen: es erschien mir am 22 Dez. desselben Jahrs, als ich mich bey meinem Nachttischgen mit weiblicher Arbeit beschäftigte, eine kleine menschliche Figur, gleich einem freundlichen Kinde, mit einem weisen Talar bekleidet; ich wollte es anfassen, aber es verschwand. Nach einige Zeit erschien mir diese nämliche Gestalt wieder, und ich wagte es zu fragen, wer sie sey? die Antwort war ‚ich bin als ein Kind gestorben‘.

Ich. ‚Wie heissest du?‘ Antw. ‚Nenne mich Immanuel!‘ von nun an erschien mir dieses Wesen öfters, fast täglich, des Morgens um 7, Mittags um 12, und Abends um sechs Uhr. Bald steht es neben mir, bald schwebt es im Zimmer in der Höhe, macht Schritte und körperliche Bewegungen.

Einmal erschien es mir auf einer Reise, mehrere Meilen weit von meinem Wohnort, und da eben der Wagen in Gefahr war umzufallen, hielt es denselben mit Kraft. Ein andermal, da ich eben einen Besuch bey einer herrschaftlichen Kammerjungfer machte, ließ sich dies Wesen auch daselbst sehen. Es kommt, wenn auch andere Menschen um und bey mir sind, und redet mit mir vor gewöhnlich in seiner eigenen Sprache, die ich, zu meiner eigenen Verwunderung, bald verstehen und nachsprechen lernte. Es entdeckt mir zuweilen zukünftige Dinge: z.E. ‚Der Freund von dir wird bald sterben — deine Mutter ist krank; heut kommt der . . . zum Besuch zu dir; deiner guten Herrschaft ist nicht wohl‘, u. dgl. Es läst seine Gegenwart in der Nacht auch im Finstern merken, daß ich geweckt, oder am Einschlafen gehindert werde. Ich bat diesen Immanuel dringend, sich doch auch von meinem Mann sehen zu lassen, aber er weigerte sich dessen, und antwortete: ‚das wäre nicht gut und er — mein Mann — würde darüber die Welt verlassen‘; ich fragte: warum ich ihn nur sehen könnte, und dürfte? die Antwort war: ‚wenig Menschen sind dazu bestimmt, so etwas zu sehen.'

Mehr als einmal sahe ich unsern Kirchhof voller menschlicher Figuren, die ein Freudenfest feyerten, als das Fest der Geburt unseres Heilandes, den Charfreytag, und im Herbst eine Stunde, wo mich Immanuel hieß auf die Knie fallen, und auf mein Angesicht legen. Die Sprache des Immanuels, so wie auch der lobpreisenden Figuren war so sanft, daß ich nicht im Stande bin es zu schildern. Auf Erlaubnis des kleinen Immanuels, rufte ich in einer dieser feyerlichen Stunden meinen Mann, allein dieser sahe weiter nichts als einen grünen Plaz, und den Kirchhof illuminirt.‹

Anm. so weit von dieser Erscheinung die Verfasserin.

Ich füge noch hinzu:

1) Die Besuche dieses Wesens, das sich Immanuel nennen läst, dauern Jahr aus Jahr ein fort. Fast täglich ists auf einmal da, und nach einem kurzen Aufenthalt wieder verschwunden. Einst kams, da ich Mittags zugegen war. Die Frau Pastorin gab mir von dessen Gegenwart einen Wink, ich sahe aber nichts, bemerkte aber am Tisch, an dem wir assen ein Wackeln, das ich keiner sichtbaren Kraft zuschreiben konnte. Auf meine Frage, woher diese Bewegungen rührten? antwortete die Frau Pastorin: ›vom ... Er ist unter ...‹ (mit abgebrochenen leisen Worten).

2) Zwey Kinder dieser Hausmutter sehen und bemerken auch diese Figur: der sechsjährige Sohn sieht sie an der Wand und Stubendecke hinauf steigen, und hin und her wandeln; und das kleine Kind auf seiner Mutter Armen, lacht über- und greift nach dieser kindlichen Figur.

3) Von der Sprache, in welcher Immanuel mit dieser Frau, et vice versa (und umgekehrt) spricht, habe ich mir einige Redensarten sagen, und mit lateinischen Buchstaben niederschreiben lassen, aber ich vermisse den Zettel. Wie

weit es damit geht, und wie viel beide Theile in der Sprache sich ausdrücken können, weiß ich nicht.

Nun erzählt die Frau Pastorin weiter:

›Die andere Erscheinung hatte ich 1800 am 15 Jun. Samstags Vormittags unter der Kirche, indem ich mich wusch: Es klopfte jemand an meine Stubenthür, und so gleich öfnete sich die Thür, und es trat eine schwarze Figur, eine Mannsperson herein, wie ein Pfarrer gekleidet, einen Hut unter dem Arm, sein eigenes Haar tragend, einen Kragen um den Hals, nach alter Art mit vielen Falten, gieng auf mein schlafendes Kind zu, und betrachtete dieses. Ich lief erschrocken zur Stube heraus, und jener gieng zu einer andern Thür zurück, und warf diese dermassen zu, daß die Klinke weit wegflog.

Nach 5 Jahren, nähmlich 1805, auch im Junii Sonnabends Nachmittags in der dritten Stunde, spielte jemand mit der Stubenthür, und machte sie immer auf und zu. Ich denke es ist mein Mann, da ich etwas vom schwarzen Kleid bemerkte, und rufe, ‚komme doch herein!‘ und siehe, der schwarze Pfarrer trat herein, ich sprang erschrocken davon; jener warf einen Stuhl mir nach, daß meine Ferse verwundet wurde. Ich rief meinen Mann, gieng mit ihm in die Stube, fand den Stuhl noch liegen, aber sonst niemand.‹ So weit die Frau Pastorin.

Mir erzählte die Frau Pfarrerin nich einige Anekdoten, die ich der Kürze wegen übergehe u. s. w.

. . . .
Pfarrer zu . . . .
den 21sten Aug. 1807.«

§. 210.

Diese Erzählung enthält verschiedenes, das uns merkwürdige Aufschlüsse über das Geisterreich giebt: daß es keine leere Vision sey, was die Frau Pfarrerin sieht, sondern daß sie würklich Wesen aus dem Geisterreich sehe, ist daher gewiß, weil auch die Kinder den kleinen Engel bemerken. Bey diesen, und besonders bey dem, das sie noch auf den Armen trägt, findet keine Täuschung statt. Auch das Wegspringen der Klinke, die Verwundung der Ferse, und der noch da liegende Stuhl, sind Beweise für das würkliche Daseyn des unglücklichen Geistes eines ehmaligen Pfarrers. Bey der äusserst merkwürdigen Feyer auf dem Kirchhof sahe der Herr Pastor nichts, als den Kirchhof illuminirt. Ich bedaure, daß ich nicht weiß, ob Menschen den Kirchhof erleuchtet hatten, oder ob das Licht würklich von Geistern herrührte? auf diesen Punkt kommt vieles an: denn wenn der Pfarrer auch das Licht sahe, so ist auch dieses keine leere Vision, sondern die Feyer hat ihre Richtigkeit. Also feyern auch die abgeschiedenen Seelen, die Feste ihres Erlösers und Seligmachers im Hades — mit der Zeit werden sie Ihn sehen wie Er ist, und seine Feste vor seinem Angesicht feyern.

§. 211.

Bey dieser Gelegenheit muß ich eine Bemerkung einschalten, die ich sehr ernstlich zu beherzigen bitte: viele meiner Leser schaudern für dem Auffenthalt im Hades. Schaudert nicht dafür, meine Lieben! sondern macht nur, daß ihr euch nicht darinnen aufzuhalten braucht! Wer sich so ganz dem Herrn gewidmet, sich ganz an Ihn übergeben, und Vergebung seiner Sünden in seinem Versöhnungstod gefunden hat; wer keine unversöhnte Blutschulden zurück läst, keine herrschende irrdische Leidenschaft, keine Anhänglichkeit an irgend etwas Sinnliches mehr hat, der schwingt sich gleich nach dem Erwachen vom Tode durch den Hades zu den Lichtreichen, und zum Anschauen Gottes empor.

Der Hades hat auch an und für sich selbst nichts peinigendes, aber auch nicht das Geringste, das dem abgeschiedenen Geist Vergnügen und Genuß gewähren könnte, ausserdem was er mitbringt. Ist er auf dem Wege der Heiligung aus der Zeit gegangen, und hat doch noch ein und anders an sich, das er nicht in die himmlischen Regionen mitbringen darf, so muß er so lang im Hades bleiben, bis er das alles abgelegt hat; allein er leidet keine Pein, ausser der, die er sich selbst macht.

§. 212.

Die eigentlichen Leiden im Hades sind das Heimweh, nach der auf immer verlohrnen Sinnenwelt. Man denke sich einen Menschen, der so ganz in sinnlichen Lüsten und Vergnügungen lebte, und die höhere Seligkeit der geistigen Genüße, in der Religion, nicht kannte; er mag auch übrigens ein guter, bürgerlich rechtschaffener, und nicht lasterhafter Mensch seyn, und der nun so hinstirbt, ohne sich gründlich und ernstlich bekehrt, und zu Gott gewendet zu haben. Wie muß ihm nun in der dunkeln, durchaus leeren, von allen Gegenständen, die auf irgend einen Sinn würken können, durchaus entblösten Gegend zu Muth seyn? jezt steht ihm sein ganzes Erdenleben mit allen seinen Genüßen lebhaft vor dem Gemüth, er erinnert sich alles dessen was er zurück gelassen hat, weit lebhafter, als vorher; er sehnt sich nun zurück, und kann in Ewigkeit nicht mehr. Jezt sucht er also seinen erbärmlichen Genuß in der Einbildungskraft, indem er sich alle Schönheiten und Genüße wieder vorstellt, sie auch zu realisiren sucht, allein da es ihm an Stof dazu fehlt, so sind es lauter armseelige Traumbilder, und sein verarmter Geist findet nirgend Nahrung, er trägt also den Saamen der Hölle in sich, und nun kommt alles darauf an, was er jezt noch für Maaßregeln ergreift: Es fehlt an guten Geistern nicht, die ihn liebreich und freundschaftlich belehren, was er zu thun habe, um noch der himmlischen Güter theilhaftig zu werden? er muß nähmlich seine Einbildungskraft von allen den Bildern reinigen, und nach und nach so wie diese Bilder abnehmen, auch die Liebe zum Irrdischen verliehren. Aber dies fällt nun dort weit schwerer als hier — hier lebt man im vollen Genuß der sinnlichen Natur, das Absterben der sinnlichen Lüste geschieht nach und nach, indem man die eine verläst, geniest man die andere noch, bis auch diese hinfällt, und man endlich gegen alle gleichgültig wird. Dazu kommt dann noch eins: so wie man der Welt abstirbt, so nimmt der innere geistige Genuß zu, der dann auch mit, durch die Betrachtung der herrlichen Eigenschaften Gottes die sich in der Sinnenwelt offenbaren, gestärkt, und vermehrt wird. Kurz dieses gegenwärtige Erdenleben ist recht dazu geeignet, den gefallenen Sünder auf die leichteste und bequemste Weise wieder in seinen Ursprung zurück- und zur Seeligkeit zu führen. Dort im Hades aber, wo alle Seelennahrung mangelt, nun auch noch gar den lezten armen Genuß ablegen zu müssen, ehe man Geschmack an einem bessern hat, das ist entsezlich! — und doch ist dies noch der einzige Weg zur seeligen Ruhe zu gelangen. Wer ihn nicht einschlägt, sondern durch den Umgang mit andern Geistern seines gleichen sich zu beruhigen sucht, der verstärkt die Bilder seiner Phantasie immer mehr, mithin auch die Leiden seines Heimweh's, die endlich Grimm, Zorn und Raserey in ihm erwecken, und nun zur Hölle reif machen. Das Beten für abgeschiedene Seelen ist nicht verwerflich. — Doch ich wende mich wieder zur Erklärung obiger Geschichte.

§. 213.

Diese Geistererscheinung unterscheidet sich von den vorigen darinnen, daß die zwey Wesen aus der andern Welt keine Forderung an die Frau Pfarrerin haben; sie scheint also im Grund zwecklos zu seyn, und nur darauf zu beruhen, daß die Seherin ein entwickeltes Ahnungs-Vermögen hat, wodurch sie zunächst mit dem kleinen Immanuel, der ihr Schuzengel zu seyn scheint, in Rapport gekommen ist. Sie hat also eine natürliche Disposition zum Umgang mit Geistern, diese ist aber immer eine Abweichung von den Gesetzen der Natur. Sie soll also keinen Werth auf diese Sache legen: denn wenn sie Freude daran hat, so geht die Entwickelung des Ahnungs-Vermögens immer weiter, sie kommt mit mehreren Geistern in Bekanntschaft, und kann dann schrecklich irre geführt werden. Wenn dies aber auch nicht geschieht, so leidet ihre Gesundheit darunter, und sie kommt früher zur Geister-Gesellschaft hinüber, als ausserdem ihre Bestimmung ist. Indessen soll sie ihren kleinen Schuzgeist nicht betrüben, sondern liebreich gegen ihn seyn, auch seinen Umgang nicht meiden, aber auch ja nicht suchen, sondern mit grosem Ernst und Eifer immer betend im Andenken an den Herrn zu bleiben suchen, damit sie auf ihrem gefährlichen Wege nicht verirren, oder ihr Leben verkürzen möge. Dies sage ich der guten Seele im Namen des Herrn zur Nachricht, und empfehle sie dem Schuz unseres Allerbarmers.

§. 214.

Was den bedauernswürdigen schwarzen Geist betrift, so ist er vermuthlich einer von den Vorfahren des jezigen Predigers, der noch etwas da zu suchen hat, und ärgerlich darüber ist, daß ihn die Frau Pastorin sehen kann. Oder, welches noch wahrscheinlicher ist: Er bedient sich dieser Gelegenheit um seinen Unwillen zu erkennen zu geben, daß nicht mehr Er sondern ein Anderer auf der Stelle ist.

O wie unglücklich und bedauernswürdig ist dieses arme Wesen! Ists möglich Herr! so erbarme dich seiner. Hier muß ich aber eine sehr wichtige Warnung einrücken: man hüte sich doch ja, diese Erscheinung auf einen der vorigen Prediger deuten zu wollen. Richtet nicht, meine Lieben! richtet Euch lieber selbst. *

§. 215.

Merkwürdig ist auch das noch, was der kleine Engel in Ansehung des Pfarrers sagt: es könne ihm das Leben kosten, wenn er ihm erschiene — und es seyen wenig Menschen bestimmt, so etwas zu sehen. Dies beweist meine Behauptung, daß die Entwicklung des Ahnungs-Vermögens eine gefährliche, und der physischen Natur schädliche Würkung seye.

Bey den feyernden Figuren auf dem Kirchhof fällt mir noch ein: Sollten sich wohl die abgeschiedenen Seelen zuweilen mit ihrem Auferstehungskeim überkleiden, und sich so der Sinnenwelt mehr nähern können? Es giebt ja auch wandernde Geister, welche von mehreren Menschen, auch ohne Entwicklung des Ahnungs-Vermögens gesehen werden — diese müssen wohl materiellere Hüllen haben. Da aber auch der Auferstehungskeim unsern sinnlichen Augen verborgen ist, und ihn nur diejenigen sehen, die eine physische Anlage dazu haben; so müssen die Geister, vermittelst dieses Auferstehungskeims, Dünste aus der Luft anziehen, und sich daraus eine ihnen zukommende Gestalt bilden können.

* Dieser schwarze Geist ist nun durch das Gebet des Predigers entfernt worden, er erscheint nicht mehr.

§. 216.

Es ist vester Grundsaz bey mir, hier keine Geschichte auf-
zunehmen, von deren Gewisheit ich keine Beweise habe;
sonst könnte ich Beyspiele anführen, daß beherzte Leute
sich schwarzen gefährlichen Geistern genähert haben, so
gar durch sie hingegangen sind, welches ihnen aber sehr
schädlich gewesen, indem Geschwüre aus der Haut ausge-
fahren, und sie sehr krank geworden sind. Ein gewisser
Nachtwächter Oßmann, der ehmals in Erfurt gelebt haben
soll, soll auf diese Weise gestorben seyn; und man sagt, daß
damals die Sache dort gerichtlich untersucht worden seye.
Man hüte sich auf der einen Seiten für Vermessenheit, und
auf der andern für Schüchternheit; der wahre Christ meidet
unnöthige Gefahren, aber ausserdem fürchtet er auch
nichts; er bleibt auf seinen Berufswegen, und wenn ihm so
etwas begegnet, so prüft er mit Vorsicht, und findet er Wahrheit, ist es ein Geist, so weist er ihn mit liebreichem Ernst
im Namen Jesu Christi an seinen Ort, wohin er gehört.
Übrigens ist das Geistercitiren eine gottlose unerlaubte
Vermessenheit, und das Beschwören und Verbannen lieb-
loß, und dem Christenthum nicht gemäß.

§. 217.

Ehe ich weiter gehe, muß ich hier noch die bekannte Geistererscheinung in Braunschweig mittheilen, und nach
meiner Theorie erläutern, weil sie auch einen Geist betrift,
der hier noch ein und anderes zu berichtigen hatte, das ihn
an seiner weiteren Beförderung hinderte. An der Wahrheit
dieser Geschichte ist gar nicht zu zweifeln, ich weiß sie aus
mehreren sicheren Quellen, und theile sie hier wörtlich
mit, wie sie im 5ten Stück des 2ten Bandes des Museums des
Wundervollen erzählt wird:

»Im Jahr 1746 nach dem Johannistag starb in Braunschweig ein Herr Dörien, Hofmeister am Collegio Carolino, ein Mann, der jederzeit seinem Amt mit aller Treue und Wachsamkeit vorgestanden hatte, und dem ein sanfter, stets sich gleicher Caracter, eine eben so kluge als natürliche Redlichkeit, und eine standhafte Seele eigen war. Kurz vor seinem Tode ließ er einen andern Hofmeister Herrn M. Höfer, mit dem er in genauer Freundschaft stand, zu sich bitten, um etwas Nothwendiges mit ihm zu sprechen. Dieser, ob er schon bereits im Bette lag, wollte doch den Wunsch seines Freundes nicht unerfüllt lassen, und gieng daher zu ihm. Allein er kam zu spät, indem der Kranke bereits mit dem Tode rang. Nach einiger Zeit verbreitete sich das Gerücht, als wenn bald dieser, bald jener den Verstorbenen im Carolino gesehen hätte. Da aber diese Nachrichten blos von jungen Leuten herrührten, so fanden sie wenig Beyfall, vielmehr wurde alles für ein Resultat der durch die Furcht aufgeregten Einbildungskraft ausgegeben. Endlich ereignete sich im Monath October 1746 ein Vorfall, der viele bewog, der Erscheinung einen ausgezeichneten Werth beyzulegen, anstatt, daß man sie vorher als ganz unwahr verworfen hatte. Es erschien nähmlich der verstorbene Dörien dem M. Höfer zu der Zeit, als er seiner Gewohnheit nach, Nachts zwischen eilf und zwölf Uhr im Collegio herum gieng, um zu sehen, ob seine Untergebenen zu Bette, und alles in gehöriger Ordnung sey? Als er an des M. Lampadius Stube kam, sah er den Verstorbenen gleich daneben sitzen, in seinem gewöhnlichen Schlafrock, einer weisen Nachtmütze, welche er unten mit der rechten Hand hielt, so, daß man nur die Hälfte seines Gesichts, nähmlich den untern Theil vom Kinne bis zu den Augen, doch mit gröster Deutlichkeit sehen konnte. Dieser unerwartete Anblick sezte zwar den M. Höfer in einiges Schrecken, allein überzeugt, daß er seinem Beruf nachgehe, faßte er sich bald wieder, und gieng in die Stube. Nachdem er alles in Richtigkeit gefunden hatte, schloß er die Stube hinter sich zu, und bemerkte den vorhergesehenen Schatten noch unbeweglich in seiner vorigen Stellung. Er faßte den Muth, daß er auf ihn loß gieng, und ihm gerade ins Gesicht leuchtete, jezt überfiel ihn ein solches Entsetzen, daß er kaum die Hand wieder an sich zurückziehen konnte, welche ihm auch von Stund an so geschwollen war, daß er etliche Monathe damit zubrachte.

Den folgenden Tag erzählte er diese sonderbare Begebenheit Herrn Oeder, Professor der Mathematik, der aber diese Geschichte als ein Philosoph nicht glauben wollte, sondern sie für einen Betrug oder eine Täuschung der Einbildungskraft erklärte. Um aber genauer hinter die Sache zu kommen, erbot er sich, in der bevorstehenden Nacht selbst mit zu gehen, weil er mit zuversichtlicher Hofnung sich Rechnung machte, den M. Höfer zu überzeugen, daß er entweder nichts gesehen, oder sich von einem Gespenste mit Fleisch und Bein habe hintergehen lassen. Beyde giengen daher zwischen eilf und zwölf Uhr an den gedachten Ort; so bald sie aber an die Stube kamen, ruft der Professor Oeder mit einer grosen Betheurung: ›Da ist Dörien leibhaftig‹ — Der M. Höfer gieng stillschweigend in die Stube, und bey seiner Zurückkunft saß der Schatten noch immer in seiner gewöhnlichen Stellung wie des Tags vorher. Sie sahen ihn geraume Zeit genau an; alles an ihm war deutlich, so gar konnten sie den schwarzen Bart genau unterscheiden; allein es hatte keiner das Herz, ihn anzureden, oder anzurühren, vielmehr giengen beyde Überzeugungsvoll weg, daß sie den vor einiger Zeit verstorbenen Hofmeister Dörien gesehen hätten. Die Nachricht von dieser Begebenheit breitete sich immer mehr und mehr aus, und es begaben sich viele Personen an den bestimmten Ort, um sich von der Wahrheit der Sache durch eigene Erfahrung zu überzeugen: allein ihre Mühe war fruchtlos.

Der Professor Oeder wünschte selbst dieses Schattenbild noch einmal zu sehen, gieng mehrmals allein hin, suchte es in allen Winkeln, mit dem vesten Entschluß dasselbe anzureden; allein auch seine Bemühung wurde durch keinen seinen Wünschen entsprechenden Ausgang belohnt. Daher er auch seine Gedanken durch die Worte ausdrückte: ›Ich bin dem Geiste lang genug zu gefallen gegangen; wenn er nun noch etwas haben will, so mag er zu mir kommen.‹ Allein was geschah! ohngefehr nach 14 Tagen, da er an nichts weniger als an ein Gespenst dachte, wurde er früh zwischen drey und vier Uhr plözlich durch eine äussere Bewegung mit Gewalt aufgeweckt. So bald er die Augen aufthät, sahe er, daß dem Bette gegenüber am Schranke, der nur zween Schritte von ihm entfernt war, ein Schattenbild befindlich war, das sich in der Kleidung des Gespenstes darstellte. Er richtete sich auf, und konnte nunmehr das ganze Gesicht deutlich sehen. Starr heftete er seine Augen nach diesem Bild, bis es nach einer Zeit von acht Minuten unsichtbar wurde.

Den folgenden Morgen, um eben die Zeit, wurde er wiedrum geweckt, und er sahe die nähmliche Erscheinung, nur mit dem Unterschied, daß die Thür am Schranke einiges Geräusch machte, nicht anders, als wenn sich jemand daran lehnte. Diesmal blieb auch der Geist länger stehen, so, daß ihn der Professor Oeder mit den Worten anredete: ›Gehe fort böser Geist, was hast du hier zu schaffen?‹ Auf diese Worte erfolgten von dem Schattenbild allerhand fürchterliche Bewegungen, es bewegte Kopf, Hände und Füsse so, daß auch der Professor Oeder angstvoll betete: ›wer Gott vertraut‹ u.s.w. und ›Gott der Vater wohn uns bey‹

u. s. w. Hierauf verschwand der Geist. Acht Tage lang
genoß der bisher vom Geist Beunruhigte nunmehro Friede
und Ruhe; allein nach Verlauf dieser Zeit ließ sich abermals
früh um drey Uhr die Erscheinung sehen, nur mit dem Unterschied, daß sie vom Schrank her, gerade auf ihn loß kam,
und den Kopf über ihn herbeugte, so daß er auch ausser
Fassung im Bett aufsprang, und mit Heftigkeit auf das
Gespenst losschlug. Es wich auch würklich zurück an den
Schrank; kaum aber hatte er sich niedergesetzt, so schien der
Geist noch einen Angrif wagen zu wollen, weil er sich dem
Professor Oeder wiedrum näherte. Hier bemerkte der Leztere, daß das Gespenst eine kurze Tabackspfeiffe im Munde
hatte, die er vorher, vielleicht aus Schrecken nicht wahrgenommen hatte. Dieses Betragen des Geistes, und die überaus gelassene Miene, die mehr freundlich als mürrisch zu
seyn schiene, verminderte seine Furcht, und gab ihm den
Muth, daß er den Geist folgendermassen anredete: ›Haben
Sie noch Schulden?‹ — Er wuste schon zum voraus, daß der
Verstorbene einige Thaler Schulden hinterlassen hatte, daher kam die Veranlassung dieser Frage. Bey dieser Frage
wich das Gespenst einige Schritte zurück, richtete sich gerad
in die Höhe, nicht anders als ob jemand etwas mit Aufmerksamkeit anhören wolle. Er wiederholte die Frage noch
einmal, worauf der Geist mit der rechten Hand über den
Mund hin- und herfuhr. Der schwarze Bart, den der Professor Oeder deutlich sehen konnte, veranlaßte ihn, die
Frage zu thun: ›haben sie vielleicht noch den Barbier zu
bezahlen?‹ worauf das Gespenst den Kopf verschiedenemahl
langsam schüttelte. Die weise Tabackspfeiffe war der Ver-
anlassungsgrund zu folgender neuen Frage: ›sind sie etwa
noch Taback schuldig?‹ hier wich es zurück, und verschwand
auf einmal. Den Tag darauf entdeckte der Professor Oeder
diesen neuen Vorfall dem Hofrath Erath, der einer von den

vier Curatoren am Collegio Carolino war, und die Schwester des Verstorbenen bey sich im Hause hatte. Dieser machte so gleich Anstalt, daß die Schuld bezahlt wurde. Diese so glücklich abgelaufene Unterredung mit dem Geist bewog den Herrn Professor Seidler, die nächstfolgende Nacht bei Oeder zu bleiben, weil man vermuthete, der Geist würde wieder erscheinen, welches auch geschah. Früh nach fünf Uhr wachte Oeder plözlich auf, und fand seinen ungebettenen Gast nicht, wie gewöhnlich, an dem Schranke, sondern neben denselben an der weisen Wand. Er blieb in dieser Stellung, jedoch nicht lange, sondern gieng in der Kammer auf und ab, als wenn er begierig wäre zu wissen, wer ausserdem noch im Bett läge. Endlich näherte er sich dem Bette, worauf der Prof. Oeder seinen Freund Seidler stieß, und zu ihm sagte: ›voyez!‹ (sehen Sie!) dieser ermunterte sich gleich, sahe aber weiter nichts, als etwas weises, und den Augenblick darauf sagte Oeder: ›jezt verschwindet er.‹ Sie sprachen eine geraume Zeit von dieser Begebenheit und Oeder war unwillig, daß sich der Geist nicht länger aufgehalten hatte. Er fragte Seidler, ob er ihn nicht citiren solle? doch hierinn wollte der Leztere nicht willigen, und da der Prof. Oeder weiter nichts sprach, so glaubte Seidler er wolle wieder einschlafen. Dies war er daher auch zu thun willens, allein jezt fuhr Oeder auf einmal im Bette auf, schlug um, und neben sich, und rief mit einer fürchterlichen Stimme aus: ›du must hier weg, du hast mich lange genug beunruhigt, willst du noch etwas von mir haben, so sage es kurz, oder gieb mir es durch ein deutliches Zeichen zu verstehen, und komm nachmals wieder an diesen Ort.‹

Seidler hörte dies alles mit an, allein er konnte nichts sehen. Als nun Oeder sich einigermassen beruhigt hatte, fragte Seidler nach der Ursache seines Auffahrens, wo er dann zur Antwort erhielt, daß der Geist zum zweytenmal gekommen sey, als sie miteinander gesprochen, sich erst vor das Bette gestellt, hernach sich demselben genähert, und mit dem ganzen Leibe darüber gelegt hätte. Von dieser Nacht an, behielt der Prof. Oeder alle Nächte jemanden bey sich, und brannte auch Nachtlicht, welches er vorher niemals gethan hatte. Dieses fruchtete nun so viel daß er zwar nichts sahe, aber doch fast allezeit, entweder nach drey, oder nach fünf Uhr, mit einer ungewöhnlichen Empfindung, oder vielmehr mit einem Kitzeln, aufgeweckt wurde, welche Empfindung er vormals nie gehabt zu haben, versicherte. Er beschrieb diese Empfindung als eine solche, dergleichen man zu haben pflegt, wenn man mit einem feinen Flederwisch vom Kopf bis auf die Füsse gestrichen wird. Manchmal hörte er auch am Schrank einiges Geräusche, oder ein Pochen an der Stubenthür. Nach und nach aber unterblieb beydes, so, daß er glaubte, auf die Zukunft seines Gastes entlediget zu seyn, daher er auch wiedrum allein schlief, und kein Licht weiter brennen ließ.

Zwo Nächte giengen auf solche Art ruhig vorüber, allein die dritte Nacht war das Gespenst um die gewöhnliche Zeit wieder da, obschon in einem merklichen Grad dunkler. Es hatte in der Hand ein neues Zeichen, mit dem es ungewöhnliche Bewegungen machte. Solches war einem Bilde ähnlich, und hatte in der Mitte ein Loch, in welches der Geist zum öftern die Hand steckte. Oeder war so beherzt, daß er sagte: er müße sich deutlicher erklären, sonst könne er nicht errathen, was er haben wolle, oder wenn er dies zu thun unvermögend sey, so möchte er näher tretten. Auf beyde Aufforderungen schüttelte das Gespenst den Kopf, und verschwand.

Eben diese Erscheinungen geschahen noch einigemal, so gar in Beysein eines andern Hofmeisters am Carolino. Nach langem Nachsinnen und Forschen, was der Verstorbene wohl mit diesem Zeichen haben wolle, brachte man so viel heraus, daß er kurz vor seiner Krankheit etliche Bilder in eine magische Laterne von einem Bilderhändler auf die Probe genommen, die nicht zurück gegeben worden seyen. Man gab daher dem wahren Eigenthümer die Bilder zurück, und von der Zeit an blieb Oeder in Ruhe. Der Prof. Oeder berichtete diese Begebenheit mit dem Geist an Hof, und an grose Gelehrte, z. B. an den damaligen Probst Jerusalem, an den Prof. Gebauer in Göttingen, und an den Prof. Segner, und war erbötig, sein Zeugniß mit einem Eide zu bestättigen.«

§. 218.

So weit die Erzählung aus dem Magazin des Wundervollen. Ist es nun wohl begreiflich, daß man auch diese Erscheinung einer Täuschung der Einbildungskraft zuschreibt? und doch geschieht es gegen besser Wissen und Gewissen, und gegen alle innere Überzeugung. Alle die den Geist sahen, sollen sich dies blos eingebildet haben, und von dieser Einbildung soll dem verständigen Höfer, der sich nicht täuschen wollte, der Arm geschwollen seyn — Die täuschende Einbildung soll Oedern bewogen haben, die Tabacksschulden zu errathen, und für ihre Bezahlung zu sorgen, und eben so auch die geliehenen Glasgemälde ihrem Eigenthümer wieder zuzustellen. Nein es ist unmöglich, daß ein vernünftiger Mensch solche unvernünftige Behauptungen im Ernst meynen kann — aber warum behauptet man solchen Unsinn? — Antw. Um das fürchterliche Ungeheuer, den Aberglauben zu stürzen. Gerade als wenn das Aberglauben wäre, wenn man ein merkwürdiges Phänomen in der Natur sieht, hört, mit allen Sinnen empfindet, vernünftig prüft, und dann Schlüsse daraus zieht — Sagt doch um Gottes- und der Wahrheit willen, liebe Zeitgenossen! ist das denn Aberglauben? — wenn das Aberglauben ist, so sind alle unsere grosen Physiker, Chemiker, Astronomen, und Naturforscher sehr verächtliche abergläubische Menschen, denn sie thun nichts anders als das. Aber ich weiß sehr wohl wo der Schuh drückt: die logisch richtigen Schlüsse die man ganz natürlich aus einer solchen Erscheinung folgern muß, sind der Aberglaube den man fürchtet: sie beweist unwidersprechlich die Fortdauer unseres Wesens nach dem Tod, und zwar mit der Rückerinnerung der Geschichte unseres Erdenlebens; und nimmt man noch andere, eben so wahre und gewisse Erscheinungen dazu, so bringt man bald, und ohne Mühe, lauter apodiktische Beweiße, für die Unsterblichkeit der Seelen, für die Gewisheit der Belohnungen und Strafen nach diesem Leben, für erhöhtere Kräfte unseres Wesens nach dem Tod, für die Wahrheit der Erlösung durch Christum, mit einem Wort, für die wahre alte evangelische Bibelreligion heraus, wodurch dann das neuchristlich seyn sollende mechanisch philosophische Lehrgebäude, das sich, die durch Luxus und Weichlichkeit abstrapazirte Aufklärung, aus dem ärmlichen Vorrath, aus der Sinnenwelt abstrahirter Ideen, zusammen gezimmert hat, total darnieder gestürzt und zertrümmert wird. Dies ist der Aberglaube den man fürchtet. Darum hat der antichristliche Geist von jeher die Geistererscheinungen gefürchtet; anfangs misbrauchte er sie zum Popanz, oder zum schändlichsten Aberglauben, und da er sie nun gleichsam mit Schande gebrandmarkt hat, so läugnet er sie ganz; beydes soll uns aber nicht abschrecken. Diese sehr ernste, feyerliche und ganz unbestreitbare Zeugnisse für die Wahrheit der Bibel und ihrer Religion aufzusuchen und zu prüfen.

Dörien war also ein untadelhafter, braver, und rechtschaffener Mann, und doch war er nicht alsofort nach dem
Tode glücklich. Wir wollen ja nicht lieblos über ihn urtheilen, er kann bald hernach seelig geworden seyn, sondern
vielmehr untersuchen, was ihn zu dieser traurigen Erscheinung veranlaßt habe? — Daß es kleine Schulden, und
das Zurückbehalten einiger Glasgemälde waren, ist klar,
aber wie oft bleiben solche Sachen unberichtigt, ohne daß
deswegen der abgeschiedene Schuldner wieder zurück-
kommt, und auf die Berichtigung dringt? — Bey Dörien
muste also noch etwas hinzukommen, und dieses glaube
ich darinnen zu finden, daß die noch nicht berichtigten
zween Punkte in seiner Todesnoth seine ganze Seele erfüllten; weswegen er auch zu seinem Freund Höfer schickte,
vermuthlich, um ihn zu bitten, daß er die zween Punkte
in Ordnung bringen möchte, während welcher Zeit er aber
mit dieser Sehnsucht starb — Diese Sehnsucht war also so
stark, daß sie den armen Geist in einer so quälenden Lage
gleichsam im Thor der Geisterwelt zurück hielt.

§. 220.

Man sieht hieraus, wie wichtig das Hausbestellen vor dem
Sterben ist — man suche doch auch im Irrdischen vorher
alles in Ordnung zu bringen, ehe man die Welt verläßt, hat
man das aber nicht gekönnt, oder hat mans versäumt, so
ist das denn doch kein Gegenstand mehr, der uns im wichtigsten Zeitpunkt unserer ganzen Existenz beschäftigen, uns
mit Sehnsucht erfüllen soll. Was man dann nicht mehr
ändern kann, das überträgt man mit inbrünstigen und de-
müthigen Seufzern aus einem gebeugten Herzen der all-
waltenden Vorsehung zur Berichtigung, und zur Aufrecht-

erhaltung der Ehre, und ergreift dann mit vester Zuversicht, die ewige Erlösung durch Christum im Glauben, so daß dieser Gedanke die ganze Seele, das ganze Wesen erfüllt; man hüte sich aber ja, sich mit allem dem Guten, was man etwa sein ganzes Leben durch ausgewürkt haben mag, zu beruhigen und zu trösten; wenn darauf unsere Seeligkeit gegründet werden soll, so werden wir ins Gericht geführt, und unsre Sünden jenen guten Handlungen gegenüber gestellt, und dann siehts auch mit den besten Menschen schrecklich aus; im Gegentheil, wir müssen uns nakt ausziehen, und genau mit dem Gefühl und der Gesinnung des verlohrnen Sohns uns in die Armen des gekreuzigten Allerbarmers werfen; uns mit aller Kraft unserer Seele nach Ihm sehnen, und nur aus pur lauterer Gnade Ihn um Aufnahme in sein Reich bitten, so wie es auch der arme Schächer am Kreuz machte, dann wird uns diese Sehnsucht mächtig aus der sterblichen Hülle empor flügeln, und dann ist an kein Wiederkommen mehr zu denken.

Jezt werdet ihr auch, lieben Leser! das Gleichnis des Herrn verstehen, Matth. 22. V. 11. 12. 13. wo der Hausvater die Gäste musterte, und einen fand, der kein hochzeitlich Kleid an hatte; das war so einer, der mit seiner eigenen Werkgerechtigkeit, seinem elenden besudelten Kleid, die Gerechtsame zu haben glaubte, an dieser Tafel zu erscheinen, wo nur die Gerechtigkeit Christi das Hochzeitkleid, die allein gültige Uniform ist.

§. 221.

Der abgeschiedene Geist von dem hier die Rede ist, erschien so, daß er ohne das entwickelte Ahnungs-Organ gesehen werden konnte, daher bemerkten ihn auch mehrere. Entweder war er noch zu neu in dem Geisterreich, so daß er noch nicht wuste, wie sich ein Geist mit einem noch lebenden Menschen in Rapport setzen könne, oder er fand niemand der dazu fähig war. Indessen scheint es doch, daß er Versuche zu jener Entwicklung habe machen wollen, denn es würkte auf Höfern, dessen physische Natur aber dieses Einwürken nicht ertragen konnte, indem sein Arm schwoll, und er es auch nicht mehr wagte, dem Geist näher zu kommen. Oeder konnte zwar dieses Würken besser leiden, und es kam auch einigermassen zum Rapport, aber doch nicht so weit, daß der Geist mit ihm sprechen konnte.

§. 222.

Ich bitte hiebey wohl zu bemerken, daß ein solcher erscheinender Geist nicht jedermann hörbar sprechen kann, dazu fehlen ihm die Werkzeuge, sondern wo er jemand trift, der ein leicht zu entwickelndes Ahnungs-Organ hat, so würkt er auf ihn, indem er seine Gedanken in das Innere der lebenden Menschen haucht, die sich dann den innern Gehör-Werkzeugen mittheilen, und so glaubt der Hörende die Stimme von aussen gehört zu haben. Daher kommts, daß jemand in Gegenwart anderer mit einem Geist sprechen kann, ohne daß die Anwesenden, des Geistes Stimme hören. Dereinst wird uns das alles begreiflich werden, weil es uns dann natürlich ist. Der Geist hört auch nicht mit seinen Ohren was die Anwesende sagen, sondern er liest es in der Seele dessen, mit dem er in Rapport ist, so wie eine magnetische Somnambüle in ihrem Magnetiseur. Ich bitte dies alles wohl zu bemerken, so wird vieles Unbegreifliche erklärbar werden.

Mit Oedern kam es so weit nicht, sey's, daß seine physische Natur schwer in Rapport zu bringen war, oder daß es der Geist noch nicht recht verstunde.

§. 223.

Höchst merkwürdig ist hier wieder die schaffende Kraft abgeschiedener Geister: als sich Dörien, nicht durch Worte verständlich machen konnte, so bildete er sich eine Tobackspfeiffe in den Mund, und eine magische Laterne in die Hand. Alles freylich blose Dunstbilder, die er aber doch blos durch seine Imagination und durch seinen Willen sinnlich darstellte. Liebe Leser! was werden wir dereinst im himmlischen Element alles ausrichten können! — Ach laßt uns doch allen Ernst anwenden, um dort wohl aufgenommen zu werden!

§. 224.

Oeders Betragen gegen den Geist war hart; er schalt ihn einen bösen Geist, ohngeachtet er wuste, daß es Döriens Seele war; er schlug um sich, als er sich ihm näherte; freylich war das alles Folge der Angst, allein auch diese war Folge seiner mangelhaften Grundsätze. Wär ich an seiner Stelle gewesen, so hätte ich gesagt: gute liebe Seele! du bist auf einem Irrwege; um das Irrdische bekümmere dich nicht weiter, das ist deiner Aufmerksamkeit nicht werth, dafür laß du mich sorgen. Alles! Alles was du noch zu berichtigen hat, wollen wir, deine Freunde, untersuchen, und dann in Ordnung bringen, so daß jedermann mit dir zufrieden werden soll; und ist noch etwas auf deiner Seelen, das wir nicht gut machen können, so wende dich zu deinem Erlöser, der kann alles berichtigen; zu Ihm! zu Ihm richte nun deine ganze Sehnsucht, da findest du allein Ruhe, der Herr seegne dich! und gebe dir Friede!

Auf solche Weise hätte ich ihn behandelt, und ich bin überzeugt, daß er mich, wo nicht bey den ersten Erscheinungen, doch endlich, an statt sich zu verdunkeln, hell verklärt würde verlassen haben. Wenn sich ein Geist so nähert, daß er unserm Körper nachtheilig werden kann, so weicht man aus, wendet sein Gemüth zu Gott, und sagt ihm dann freundlich: ich sage dir im Namen Jesu Christi, daß du mich nicht berühren darfst.

§. 225.

Nun will ich noch eine sehr merkwürdige Geistererscheinung mittheilen, in welcher auch noch etwas Hinterstelliges im Fleische berichtigt werden muste, und dann noch von denen abgeschiedenen Seelen handeln, die durch Gottes unerforschliche Gerichte verurtheilt sind, den lebenden Menschen zum warnenden Beyspiel, auf der Gränze zwischen dieser und jener Welt zu bleiben, bis ihr ewiges Schicksal entschieden ist.

Das Fürstenthum Sachsen-Altenburg wurde gegen das Ende des siebenzehnten Jahrhunderts in drey Theile zerstückt, wovon ein Theil zu Gotha, das andere zu Saalfeld gehörte, und das dritte nähmlich Eisenberg, bekam seinen eigenen Herrn, dessen Familie aber mit Herzog Christian im Jahr 1707 wieder ausstarb, wo dann Eisenberg wieder an Gotha kam.

Dieser Herzog Christian hatte nicht lange vor seinem Tod, eine sehr merkwürdige Erscheinung, die alle Zeugnisse der historischen Gewisheit für sich hat, und wenigstens in einem der Sächsischen Archive aufbewahrt worden, vielleicht auch noch gegenwärtig da zu finden ist. Sie steht in den monathlichen Unterredungen vom Reich der Geister, Leipzig bey Samuel Benjamin Walther 1730, im zehenden Stück, S. 319 u. f. ich will sie hier wieder so einrücken, wie ich sie in ihrem damaligen Styl in gedachtem Buch finde:

»Als um das Jahr 1705 der Herzog von Sachsen-Eisenberg, Christianus, welcher 1707 im April verstorben, sich — (des

Mittags) — in seinem Cabinet aufs Bette zur Ruhe gelegt hatte, und in unterschiedenen geistlichen Betrachtungen begriffen war, klopfte etwas an die Thüre des Cabinets. Wiewohl nun der Herzog nicht begreifen konnte, wie solches zugienge, indem doch die Wache, und andere Bedienten vor dem Zimmer waren, so rief Er dennoch, herein! da denn eine Weibsperson, Namens Anna, eines Churfürsten zu Sachsen Tochter, in altväterlicher fürstlicher Tracht herein trat. Als der Herzog, welcher sich in die Höhe gerichtet hatte, und mit einem kleinen Schauer befallen war, dieselbe gefraget: was ihr Begehren sey? antwortete sie ihm: ›entsetze dich nicht, ich bin kein böser Geist, dir soll nichts übles wiederfahren.‹ Hierauf verschwand sogleich alle Furcht bey dem Herzog, daß er sie weiter fragte: wer sie wäre? sie gab ihm zur Antwort: ›ich bin eine von deinen Vorfahren, und mein Gemahl ist eben der gewesen, der du jezo bist, nähmlich Herzog Iohann Casimir von Sachsen-Coburg; wir sind aber schon vor 100 Jahren verstorben.‹ Als nun der Herzog ferner nachforschte: was sie denn bey ihm zu suchen hätte? ließ sie sich folgendermassen vernehmen: ›ich habe eine Bitte an dich, nähmlich mich und meinen Gemahl, weil wir uns vor unserm Ende wegen einer gehabten Zwistigkeit nicht ausgesöhnet, gleichwohl aber beyde auf das Verdienst Jesu gestorben sind, zu dieser von Gott bestimmten Zeit, miteinander zu versöhnen. Ich befinde mich zwar würklich in der Seligkeit, jedoch geniese ich noch nicht das völlige Anschauen Gottes, sondern bin bisher in einer stillen und angenehmen Ruhe gewesen; mein Gemahl aber, welcher sich bey meinem Tod nicht mit mir versöhnen wollen, solches aber hernach bereut, und in wahrem, obwohl schwachen Glauben an Jesum Christum die Welt verlassen, hat bisher zwischen Zeit und Ewigkeit, in Finsterniß und Kälte, jedoch nicht ohne Hofnung zur Seligkeit zu gelangen, sich befunden.‹

Als nun der Herzog viele Einwürfe dawider machte, wieder-
legte solche der Geist, als hieher nicht gehörig, und sie nicht
angehend, sagte auch, daß, so bald er in die Ewigkeit gekommen, er gar wohl erkannt habe, daß einer von ihren Nachkommen bestimmt wäre, ihnen beyden zur Versöhnung zu
verhelfen, wie er denn noch mehr sey erfreut worden, da er
ihn, den Herzog, als ein Werkzeug Gottes, hierzu erkannt
habe. Endlich giebt der Geist dem Herzog 8 Tage Bedenk-
zeit, nach deren Verlauf er um diese Stunde wieder kommen,
und seine Erklärung erwarten wollte, und verschwand darauf vor seinen Augen. Nun stunde der Herzog mit einem
14 Meilen von ihm entfernten Theologo, nemlich dem Super-
intendenten Hofkunzen zu Torgau, in besonderer Vertrau-
lichkeit, so gar, daß er mit demselben in Geistlichen, Welt-
lichen, und philosophischen, ja auch Regierungssachen durch
expresse Staffeten zu correspondiren pflegte. Zu diesem
gelehrten Mann fertigte er alsobald jemand ab, erzehlte demselben schriftlich die gehabte Erscheinung mit allen Umständen, und begehrte seinen Rath und Gutachten, ob er
dem Geist in seinem Antrag willfahren sollte, oder nicht?
Dem Theologo wollte anfänglich diese Sache ziemlich verdächtig, und, wie gewöhnlich, als ein Traum vorkommen,
daß er daher sich anfänglich nicht so gleich darein zu finden
wuste. Nachdem er aber die sonderbare Frömmigkeit des
Fürsten, dessen grose Erkänntnis und Erfahrung in geistlichen Sachen, sein zartes Gewissen, und zugleich den
Umstand, daß sich der Geist am hellen Tage bey Sonnen-
schein sehen lassen, wohl bey sich erwogen, machte er sich
kein Bedenken, dem Herzog folgende Antwort zu ertheilen:
woferne der Geist von ihm keine abergläubische, nach dem
Worte Gottes zuwiderlaufende Ceremonien oder andere
Umstände verlangte, und er, der Herzog sich mit gnug-
samem Muth zu einer solchen Handlung versehen wüste, so

wollte er ihm eben nicht abrathen dem Geist seine Bitte zu gewähren. Doch sollte er dabey mit inbrünstigem Gebet anhalten, auch zu Verhütung alles Betrugs, den Zugang seines Zimmers und Cabinets durch die Wache und Bedienten wohl bewachen lassen. Der Herzog ließ inzwischen in den Jahrbüchern nachschlagen, und befand alles in der Wahrheit gegründet, was der Geist gesagt hatte, so gar daß auch die Kleidung der begrabenen Fürstin und des erschienenen Geistes gar genau miteinander übereingekommen. Da nun die bestimmte Stunde herbey kam, legte sich der Herzog wieder auf das Bette, nachdem er der Wache vor dem Zimmer scharfen Befehl gegeben, keinen einzigen Menschen hinein zu lassen; und wie er selbigen Tag mit Beten, Fasten und Singen angefangen hatte, also erwartete er den Geist unter währendem Bibellesen, welcher sich auch accurat um eben dieselbe Stunde, wie vor 8 Tagen eingestellet, und endlich auf des Herzogs rufen: herein! in voriger Kleidung in das Cabinet getretten. Gleich Anfangs fragte derselbe den Herzog, ob er sich entschlossen habe ihrem Verlangen ein Genüge zu leisten? worauf dieser zur Antwort gab: Woferne ihr Begehren nicht wider Gottes Wort liefe, auch sonst nichts abergläubisches bey sich führte, wollte er es in Gottes Namen thun, und möchte sie ihm nur deutlich anzeigen, wie er sich dabey verhalten sollte. Auf diese Erklärung ließ sich der Geist folgender Gestalt vernehmen; ›es ist nichts wider Gottes Wort, und verhält sich die Sache also: Mein Gemahl hatte mich bey meinen Lebzeiten unschuldiger Weise wegen Untreue im Verdacht, weil ich mich mit einem frommen Cavallier manchmal in geheim von geistlichen Sachen unterredete. Er faßte deswegen einen unversöhnlichen Haß gegen mich, welcher so heftig war, daß ob ich schon meine Unschuld genugsam darlegte, ja auf meinem Todbette ihn zur Versöhnung bitten ließ, dennoch derselbe weder seinen

Haß noch Argwohn fahren zu lassen, noch zu mir zu kommen, sich entschliesen wollte. Weil ich nun alles bey der Sache gethan, was ich thun konnte, starb ich zwar im wahren Glauben auf meinen Heiland, gelangte auch in die ewige Ruhe und Stille, geniese aber das völlige Anschauen Gottes noch nicht. Mein Gemahl hingegen, wie gedacht, bereute zwar seine Unversöhnlichkeit gegen mich nach meinem Tode, und starb endlich auch in wahrem Glauben, doch ist er bisher zwischen Zeit und Ewigkeit in Angst, Kälte und Finsterniß gewesen. Nunmehr aber ist die von Gott bestimmte Zeit gekommen, daß du uns hier auf dieser Welt miteinander aussöhnen, und uns dadurch zu unserer vollkommenen Seeligkeit befördern sollst.‹ ›Was soll ich aber hiebey thun, und wie verhalte ich mich eigentlich bey der Sache?‹ fragte der Herzog, und erhielt vom Geist diese Antwort: ›künftige Nacht halte dich fertig, da wollen ich und mein Gemahl zu dir kommen, (denn ob ich gleich am Tag komme, so kann doch solches mein Gemahl nicht thun) und soll ein jedes bey dir die Ursachen der uns obwaltenden Uneinigkeit erzählen; alsdann sollst du das Urtheil sprechen, welches von uns recht habe, unser beyder Hände zum Zeichen der Versöhnung in einander legen, den Seegen des Herrn über uns sprechen, und hierauf Gott mit uns loben.‹ Nachdem der Herzog dieses zu thun versprochen, verschwand der Geist, der Herzog aber verharrete in seiner Andacht bis den Abend, da er seiner Wache nachdrücklich anbefahl, so wohl keinen Menschen in das Zimmer zu lassen, als auch Achtung zu geben, ob sie etwas würden reden hören. Hierauf ließ er zwey Wachslichter anzünden, und auf den Tisch setzen, auch die Bibel und das Gesangbuch herbeybringen, und erwartete also, wenn die Geister ankommen würden. Diese stellten sich auch nach eilf Uhr ein, und zwar kam die Fürstin, wie zuvor, in lebhafter Gestalt herein getretten, und erzählte nochmals dem Herzog die Ursache ihrer Zwistigkeit; alsdann kam auch der Geist des Fürsten in ordentlicher fürstlicher Tracht herein, wiewohl ganz blaß und todenhaft aussehend, und gab dem Herzog ganz einen andern Bericht von ihrer gehabten Uneinigkeit. Der Herzog fällte hierauf das Urtheil, daß der Geist des Fürsten unrecht habe, welches auch dieser selbst bejahet, und gesprochen: ›Du hast recht geurtheilet.‹ Hierauf nimmt der Herzog die eißkalte Hand des Fürsten, legt sie in der Fürstin ihre Hand, welche recht natürliche Wärme gehabt, und spricht den Segen des Herrn über sie, wozu sie beyde das Amen sagen: alsdann fängt der Herzog den Gesang: ›Herr Gott dich loben wir‹, an zu singen, da ihm dann gedaucht, als höre er sie würklich alle Beyde mitsingen; nachdem solches Lied zu Ende gebracht, sagt die Fürstin zum Herzog: ›den Lohn wirst du von Gott bekommen, und bald bey uns seyn.‹ Worauf sie beyde verschwunden. Von dieser Unterredung hat die Wache nichts als die Worte der Herzogs gehört, welcher, wo ich nicht irre, ein Jahr darauf verstorben, und sich aus geheimen Ursachen, in ungelöschtem Kalk begraben lassen. So weit diese Erzählung.«

§. 226.

Diese Erscheinung giebt mir Anlaß zu verschiedenen wichtigen Bemerkungen: daß Herzog Christian ein entwickeltes Ahnungsorgen hatte, erhellet daraus, weil nur er allein die Geister sahe, und reden hörte. Vermuthlich wurde er auch um dieser natürlichen Anlage willen, und dann auch noch aus andern Ursachen, die ich im Verfolg angeben werde, zu dieser sonderbaren gerichtlichen Entscheidung gewählt. Daß die Fürstin in ihrer irrdischen Kleidung erschien, und ihrer Ruhe und innern Friedens ungeachtet, doch noch nicht zum Anschauen Gottes gelangt war, beweist, daß sie sich noch im Hades befand, der Zwist mit ihrem Gemahl hielt sie noch immer zurück, und ihre Imagination war noch nicht von den irrdischen Banden entfesselt. Sie hatte auch darinnen sehr gefehlt, daß sie mit einem Cavallier einen vertrauten Umgang hatte, und wenn er auch der erbaulichste, der heiligste war: denn so bald sie wuste, daß sich ihr Gemahl daran ärgerte, muste sie den Freund gänzlich meiden. Lieben Leser! bemerkt dieses wohl! hundert Jahr muste diese fromme Fürstin die eigentliche Seeligkeit entbehren, ungeachtet sie im wahren Glauben an Jesum Christum gestorben war, und ihrem Gemahl die Versöhnung angebotten hatte, weil sie wissentlich Ursache an seinem Ärgerniß gewesen war. Der vertraute, auch erbauliche Umgang beider Geschlechter miteinander ist äusserst gefährlich, und erfordert eine ungemeine Vorsicht.

§. 227.

Wenn man das Schicksal des Herzogs Johann Casimir bedenkt, so muß einem Schauer und Entsetzen anwandeln — er muste hundert Jahr in Kälte und Finsterniß, mit seinem innern Gram über die vermeintliche Untreue seiner Gemahlin ausharren, und dies ohne irgend eine sinnliche Erquickung, in dem weiten öden Hades — und Gott weiß in welcher Gesellschaft, oder auch in gar keiner, also einsam. Ach, Gott! wie schrecklich! — auch er war im Glauben an Christum, aber unversöhnt mit seiner Gemahlin gestorben; jener Glaube hielt nun noch den Anker seiner Hofnung vest; er war der Magnet der ihn endlich noch aufwärts zog. Und doch hatte er seine Unversöhnlichkeit vor seinem Tod bereut. — Man merke diesen höchst wichtigen Punkt wohl! — Man versöhne sich doch ja mit jedermann, ehe man aus der Welt geht — und da dies noch heute geschehen kann, so versäume man jenes keinen Augenblick. Bedenkt doch die furchtbaren Worte: vergieb uns unsre Schulden, wie wir unsern Schuldigern vergeben.

Eine Seele die noch den geringsten Groll in sich hegt, und ihn mit in die Ewigkeit nimmt, kann nicht seelig werden, sie mag auch sonst, so gläubig und fromm gewesen seyn, als nur immer möglich ist. Bitterkeit ist der Natur des Himmels, und seiner Verfassung gerade zuwider. Das Blut Christi, der am Kreuz, unter den schrecklichsten Beleidigungen, statt Bitterkeit Liebe übte, macht auch rein von dieser Sünde, wenn es in unsern Adern strömt.

§. 228.

Aber wie kann ein solcher abgeschiedener Geist, Kälte und Wärme, Licht und Finsterniß empfinden?

Der Geist der noch an seinem Geld hieng, und Vater und Sohn bewegen wollte, es da wo es begraben war, zu heben, wie ich in der ersten Erscheinung erzählt habe, erschien am Tage; aber er sprühte auch Funken aus seinen Fingerspitzen, und fühlte Quaal, wenn er zornig, oder unruhig im Gemüth war. Daß die ätherische Hülle des Geistes, so lang sie sich in den untern Regionen, in oder über der Erde im Dunstkreis aufhält, Theil an den Veränderungen und Modifikationen der Lichtsmaterie nimmt, ist wahrscheinlich. Wenn noch heftige Leidenschaften die Seele beherrschen, so kann sie ohne die schrecklichste Quaal den Tag nicht ertragen, weil in solchem die Lichtmaterie in ihrer grösten Würksamkeit ist, und die Leidenschaften die Hülle in Glut setzen würden. Die bösen Geister schüzt auch Nacht und Finsternis nicht für dieser Glut. Fromme seelige Geister, die in der Liebe und in der Sanftmuth leben, die keine Leidenschaft mehr beherrscht, befinden sich droben im reinen Äther, wo sie weder Hitze noch Kälte, noch Finsterniß mehr berührt. Sie leben in ihrem ewigen Element, und geniesen der Seligkeiten Fülle.

Für unsern fürstlichen Geist war es eine Wohlthat, daß er in Finsterniß und Kälte verbannt war: im Element des Lichts, würde ihn die Eifersucht entzündet und gepeinigt haben. Dadurch wäre jene Leidenschaft gestiegen, und er nach und nach zur Hölle reif geworden. Es ist erstaunlich, wie schwer es nach dem Tode hält, fixe Ideen, und eingewurzelte Passionen los zu werden. Hier, meine Lieben! hier müssen wir sie in den Tod geben!!! denkt nur! der arme Fürst muste hundert Jahr harren, und konnte sie nicht überwinden; so daß endlich ein ausserordentliches Mittel gewählt wurde, um ihn davon zu befreyen, und weiter zu fördern.

§. 229.

Aber eben dies ausserordentliche Mittel macht der Vernunft zu schaffen — War denn in der ganzen Geisterwelt kein Wesen, das diese Versöhnung zwischen den fürstlichen Ehegatten bewürken konnte? warum wurde, gegen die Naturgesetze des Geisterreichs eine noch lebende fürstliche Person aus der nämlichen Familie dazu gewählt? — Ich bin überzeugt daß auch dieser Schritt der beyden Geister aus Irrthum und Mißbegriffen entstand. Jeder Rückweg aus dem Übersinnlichen ins Sinnliche ist gesezwidrig, und wenn es der Herr zuläst, so hat Er seine heilige Ursachen dazu. Die Fürstin sagt zwar, sie habe gleich erkannt, so bald sie in die Ewigkeit gekommen sey, daß einer aus ihren Nachkommen sie beyde versöhnen würde, allein das sagte sie vermög ihres nunmehr ganz entwickelten Ahnungsorgans; positiver Wille Gottes war es schwerlich; wohl aber seine Zulassung, weil es der einzige noch übrige Weg war, auf dem diese armen Fürstenseelen beruhigt werden konnten. Ich will mich deutlicher erklären, dadurch bekomme ich Anlaß eine höchst wichtige Sache, die noch, meines Wissens, sehr wenig in Überlegung gezogen worden, meinen Lesern warm und ernstlich ans Herz zu legen:

§. 230.

Wir wollen uns einen sehr frommen Gelehrten denken, der in einem öffentlichen wichtigen Amt steht, folglich Ehre und Ansehen geniest, oder einen Kaufmann der grose Geschäfte thut und reich ist; kurz einen jeden Honeratioren, jeden von Adel, jeden Regenten, vom Niedrigsten, bis zum Höchsten. Wir wollen aus diesen Ständen einen wahren Christen wählen, uns an seine Stelle setzen, und nun unsre Gesinnungen gegen Christen aus den niedrigen Ständen prüfen — Die Idee einer höhern Würde, die wir für jenen besitzen, sezt sich allmählig in unserm Gemüth fest, ohne daß wir es bemerken — sie ruht, so lang uns ein Geringerer die uns zukommende Ehrerbietung bezeigt; wir lassen uns auch wohl gefällig zu ihm herab, und nennen ihn Bruder; aber so bald er sich etwas gegen uns heraus nimmt, irgend eine Ehrbezeigung unterläst, die wir von ihm zu fordern das Recht zu haben glauben, so rührt sich flugs jene Idee, und wenn wir nicht alsofort zum Kreuz kriechen, und uns da mit Sanftmuth und Demuth wafnen, so zündet dieser Funke im Herzen; die Liebe verlöscht; und das Feuer des Hochmuths und der Rache entzündet sich, so daß wir beleidigend werden, und so der Höllen und ihrem Fürsten ein wohlgefälliges Opfer bringen; hernach haben wir wieder lange, Ach! lange zu thun, bis das durch jenes Zornfeuer ausgedörrte Herz der sanften Einflüsse von oben empfänglich wird, und Keime der Liebe und Demuth treibt. Wird diese Idee nicht vor dem Tod gänzlich ausgetilgt, und sie geht so fixirt mit in die Ewigkeit über, so ist der Genuß der vollen Seeligkeit durchaus unmöglich: denn dort ist die Ordnung der Stände nach ganz andern Gesetzen eingerichtet: der höhere oder niedere Grad der Liebe und der Demuth, mit einem Wort der Heiligung, bestimmt da den Grad der Würde, des Amts, und der Ehre; da kann ein Regent den geringsten seiner Unterthanen, ein vornehmer Mann seinen Schuhputzer, eine Dame ihr armes Aufwartmädchen, und ein Reicher den armen zerlumpten Bettler, den er oft mit einem Kreuzer an der Thür abspeiste, in hoher Würde und mit Herrlichkeit bekleidet, antreffen, auch ihm wohl untergeordnet werden. Wenn da nun jene Idee noch in ihm lebt, so zündet sie dort in der ätherischen Hülle viel lebhafter; das Neid- und Zornfeuer glüet auf; die seeligen Geister weichen zurück; und der arme Geist flieht in die Ferne; in den öden Hades, in Kälte und Finsterniß, wo dann, wenn er anders im wahren Glauben an Christum gestorben ist, sein Feuer nach und nach verlöscht, und er dann endlich, wenn die fixe Idee abgestorben ist, und die Quelle der Liebe und der Demuth keinen Funken mehr aufglimmen läßt, in die höhere Sphären gefördert wird.

§. 231.

In der gegenwärtigen Verfassung der Menschheit, bestimmen Geburt, Glück, Reichthum, grösere Fähigkeiten des Geistes, ohne Rücksicht auf Tugend und Frömmigkeit, den Unterschied der Stände. Diese Ordnung hat auch Gott für dieses Leben so gewollt, und jeder Mensch ist hoch verpflichtet, sie zu respektiren, und sich vollkommen gehorsam gegen ihre Gesetze zu betragen; wer das nicht thut, der verdient Strafe. Wir haben während der französischen Revolution gesehen, welche schreckliche Folgen, die Aufhebung und Störung dieser Ordnung hat. Daher ist es auch recht und billig, daß jeder die Ehre, den Gehorsam und die Achtung fordert, die ihm von Amtswegen gebührt, und daß der gestraft wird, der das aus der Acht läst, aber es muß auch rein und lauter aus Pflichtgefühl gegen die Gesetze der Ordnung, und ja nicht aus jener Idee des Gefühls gröseres eigenen Werths geschehen.

§. 232.

Wenn ein Fürst, ein Regent, ein wahrer Christ wird und als ein solcher auch regiert, Land und Leute glücklich macht, so hat er freylich auch in jenem Leben ein weit herrlicheres Looß zu erwarten, als jeder andere Sterbliche: denn wie viel hat eine Fürstenseele von Jugend auf zu bekämpfen, wie viele Gefahren zu bestehen, wie viele Versuchungen zu überwinden, und wie vieles zu verläugnen? — wenn sie nun in dem allem bis in den Tod getreu bleibt, wie groß wird dann droben ihre Freude seyn! — nimmt man nun noch dazu was Christus dem verspricht, der über Weniges getreu gewesen, was wird Er nicht dem gewähren der Vieles mit Treue verwaltet hat? — Allein bey dem allem, wird doch seine Seeligkeit sehr vermindert, wo nicht gar aufgeschoben werden, wenn er mit der Idee, eines vorzüglichern Geschlechts, des Familienstolzes, und edleren Geblüts, hinüber kommt. Dies alles muß in diesem Leben noch in den Tod, und gänzlich aus dem Herzen ausgetilgt werden.

§. 233.

Hier fürchte ich, hat es den beyden frommen fürstlichen Geistern noch gefehlt: auch die Idee war bey einem oder gar bey beyden vest geworden, daß sie eine Standesperson aus ihrer Familie versöhnen müste — Geringere waren ihnen nicht würdig genug dazu und gegen Andere ihres Standes, hatten sie das Mistrauen aus diesem Leben mit hinüber genommen. Sie musten also auch deswegen so lange harren, weil sich in ihrer Familie so leicht niemand fand, dem die Entwicklung des Ahnungs-Vermögens nicht schadete — (und doch starb Herzog Christian ein Jahr hernach) — und der auch zu diesem Geschäfte, die gehörigen religiösen Gesinnungen hatte.

§. 234.

Warum sich wohl der gute fromme Fürst Christian in lebendigen Kalk begraben ließ? — Freylich! damit sein Körper alsbald verwesen möchte; aber warum dies? — wahrscheinlich hat er geglaubt, daß sich die beyden Geister ihrer noch unverwesten Körper bey der Erscheinung bedient hätten, diesem wollte er nach seinem Tode entgehen, der gute Fürst! das hatte Er wohl nicht zu befürchten.

§. 235.

Ich komme nun zu denen Geistererscheinungen, die das ernste göttliche Gericht, auf lange Zeit, verurtheilt hat, den lebenden Menschen zum warnenden Beyspiel, auf der Gränze zwischen dieser und jener Welt zu verweilen, bis ihr ewiges Schicksal entschieden ist.

Ein gewisser frommer und gebildeter Bürger und Handwerksmeister in einer Stadt schrieb mir vor ein paar Jahren eine merkwürdige Geistererscheinung, die einem seiner Freunde begegnet, aber mit der es noch nicht ganz im Klaren ist, weswegen ich sie auch hier nicht ganz erzählen mag. Bey dieser Gelegenheit erwähnte er in seinem Brief einer Geschichte, die er selbst erlebt habe; ich bat ihn mir diese ausführlich mitzutheilen; hier folgt sie mit seinen eigenen Worten:

»Ich kam den 24sten Febr. 1800 zu meinem lieben unvergeßlichen Meister . . . in . . . in Arbeit, allwo ich zwey Jahre und 6 Wochen zubrachte, ehe ich mich in die Schweiz, und zwar in Arbeit nach Basel begab. Da ich nun von Jugend auf, nichts von Gespenstern (ausser einigen schwachen Spuren) gesehen hatte, so war ich Tag und Nacht durchaus nicht furchtsam, sondern jederzeit und auch da* unerschrocken. Da geschah es nun öfters spät in der Nacht, daß ich in meiner Schlafkammer etwas zu thun, oder zu holen hatte, das ich auch jedesmal finster, für mich und meine Nebengesellen gern verrichtete. Und ich kann wohl sagen, daß ich damals nie etwas gesehen, doch aber schon gehört hatte; das schrieb ich dann, weil ich von nichts wuste, und von nichts wissen wollte, und wenn mirs noch so verdächtig schien, den Katzen, Ratten oder Mäusen zu; und so mögen ungefehr fünf Wochen verflossen gewesen seyn, als ich des Nachts ebenfalls einmal, ohne ein Licht mitgenommen zu haben, von meiner Schlafkammer wieder herunter in die Stube kam, daß unsre damalige Magd D. . . . von St. . . . zu lächeln anfieng, und dabey sagte: ›der L. . . . fürchtet sich doch nicht; geht doch einer einmal kecklich auf die Bühne hinauf; aber ich steh dafür es wird ihm anders kommen, wenn ihm einmal unser Sackträger begegnet, oder sich recht hören läst.‹ Ich stuzte über diese Rede, doch sagte ich weiter nichts, übrigens gieng mir doch ein groses Licht, über die Furcht auf, die man für den Hinaufgehen auf den Boden hatte: weil nähmlich dies niemand einzeln, geschweige ohne Licht, ausser mir, wagte. Daher merkte ich bald, daß man da ein Gespenst ahnen müsse.

* Nicht in Basel, sondern in jenem ersten Ort.

Nun war aber meine Spannung so etwas auch zu sehen, oder von der Art, gründlich zu hören, so angefeuert, daß ich des Nachts immer lauerte, bis ich gewissen Grund in der Sache erfahren hatte. Nun waren die Osterfeyertage vor der Thür, und ich schlos schon zum Voraus, daß sich in denselben etwas zeigen könnte, und würklich geschah es auch: denn als ich einmal mit meinen Nebengesellen, des Nachts in die Schlafkammer gieng, so fieng es über derselben, also auf dem 4 ten Boden (denn unsre Kammer war drey, und dieser Boden vier Treppen hoch) also an dem Ort, wo gewöhnlich von jeher die meisten Unruhen gespürt worden waren, ganz subtil von hinten her, an zu schlurfen, gerade so wie wenn einer ganz matt und mühsam, in alten Pantoffeln einherschleicht, und in der Finsterniß gewisse Tritte sucht; während diesem waren alle drey Gesellen im Bett, mein Schlafkammerad schlüpfte indessen so unter die Decke hinunter, daß nichts von ihm bemerkt werden konnte, ich aber behorchte die Sache genau, und athmete kaum hörbar. Da sich nun dieses Geschlürfe von hinten her, bis über unsre Bettstellen gezogen hatte, so that es auf einmahl einen so fürchterlichen Fall, daß die Fenster und unsre Bettstellen zitterten. Es war just ein Fall, als wenn einer von der Last gedrückt, einen schweren Sack auf diesen freyen Boden hätte fallen lassen. Ich muß gestehen, daß ich noch nie einen solchen schauerlich dumpfen Fall gehört habe; unterdessen dauerte das Schlurfen noch eine Zeitlang fort, ehe es ganz ruhig wurde; jezt stiesse mich mein Nebengeselle, der unter der Decke stekte, an, und sagte ganz leise: ›du wirst verstehen, warum wir dir von einem Sackträger sagten.‹ ›Ja‹, antwortete ich laut, ›den will ich aber auch sehen, ehe ich nur so glaube‹ — er versezte: — ›Pscht! sey doch still, du machst uns alle noch unglücklich!‹ ich lachte, und war gerade im Begrif aus dem Bette, und hinauf zu steigen, aber er hielt mich, und bat um alles willen, doch stille zu seyn, und bey ihm zu bleiben; dies that ich ungerne, doch nahm ich mir vor, es zu thun, wenn alle schlafen würden, und er sich hören liese. Endlich schliefen wir ein.

»Des andern Morgens erzählten wir unsern Meister was sich die Nacht zugetragen, und was ich mir vorgenommen gehabt hatte. Dieser hörte es ohne Bewunderung an, und sagte mit einem besondern Nachdruck, der ihm ganz eigen ist: ›ich will ihm die Sache erklären: diese Unruhen, die ihr diese Nacht hörtet, sind in unserm Hause nichts Neues, und waren einst die Ursache, daß es mein Grosvater kaufen konnte; er war aus M . . . in H . . . und auf der Wanderschaft hieher gekommen, wo er dann einige Jahre zubrachte, ehe er sich entschloß, hier zu heurathen. Dieses Haus stund leer, und der damalige Eigenthümer, ein wohlhabender Mann, war deswegen ausgezogen, und gesonnen, es dem nächsten besten zu verkaufen. Mein Grosvater, ein religiöser unerschrockener Mann, benuzte diesen Umstand, und gieng hin es zu kaufen; jener gab ihm sogleich die Schlüssel, daß er es selbst besehen konnte, aber er selbst gieng nicht mit, sondern überließ es ihm sogleich käuflich, um einen sehr geringen Preiß, und erzählte ihm zugleich, warum dieses Haus so ins Unglück gekommen, und was ihm von den Vorfahren her, gesagt worden sey, nähmlich: es sey vor 300 Jahren ein Kapuzinerkloster gewesen, von denen einer noch diese Stunde im Hause umherschwebe, und des Nachts besonders auf jenem Boden, die Menschen beunruhige. Die Ursache, warum? habe bisher Niemand erfahren können, aber die Kennzeichen eines ehmaligen Klosters könne er in dem Haus selbst, so wie auch in den daran gebauten, wahrnehmen. Z. B. Klostergemälde, Altanen, Kreuzgänge, ehmalige Zellthüren, und wenn er hinter dem Ofen, in der mittlern Wohnstube nachsehe, so würde er die Jahrzahl 1550 sehen, da muß aus einer Zelle erst diese Stube gemacht worden seyn.‹ (Dies alles ist auch noch so, sagte mein Meister, wie ihr selbst sehet) aber alle diese Kennzeichen hinderten meinen Grosvater nicht, er zog ein, und wohnte darinnen. Nun hörten wir zwar von ihm, daß sich von Zeit zu Zeit ein Gepolter, und ein solcher Fall im Haus habe hören lassen, aber so öfters und so heftig sey es damals nicht gewesen, auch habe er und die Seinigen nie etwas zu Gesicht bekommen, und schon damals ist dem Unruhmacher der Name Sackträger gegeben worden. Unter diesen Umständen starb mein guter Grosvater, und mein seel. Vater bekam das Haus, jezt wurde die Unruhe etwas lauter.

Um diese Zeit kam ein Becker, Namens . . . den untern Stock zur Wohnung; da dieser nun einsmals des Morgens vor Tage an seinem Ofen stund, und gerade sein Brod eingesezt hatte, hörte er endlich, das schmale Gänglein herauf, das von der grosen steinernen Kellertreppe, in den Hausgang, wo der Backofen ist, führt, ein leises Schlurfen, das ihm die nahe Ankunft eines lebenden Wesens verkündigte, und auch würklich nach einer kleinen Pausse, einen langbärtigen, ältlichen, mit einer Kutte, und einer ziemlich schwarzen Schlafmütze gekleideten Kapuziner gegen ihm herauf kommen sahe. Er aber, statt stehen zu bleiben, und etwa sein Begehren anzuhören, erschrak so sehr, daß er in seine Stube hinein floh, alles verschloß, und verriegelte, und sein Brod im Ofen stecken, und weil er vor hellem Tag nicht herausgieng, alles darinnen verbrennen ließ. Dies war das erste Gesicht von ihm im Hause. Hernach hat ihn in eben dieser Gestalt, auch unser, auf diesem Boden wohnender Hausherr, der Weber gesehen, gerade als er die Steige des 3ten Bodens auf den vierdten hinauf schlich. Auch liegen des Webers Gesellen, die neben euerer Schlafkammer lagen, um der öftern nächtlichen Beunruhigungen willen, nicht

mehr droben, sondern sie schlafen lieber in ihrer auch noch
so ungesunden Werkstätte; und jene Kammer steht auch
leer bis diesen Tag. ›Dies ist es‹, sagte mein guter Meister,
›was ich von diesem Umstand zu reden weiß.‹ Das war mir
aber einsweilen schon genug, ich kannte ihn, daß er mit der
Stange im Nebel zu fahren, nicht gewohnt war, sondern
wenn die Sache nicht bestättigt gewesen wäre, lieber nichts
daraus gemacht hätte. Ich sagte daher: ›diesen Kapuziner
möchte ich nun auch sehen‹ — ›Ja‹, sagten alle, ›sey er nur
nicht frech, wir wollen ihn gewarnt haben.‹ Indessen
konnte ich doch fast nicht erwarten, bis ich wieder Gelegenheit hatte, die Sache mit anzuhören, allein es geschahe nicht
alle Nacht, sondern sehr unbestimmt.

Endlich aber wurde gegen Johanni hin, meines lieben
Meisters seel. Bruder, ein Zeugmacher, der unter unserer
Schlafstelle wohnte krank, und jemehr seine Krankheit stieg,
desto heftiger ließ sich der Geist, oben auf der Bühne hören,
so daß ich über dem Anhören dieser übernatürlichen
Bewegungen, Tönen, und Fallen, manche Stunde schlafloß
zubrachte. Dies sagten wir dann wieder unserm Meister;
dem gieng es diesmal mehr zu Herzen, weil er die Ursache
nicht reimen konnte, besonders aber als vollends mein
Nebengesell, der Schaden an seiner Gesundheit angab, gehen
wollte. Ich flöste diesem Muth ein, so viel ich konnte, und
er blieb dann auch wirklich, bis folgende Weyhnachten.
Aber die Krankheit des lieben seeligen. . . . stieg, und er
nahte sich im Glauben an Jesum den Gekreuzigten, seinem
seeligen Ende, und gieng ein zu seines Herrn Freude. Ich
war bey seinem Heimgang, und die Eindrücke sind und
bleiben mir unvergeßlich; ich half seine Hülle tragen, in
die dritte Kammer von der Stube abwärts, wo sie lag bis an
den dritten Tag, ehe dieses Saamkörnlein auf Hofnung,
unsern Augen entzogen wurde. Des Abends, da ich vorher

manche Nacht gewacht hatte, gieng ich mit meinem Nebengesellen zu Bette, aber was geschah? jezt ließ sich der Geist
auf eine solche Art hören, daß es mich noch schaudert,
wenn ich daran denke: denn kaum hatten wir uns nieder-
gelegt, so fieng es wieder an, von hinten, schwer und langsam vorwärts zu schleichen, meine zween Nebengesellen
verkrochen sich abermals unter die Decke, allein diesmal
nüzte es nichts, denn diesen Vorgang hörten alle, weil es
gleich darauf einen solchen schröcklich schauerlichen Fall
that, daß wieder alles zusammen zitterte. Ich behorchte es
genau, und hörte, daß es nun eine Pause todstill war, aber
nun schauderte michs, als sich nach derselben ein Mark und
Bein durchdringender holer Seufzer hören ließ; diesen zu
beschreiben, wäre vergeblich: denn ich darf behaupten, daß
kein Mensch, und keine Kreatur einen solchen kläglichen,
trauer- und schauerlichen Ton, von sich geben kann; und
als dieses geschehen, war es, wie wenn ein schwer Gefallener
sich wieder allmälig aufzuraffen suchte, und doch nie zum
gehen kommen kann, sondern im Begrif des Aufstehens,
wieder unter der Last zusammen bricht, und eine Pause
wieder ohnmächtig da liegt: denn nun fieng es an sich
aufzusteupern, und dann wieder auszuglitschen, und darunter hinein die fürchterlichsten Seufzer hören zu lassen;
kurz, diese Scene war fast nicht anzuhören; und das nähmliche ließ sich auch in der zweyten Nacht vernehmen.

Glauben sie ja nicht, daß dieses von boshaften Menschen
hätte geschehen können; denn wie gesagt, keiner wäre es
im Stande gewesen; und im Haus wäre um das ganze Haus
keiner auf den Boden gegangen, und von aussen konnte kein
Mensch herein. Nach der Beerdigung des seel. Mannes
sagten wir unserm Meister nun, was sich in den verflossenen
Nächten ereignet habe. Diesem gieng der Schmerz bis an
die Seele; er erzählte die Geschichte dem seel. Herrn

Consistorialrath. ...* und dann auch dem Herrn Hof-kaplan. ..., besonders aber bezog er sich auf die lezten Unruhen, allein diese liesen sich auf die Sache nur so weit ein, daß sie den Schluß machten: es scheine, daß, da sein seel. Bruder so seelig in jene Wohnungen übergegangen, es diesen noch unseligen Geist sehr schmerzen müsse, daß er auf diese Weise noch hier schweben solle, das scheine sein Seufzen und Stöhnen, und die ausserordentliche Unruhe, über den Heimgang seines seel. Bruders, zu beweisen; allein daß er sich nicht so wohl sehen als hören lasse, daraus sey zu schliesen, daß seine Erlösung noch ferne seyn müsse. Diese Äusserungen waren meinem lieben Meister theils erfreulich, theils betrübend, weil er auf diese Art so bald keinen Ausgang hoffen durfte.

Nach selbiger Zeit war ich aber sehr beschäftigt ihn zu bereden, des Nachts in der Stille auf diesem Boden zu wachen, ob sich der Geist nicht etwa sehen lasse; dies wurde endlich bewerkstelliget. Er, gedachter Weber, und ich, saßen da, bis nach Mitternacht, keiner athmete laut, aber so stille wir saßen, so war es doch noch stiller auf dem Boden, und ich glaube, wenn wir noch säßen, so würde es auch noch so seyn. Auch wurde beschlossen, gemeinschaftlich, nähmlich mein lieber Meister, mein furchtsamer aber gottsfürchtiger Nebengesell, und ich, daselbst des Abends zu beten, um auch in dieser Sache die Hülfe Gottes zu erflehen. Das hatte nun den Erfolg, daß ob wir schon nie etwas sahen, doch nachher die Unruhen etwas schwächer wurden. Übrigens einen Umstand muß ich über obiges Wachen noch bemerken: nähmlich, damals hatte meine Spannung und Erwartung, besonders gegen Mitternacht den höchsten Grad erreicht,

---

* Beyde allgemein bekannte, grundgelehrte, und gottseelige Theologen sind meine wahren Freunde: denn ich weiß, daß es der Erstere in seiner seeligen Wonne noch ist, und der andere lebt und würkt noch im Segen.

und ich war ordentlich unwillig, daß sie vergebens war, aber noch stutziger wurde ich, als ich nach Ein Uhr wieder herunter kam, und das alte Gepolter wieder hörte. Nun muß ich aber sagen, so sehr ich nun von allen Seiten überzeugt war, daß ein abgeschiedener Geist die Ursache dieser Bewegungen sey, so sehr wurde ich auch durch öfteres Wachen und Hinaufgehen unerschrockner; und nun faßte ich immermehr den Vorsaz, ihn einmal ganz einsam zu sehen, und zu belauschen. Einmal in der Nacht, als wir gerade am Auskleiden waren, sagte und seufzte einer die Worte: ›Ach, wenn nur die Nacht wieder vorüber wäre!‹ ich sagte ganz kaltblütig: ›Ha, wenn ich da bin, so muckt er sich nicht‹; und kaum hatte ich ausgeredet, als es wieder drey fürchterliche Fälle that, und noch lange die übrigen Unruhen fortsezte. Mein Nebengesell sagte: ›Hör L. . . . du bringst uns alle noch ins gröste Unglück, ich bitte dich, sey doch still‹, dies that ich auch, denn ich fühlte daß ich zu jung gehandelt hatte. Ein andermal als ich nach Mitternacht von dem Gepolter erwachte, hörte ich den Unruhen, dem Seufzen, u. s. w. aufmerksam zu, und endlich wurde es stiller, aber jezt schien es als ob sich das Geschlärpel allmählig meiner Kammerthür näherte, und ich hörte auch würklich, daß das Schloß an derselben beunruhigt wurde; ich stieg daher ganz in der Hofnung, ihn zu Gesicht zu bekommen, leise aus dem Bett, und lief der Thüre zu, machte schnell auf, und schaute mit groser Geschwindigkeit hinaus, und den Gang hinum, aber ich sahe und hörte nichts, und als ich wieder in der Kammer war, so gieng der Lärm auf dem obern Boden wieder an; nun merkte ich, daß alles um mich her schlief, und es dauchte mir geschickte Zeit, mein lang gehegtes Vorhaben auszuführen; es war 2½ Uhr. Indessen dauerten die übernatürlichen dumpfen Fälle und Bewegungen immer fort; ich zog mich nun ein wenig in der grösten Stille an, und überlegte während dem Anhören der Unruhen, was ich, im Fall er mir zu Gesicht käme, ihn fragen, und mit ihm reden wollte; so studirt gieng ich wieder der Thüre zu, und den finstern Gang, der an die obere Steige führt, hindurch, und diese schlupfte ich so still hinauf, daß mich auch kein Mäußlein hätte hören sollen; aber während ich sie bestieg, hörte ich vom Boden her, noch immer die dumpfen Fälle und das Gepolter. Ich hofte also ganz sicher, diesmal werde mirs nicht fehlen. Als ich nun die drey lezten Staffeln vor mir fühlte, sezte ich, indem ich mich bückte, meinen einen Fuß über alle drey, damit war ich nun mit einem Sprung auf dem Boden, mein Gesicht gegen den Ort, wo die Unruhen vorgiengen, gewendet — da stund ich nun — Aber, Gott! wie schauerlich! — wie stille! — nie war es stiller um mich her. Ich schaute schnell umher, und bemerkte in der linken Ecke des Bodens, daß sich hinter das Kamin, ein grauer Schatten, von ungefehr 4½ Schuh lang, in Reben-Büschel verlohr. Ich lief so gleich hin, und riß alle übereinander, aber vergebens, ich sahe und hörte nichts; nun stund ich noch ein wenig da, aber ich muß sagen, jezt war mir schauerlich; ich fühlte daß es hier geistig hergieng; mein Studium war vergebens; auch hatte ich mich zur Vorsorge bewafnet, aber auch dieses hätte ich können in der Schlafkammer lassen; denn wenn Gottes Barmherzigkeit nicht über mich gewacht hätte, so hätte mir meine Vermessenheit können theuer zu stehen kommen. Und so könnte ich Ihnen mehrere, aber auf einem Zweck hinauslaufende Erfahrungen in diesem Hauße mittheilen; daher denke ich Sie werden mir verzeihen, wenn ich Ihnen nicht zu lange damit aufhalte. Lieb würde es mir seyn, wenn ich die Ehre und Freude hätte, Ihre Gedanken und Eindrücke darüber zu hören. Auch hab ich mich seit der Zeit nach dem Fortgang der Sache erkundigt, höre auch daß sie noch in ihrem Esse ist, doch sich nicht so heftig hören lasse, als im Anfang dieses Seculi, und bey dem Heimgange gedachten seeligen Mannes.

Indessen bitte ich Sie theuerer Hr. Hofrath! daß Sie, ob ich schon die Wahrheit dessen bestättigen kann, bey etwaigen Auszügen, meinen, und die Namen derer, die ich genannt habe, verschweigen: denn ich habe mehr als einen zureichenden Grund dazu.«

So weit dieser liebe, verständige und gottesfürchtige Freund.

Ich schrieb nachher an einen vertrauten Freund, an dem Ort, wo sich der Geist hören läst; dieser Freund ist Doktor der Arzneykunde, ein gelehrter und vorzüglich religiöser Mann; ich bat ihn sich doch zu erkundigen, wie es gegenwärtig mit der Spukerey in dem . . .ischen Haus stünde; er geht also zu dem noch lebenden Theologen, den ehmals der Besizer des Haußes zu Rath gezogen hatte, wie ich oben erzählt habe; erkundigt sich nach der wahren Beschaffenheit der Sache, und erfährt nun, daß sich der Geist noch immer hören lasse, aber den Hausleuten zu Zeiten, nahe bevorstehende Vorfälle vorhersage. Es thut mir leid, daß ich über diesen lezten Umstand nicht mehreres erfahren habe. Sollte ich aber einmal wieder in die Stadt kommen, wo sich diese furchtbare Erscheinung zuträgt, so werde ich selbst in das Haus gehen, mich genau nach allem erkundigen, und dann dieses, so wie etwa noch fernere Erfahrungen und Entdeckungen, in einem Nachtrag zu diesem Werk meinen Lesern mittheilen.

§. 236.

Bewundernswürdig ist der Muth, die Kühnheit, mit welcher mein Freund, damals Handwerksgeselle, diese Untersuchung anstellte. Als ein frommer begnadigter

Mensch hatte er, da auch seine Absicht recht und gut war, nichts zu fürchten, ausgenommen da, als er die Rebenbüschel — (Reißbündel von Weinstock-Ästen) — auseinander riß, und also wahrscheinlich die Dunsthülle des Geistes, mit seinen Händen durchwühlte; dies hätte bösartige und gefährliche Geschwüre verursachen können, die ihm das Leben gekostet hätten; indessen scheint mir dieser Kapuzinergeist, kein bösartiges, sondern vielmehr ein bedauernswürdiges schwer leidendes Wesen zu seyn, das noch Hofnung zur Seeligkeit haben kann; folglich ist auch seine Dunsthülle nicht entzündet und giftig. Es kann aber auch seyn, daß er in dem Augenblick, als er, wie ein grauer Schatten, in den Reissern sich verlohr, seine Hülle verließ, und in sein Element zurück kehrte.

§. 237.

Ich wünsche, daß mein Freund, in dem Augenblick, als er den Schritt über die drey Staffeln auf den Boden thät, sich ernstlich in die Gegenwart Gottes gestellt, und den Geist so angeredet hätte: ›Ich bitte dich, du liebe, schwerleidende Seele! im Namen deines und meines Erlösers Jesu Christi, mir zu sagen, was dein Anliegen ist, und warum du dies Haus so beunruhigest?‹ — Wenn er hierauf antwortete, so fand man Gelegenheit weiter zu gehen, und ihm vielleicht zur Ruhe zu helfen, antwortete er aber nicht, so war nichts dabey verlohren. Würden alle Spuckereyen mit dem Gottergebenen Herzen, und mit dem Muth untersucht, so würde man finden, daß unter hundert, vielleicht neun und neunzig Trug und Täuschung sind.

§. 238.

Geheimnißvoll und schrecklich sind die Handlungen dieses Geistes — es ist eine von jeher, und allgemein bekannte

Sache, daß die unseeligen Spuck- oder Poltergeister, an dem Ort wo sie in ihrem Leben ihr Unwesen getrieben haben, es auch oft nach dem Tod, in der Nacht, in armseeligen Dunstgestalten, wieder nachäffen, und darinnen Linderung ihrer Leiden suchen, aber vergebens: sie lechzen nach sinnlichem Genuß, und haben die Werkzeuge dazu nicht mehr, und eben so wenig sind auch die Dunstgestalten, die sie sich schaffen, etwas wesentliches oder geniesbares. Zu dieser Geisterklasse, deren endliche Verdammniß unvermeidlich zu seyn scheint, gehört unser Kapuzinergeist nicht: er trägt seinen schweren Sack nicht, um sich damit zu amusiren, oder seine ehmalige Vergnügen zu wiederholen, sondern vielmehr seine schreckliche Leiden dadurch den Menschen zu erkennen zu geben, und dies so lang fortzusetzen, bis sich endlich einmal jemand findet, auf dessen Ahnungs-Vermögen er wirken und also mit ihm reden kann. Seine Handlungen sind also laute Klagen seines unaussprechlichen Jammers.

Eben deswegen, weil er sich, nach oben bemerkter neuesten Nachricht, nunmehr verständlich machen, mit jemand reden kann, wünsche ich umständlichere Nachricht von seinem gegenwärtigem Befinden zu haben, vielleicht wär es möglich ihm den Weg zu seiner Ruhe zu zeigen.

§. 239.

Die Pantomime die er zeigt, ist gleich einem Menschen der einen schweren Getreidesack mühsam trägt, und dann entweder den Sack, weil er unerträglich wird, hinwirft, oder damit niederfällt. Woher er dann auch der Sackträger genannt wird. Die Ursache warum er diese Rolle spielt, kann auf zweyerlei Art erklärt werden: es ist möglich, daß er ehmals in seinem Leben, mit Getreide Betrügereyen ausgeübt hat, und daß er nun diese Sünde dadurch den lebenden Menschen bekennen, und zu verstehen geben will, daß man für ihn beten soll. Vielleicht bleibt er auch an diesem Erinnern, so lang, bis er jemand findet, auf den er würken, den er sich nähern, und ihm also sagen kann, wodurch er glaubt, daß ihm geholfen werden könne. Es ist aber auch möglich, daß er durch dies schwere Tragen einer unerträglichen Bürde blos seine schreckliche Leiden zu erkennen geben will. Je gröser also seine Leiden, seine Quaalen sind, desto stärker sind die Fälle des Sacks, und desto schwerfälliger sein Gang. Ich stimme also auch den Theologen vollkommen bey, daß der seelige Tod des frommen Zeugwebers, dem armen Geist sehr weh gethan haben könne. Es muste ihn schmerzen, daß diese Seele so gleich nach dem Tod, von den Engeln zur Seeligkeit geführt wurde, und daß er nun schon seit Jahrhunderten Höllenquaalen ausstehen müssen. Ich möchte aber noch eins dabey erinnern: Der Geist war ein Mönch; wir wissen aber, daß diese Ordensleute den vesten Grundsaz haben, daß ausser der Katholischen Kirche niemand seelig werden könne; es muste ihm also unaussprechlich wehe thun, wenn er sahe daß ein evangelisch Lutherischer Mensch — ein Ketzer! — so von Mund auf, zur Seeligkeit gefördert wurde: denn in seiner einsamen Verbannung in dies ehmalige Kloster, hatte er wohl noch keine Gelegenheit gehabt, dies unmenschliche feindseelige Vorurtheil abzulegen.

§. 240.

Es ist merkwürdig, daß sich der Geist zweymal in seiner Kapuzinergestalt hat sehen lassen; vielleicht hofte er mit dem Becker, oder dem Weber reden zu können, nahm daher sein gewöhnliches Kostüme an, und machte sich sichtbar.

Aber warum zeigte er sich den Handwerksgesellen nicht, der ihn doch so gern gesehen und mit ihm gesprochen hätte? — Antw. Weil er sich für diesem muthigen frommen Menschen fürchtete — vielleicht hatte dieser auch die Eigenschaft nicht, daß er ohne Gefahr auf ihn würken, und sein Ahnungsorgan entwickeln konnte.

§. 241.

Es ist unbegreiflich, daß dergleichen ernste, und schauerliche, so lebhaft in die Sinnen fallende Zeugnisse der Fortdauer unseres Lebens nach dem Tod, so wenig Eindruck auf uns machen. — Man fürchtet sich für ihn, wie die Kinder für dem Popanz, und dabey bleibts. Anstatt darüber nachzudenken, und furchtbare Schlüsse, und Entschlüsse zur Lebensbesserung daraus zu ziehen und zu fassen, erzählt man sich die Geistererscheinungen, wie Mährchen zur Belustigung, und wendet die Imagination an den Quaalen abgeschiedener Mitbrüder. Die grose aufgeklärte Welt aber, sieht mit sehenden Augen nicht, und will nicht sehen; und belegt die, die da sehen, mit dem Obscurantenbann, macht sie verächtlich und lächerlich. Daß sich Gott erbarme!

§. 242.

Ehe ich weiter gehe, muß ich doch noch eine sonderbare Erfahrung bemerklich machen, und meine Gedanken darüber äussern: Mir sind nähmlich mehrere, ganz zuverläsige, Erscheinungen bekannt, wo die Geister eine lange Zeit, ja, wohl einige Jahrhunderte lang, nicht haben zur Ruhe kommen können, weil ihre Gebeine, der Überrest ihrer sterblichen Hülle, nicht gehörig beerdiget, oder nicht auf den Kirchhof gebracht worden. Und dies ist nicht bey uns Christen allein der Fall, weil wir den Kirchhof, oder Gottesacker für etwas ehrwürdiges halten, sondern man hat auch Beyspiele unter den alten Heiden, daß wiederkommende Geister auf die ordentliche Begräbnis gedrungen, und geklagt haben, daß sie nicht eher zur Ruhe kommen könnten. Ein solches Beyspiel erzählt Plinius in einem seiner Briefe, daß nähmlich ein Haus in Athen auch wegen einer Spuckerey in übelem Ruf gestanden, daß ein Philosoph den Geist gefragt, und von ihm erfahren habe, er könne nicht eher zur Ruhe kommen, bis seine Gebeine ordentlich begraben wären, die er dann auch gezeigt, den Ort wo sie seyen angegeben habe. Nachdem man seinen Willen erfüllt hatte, sey es auch ruhig im Haus geworden.

§. 243.

Alle dergleichen Forderungen der Geister, sind Irrthümer; Ideen die sich in ihren lezten Stunden in ihnen fixirt haben, und nach dem Tod quälende Furien für sie werden. Menschen, die in ihrem fleischlich gesinnten Zustand sterben, hängen hernach noch mit groser Liebe an ihrem Körper, und wenn sie nun auch noch — ich möchte fast sagen — den Aberglauben mitnehmen, daß auf ein feyerliches Begräbniß, oder auf den Ort wo der Körper verwese, etwas ankomme, so können sie freylich nicht eher zur Ruhe kommen, bis ihr Wunsch erfüllt ist. Aber eben diese Erfüllung hindert sie denn doch an ihrer ferneren Beförderung, weil ihr Irrthum nicht gehoben, sondern noch mehr bestärkt wird. In diesem Fall muß man den Forderungen eines solchen Geistes kein Genüge leisten, sondern ihn eines besseren belehren, vorzüglich dadurch wenn man ihm sagt, daß die Leiber der grösten Heiligen verbrannt, ihre Asche in alle Winde verstreut, von wilden Thieren gefressen, und auf mannigfaltige Weise verunehrt, und verstümmelt worden seyen, und daß dies alles ihre Seeligkeit im geringsten nicht vermindere. Er solle vielmehr dafür Sorge tragen, daß er bey der wahren Quelle Ruhe finden möge, und sich um den elenden Erdenkloß nicht mehr bekümmern.

§. 244.

Hier kann ich es doch nicht unterlassen, einen nicht unbedeutenden Wink zu geben: Es ist wahr, dem wiedergebohrnen, und geheiligten Christen kann es sehr einerley seyn, was man mit seiner Staubhülle nach seinem Tode anfängt, aber wie viele sind derer? — nun bedenke man aber, was fleischliche, und nicht so weit geförderte Seelen nach ihrem Tod leiden müssen, wenn sie entweder hingerichtet, ihre Körper aufs Rad geflochten, gehängt worden, oder auf andere Art, schimpflich zum Tode gekommen sind! — oder wenn die Körper armer Leute auf die Anatomie gebracht, und da auf mancherley Weise verstümmelt werden! und wie mancher geht mit tiefen Kummer aus der Welt, weil er weiß, daß sein Körper auf die Anatomie kommt! — Ich weiß wohl, daß die armen Seelen darinnen irren, aber so viel sollte man ihnen doch zu Liebe thun, daß man nach dem Mosaischen Recht, die Körper der Übelthäter ordentlich begrübe, und eben dies sollte auch billig auf der Anatomie geschehen. Es geschieht auch wohl, aber doch präparirt man sich Skelete, und macht Präparate die man entweder zum Unterricht gebraucht, oder zur Schau aufstellt.

§. 245.

Die wichtigste, merkwürdigste, und geheimnisvolleste Erscheinung habe ich aufs Lezte verspart, mit der ich dann auch dies Werk beschliesen will; sie betrift die berühmte sogenannte weiße Frau.

Es ist nähmlich eine fast allgemein bekannte Sache, daß sich auf verschiedenen Schlössern, zum Beyspiel auf dem Schloß Neuhaus in Böhmen, zu Berlin, zu Bayreuth, zu Darmstadt, hier im Carlsruher Schloß und an andern Orten mehr, von Zeit zu Zeit, eine weiß gekleidete ziemlich lange, weibliche Figur, sehen läst, sie trägt einen Schleyer, durch den man aber so eben ihr Angesicht erkennen kann; gewöhnlich erscheint sie des Nachts, und zwar nicht lange vor dem Tod einer fürstlichen Person; wiewohl auch viele solcher Personen sterben, ohne daß sich dieser Geist sehen läst. Zuweilen zeigt sie auch durch ihr Erscheinen den Tod solcher Menschen an, die nicht zur fürstlichen Familie, aber doch zum Hof gehören.

§. 246.

Merian erzählt im 5ten Band seines Theatri Europäi, daß sie in den Jahren 1652 und 53 im Schloß zu Berlin häufig sey bemerkt worden; was mich aber über die Gewißheit dieser Erscheinung völlig beruhigt hat, besteht in folgenden zweyen Zeugnissen:

Daß die weiße Frau hier im Schloß zu Zeiten bald von diesem, bald von jenem gesehen worden seye, ist eine alte Sage, und daß es war sey, wird auch von vernünftigen Leuten geglaubt; folgende zwo Erscheinungen aber, geben der Sache den Ausschlag: eine ehrwürdige vornehme Dame gieng an einem Abend in der Dämmerung an der Seite ihres Gemahls im hiesigen Schloßgarten spazieren; ohne von weitem an die weiße Frau zu denken, sieht sie sie auf einmal ganz deutlich neben sich am Wege stehen, so daß sie ihre ganze Gestalt recht wohl bemerken konnte. Sie erschrickt, springt ihrem Gemahl auf die andere Seite, und die weiße Frau verschwand. Dieser Herr sagte mir, daß seine Gemahlin todenblaß vor Schrecken gewesen, und einen fieberhaften Puls bekommen habe; er aber hatte den Geist nicht bemerkt. Bald nachher starb jemand aus der Familie dieser Dame.

Das andere Zeugniß habe ich von einem christlichgesinnten grundgelehrten Mann, der hier am Hof ein ansehnliches Amt bekleidet, und mir ein sehr schäzbarer Freund ist. An Schwärmerey und Aberglauben, und eben so wenig an Trug, Täuschung, oder eine Unwahrheit zu sagen, ist bey ihm gar nicht zu denken, dies bezeugt jeder der ihn kennt. Dieser Herr geht einsmals des Abends spät, durch einen Gang im hiesigen Schloß; ohne an so etwas zu denken, kommt ihm diese weiße Frau entgegen gewandelt. Anfänglich glaubt er, es sey ein Frauenzimmer aus dem Schloß, das ihm angst machen wolle, er eilt auf die Gestalt zu, um sie zu haschen, allein nun entdekte er, daß es die weiße Frau ist, indem sie vor seinen Augen verschwindet. Er hat sie genau beobachtet, so gar konnte er die Falten an ihrem Schleyer, und durch denselben ihr Gesicht bemerken; auch schimmerte aus ihrem Innern ein schwaches Licht hervor.

§. 247.

Um die Zeit der drey hohen Feste pflegt sie sich auch wohl sehen zu lassen. Überhaupt erscheint sie gewöhnlich des Nachts, aber gar oft auch am hellen Tage.

Auf dem Schloß zu Neuhaus in Böhmen, hat sie sich vor viertehalb hundert Jahren ungefehr, zuerst und zwar häufig sehen lassen, man sahe sie oft am hellen Mittag, oben in einem unbewohnten Schloßthurm zum Fenster heraus gucken. Sie war ganz weiß, hatte auf dem Kopf einen weißen Wittwen Schleyer mit weißen Bändern, war von langer Statur und sittsamen Geberden. Daß sie in ihrem Leben katholischer Religion gewesen, versteht sich, denn vor viertehalb hundert Jahren wuste man von keiner andern. Man hat nur ein paar Beyspiele von ihr, daß sie gesprochen hat: Eine gewisse grose Fürstin war mit einer ihrer Kammerjungfern in ihrem Zimmer vor den Spiegel getretten, um einen neuen Aufsaz zu versuchen. Da sie nun die Kammerjungfer fragt, wie viel Uhr es sey? so tritt auf einmal die weiße Frau hinter einer spanischen Wand hervor, und sagt: »Zehn Uhr ist es ihr Liebden!« die Fürstin erschrack wie leicht zu denken, heftig; nach einigen Wochen wurde sie krank und starb.

Im Dezember des Jahres 1628 erschien sie auch in Berlin, und da hörte man sie folgende lateinische Worte sagen: »veni iudica vivos et mortuos, iudicium mihi adhuc superest«, d.i. Komm, richte die Lebendigen und die Toden, das Gericht steht mir noch bevor.

§. 248.

Aus den vielen und mannigfaltigen Erscheinungen dieses Geistes, hebe ich nur noch eine heraus, die besonders merkwürdig ist:

Zu Neuhaus in Böhmen besteht eine alte Stiftung, vermög welcher man am grünen Donnerstag, den Armen den so genannten süßen Brey, im Schloßhof zu essen giebt; es bestund dieses Gericht aus einer Hülsenfrucht mit Honig, dann bekam jeder so viel dünnes Bier zu trinken als er verlangte, und sieben Prezeln dazu. Es kamen oft viele tausend Armen an diesem Tage, die alle auf diese Art gesättigt wurden. Als nun die Schweden im dreysigjährigen Krieg, nach Eroberung der Stadt und des Schlosses, den Armen diese

Mahlzeit auszutheilen vernachläsigten, begann die weiße Frau dergestalt zu toben, und ein solches Getümmel anzurichten, daß es die Bewohner des Schlosses nicht mehr aushalten konnten: die Soldaten-Wacht wurde verjagt, geschlagen, und von einer verborgenen Gestalt zu Boden gestürzt. Es begegneten den Schildwachten mancherley seltsame Gestalten, und blosse Gesichter; die Offiziers selbst wurden bey Nacht aus den Betten, und auf der Erde umher gezogen. Da man nun gar keinen Rath wuste, diesem Übel zu steuern, so sagte einer von den Bürgern dem Kommendanten, es wäre den Armen die jährliche Mahlzeit nicht gereicht worden, und rieth ihm, er sollte sie, nach der Vorfahren Weise alsofort ausrichten lassen. — Dies geschahe, und alsofort wurde es stille, so daß im geringsten nichts mehr bemerkt wurde.

§. 249.

Daß die weiße Frau noch nicht seelig ist, das ist gewiß, denn in dem Fall würde sie nicht mehr unter uns herumpilgern. Sie ist aber eben so wenig, und noch weniger verdammt, denn aus ihrem Angesicht leuchtet nichts als sittsame Bescheidenheit, Zucht, und gottseeliges Wesen hervor; und man hat gar oft gesehen, daß sie zornig geworden, und drohende Minen gezeigt habe, wenn jemand wider Gott und die Religion, lästerliche oder unanständige Reden geführt hat, so gar hat sie sich gegen solche Thätlichkeiten erlaubt.

§. 250.

Aber wer ist denn nun dieses merkwürdige geheimnisvolle Wesen? — man hat es für eine Gräfin von Orlamünde gehalten, allein ich finde in den monathlichen Unterredungen vom Reich der Geister, aus denen ich obige Nachrichten habe, einen merkwürdigen Aufschluß über diese Sache: der bekannte gelehrte Jesuit Baldinus, hat sich die Mühe gegeben in dieser dunkeln Sache Gewisheit zu bekommen; und so hat er dann folgende sehr wahrscheinliche Geschichte der weißen Frauen herausgebracht.

Auf dem alten Schloß zu Neuhaus in Böhmen, fand man unter den Bildnissen der uralten und berühmten Rosenbergischen Familie, ein Portrait, welches ganz genau die weiße Frau vorstellt; sie ist nach damaliger Art in einen weisen Habit gekleidet, und heist Perchta von Rosenberg. Die Lebensgeschichte dieser Dame, ist nun kürzlich folgende: Sie wurde in dem Jahrzehend 1420 und 1430 gebohren, ihr Vater soll Ulrich der 2te von Rosenberg gewesen seyn, und sie mit Katharina von Wartenberg, welche 1436 gestorben, erzeugt haben. Dieser Ulrich war Ober-Burggraf in Böhmen, und durch Veranlassung des Pabstes, oberster Feldherr der römisch-katholischen Truppen gegen die Hussiten.

§. 251.

Seine Tochter Perchta, oder besser Bertha wurde im Jahr 1449. an Johann von Lichtenstein, einen reichen Freyherrn in Steyermark verheurathet. Da aber dieser ihr Gemahl ein sehr übles ausschweifendes Leben führte, so wurde Bertha sehr unglücklich, ihr Ehebette wurde zum Wehebette, und sie muste bey ihren Anverwandten Hülfe suchen. Daher kam es dann auch daß sie die Beleidigung, und unbeschreibliche Drangsalen nie hat vergessen können, und also in dieser bittern Leidenschaft aus der Welt gegangen ist. Endlich wurde diese unglückselige Ehe durch den Tod ihres Gemahls getrennt, und sie zog zu ihrem Bruder Henrich dem 4ten; dieser hatte im Jahr 1451 angefangen zu regieren, und starb Anno 1457 ohne Erben.

§. 252.

Nachher hat Frau Bertha zu Neuhaus gelebt, und das dortige Schloß gebaut, welches Werk mit groser Beschwerde der Unterthanen, viele Jahre hindurch fortgesezt worden. Indessen sparch Frau Bertha den frohnenden Unterthanen freundlich zu, und tröstete sie damit, daß die Arbeit nun bald ein Ende haben, und ihnen ihr Taglohn dann richtig bezahlt werden solle. Unter andern hat sie den Arbeitern gewöhnlich zugeruffen: »arbeitet für eure Herren, ihr getreue Unterthanen! arbeitet, wenn wir das Schloß werden zu Stand gebracht haben, will ich euch und allen euern Leuten einen süssen Brey vorsetzen«; denn dieser Redensart bedienten sich die Alten, wenn sie jemand zu Gaste luden.

Nachdem nun im Herbst der Bau vollendet worden, so hielt Frau Bertha ihr Versprechen, indem sie alle ihre Unterthanen mit einer herrlichen Mahlzeit tractirte, und während dem Essen zu ihnen sagte: »Zum ewigen Andenken eurer Treu gegen euere liebe Herrschaft, sollt ihr alle Jahr eine solche Mahlzeit haben, so wird das Lob eures Wohlverhaltens auch bey der Nachwelt grünen.«

Nach der Hand haben die Herren von Rosenberg und Slavata für schicklicher gefunden, diese wohlthätige Armenmahlzeit auf den Tag der Einsetzung des heiligen Abendmahls zu verlegen, wobey es dann auch geblieben ist.

§. 253.

Um welche Zeit Frau Bertha von Rosenberg gestorben sey, finde ich nicht; wahrscheinlich aber gegen das Ende des fünfzehnten Jahrhunderts. In verschiedenen Böhmischen Schlössern findet man ihr Portrait im weißen Wittwenhabit, welches aufs genaueste mit der Erscheinung der weißen Frauen übereinkommt. Zu Raumlau, Neuhaus, Trzebon, Islubocka, Bechin, und Tretzen, lauter Böhmische Schlösser, die von ihren Nachkommen bewohnt werden, läst sie sich am häufigsten sehen, und da auch aus ihrer Familie Personen in die Brandenburgischen, Badischen, und Darmstädtischen Häuser verheurathet worden, so pflegt sie auch diese zu besuchen; und überall ist ihre Absicht, einen nahen Todesfall anzuzeigen, vielleicht auch für Unglück zu warnen: denn sie erscheint auch oft, ohne daß jemand stirbt.

§. 254.

Meine Gedanken über dies geheimnisvolle Wesen sind folgende: daß Bertha mit unversöhntem Gemüth und mit bitterm Groll gegen ihren Gemahl gestorben ist, mag wohl die Hauptursache ihres traurigen Umherpilgerns, und ihrer Entfernung vom Anschauen Gottes seyn. Könnte sie den Quell der Liebe in sich eröfnen, so wäre ihr bald geholfen: denn ihre übrigen Eigenschaften, besonders ihre Wohlthätigkeit, lassen mich hoffen, daß sie dereinst werde zu Gnaden angenommen werden. Aus eben dieser wohlthätigen Gesinnung rühren auch ihre Erscheinungen her: denn so bald sie vermittelst ihres, in ihrem Zustand ganz entwickelten Ahnungsorgans, merkt, daß jemand in ihrer Familie sterben wird, so erscheint sie da, blos in der Absicht, damit sich solche Personen besinnen, und zum Tod gefaßt machen mögen, und da keiner weiß, wen es trift, so sollen dadurch alle zum Nachdenken bewogen werden.

§. 255.

Quaalen oder Leiden, scheint die weiße Frau nicht zu empfinden, denn alle Zeugnisse stimmen darinnen überein, daß sie ruhig und heiter, aber doch auch noch nicht seelig ist — ein Zustand, so erträglich er übrigens seyn mag, der gewiß nicht wünschenswerth ist. Den Katholizismus muß sie wohl abgelegt haben, weil sie gegen die protestantischen Familien so gut gesinnt ist. Übrigens ist denn doch ihre wohlthätige Gesinnung auf dem Irrwege: ihre Zurückwürkung auf die noch lebenden Menschen ist der Ordnung Gottes zuwider; und das Wort aus dem Mund der Wahrheit, »hören sie Mosen und die Propheten nicht, so werden sie auch nicht hören, wenn jemand von den Toden aufstünde«, ist und bleibt felsenvest gegründet; selten oder nie wird jemand durch eine Geistererscheinung bekehrt, gewöhnlich bleibt es bey einem panischen Schrecken; was mir aber unbegreiflich vorkommt, ist, daß alle unläugbare Erfahrungen, deren doch immer eine beträchtliche Menge ist, nicht einmal eine veste Überzeugung, oder Gewisheit der Unsterblichkeit der Seelen haben bewürken können.

Mir sind Beyspiele bekannt, daß erklärte Freygeister, und mechanische Philosophen, unläugbar Geister gesehen haben, so daß sie überzeugt waren, dieser Geist, sey würklich die Seele dieses oder jenes bekannten Verstorbenen, und dennoch zweifelten sie an ihrer Fortdauer, und ihrem Selbstbewustseyn. Gott welche Glaubensschwäche!

Ich könnte noch mancherley, auch ganz zuverläsige Geistererscheinungen erzählen, allein, es mag an den bisherigen genug seyn, indem sie hinreichend sind, das zu beweisen, was sie beweisen sollten. Mein Zweck ist nur, reine Wahrheit, und zwar alles in Beziehung auf unsre ewige Bestimmung vorzutragen, und dadurch dem Herrn Seelen zu gewinnen, Amen.

DAS FÜNFTE
HAUPTSTÜCK.

*Kurze Übersicht meiner Theorie
der Geisterkunde, und
Folgerungen aus derselben.*

§. 1.

Die ganze Schöpfung besteht aus lauter wesentlichen, realisirten Ideen der Gottheit, oder ausgesprochenen Worten Gottes. Ich nenne diese Ideen Grundwesen. Kein Wesen ausser Gott kennt sie alle, und keins ihre innere wahre eigentliche Beschaffenheit.

§. 2.

Unter der unendlichen Menge dieser Grundwesen giebt es verschiedene Klassen, die sich selbst deutlich empfinden, sich auch andere Grundwesen vorstellen, Vernunft, und freyen Willen haben. Hieher gehören Geister, Engel, und Menschen.

§. 3.

Wir Menschen kennen das Innere, nähmlich die Vorstellungsart, die Denk- und Urtheilskraft, und den Willen anderer Klassen vernünftiger Wesen ganz und gar nicht, und auch unser eigenes Innere nur zum Theil.

§. 4.

In unserm gegenwärtigen natürlichen Zustand, können wir auf keinem andern Wege, zu irgend einer Erkenntniß erschaffener Dinge gelangen, als durch unsre fünf sinnlichen Werkzeuge.

§. 5.

Wenn etwas in unsern sinnlichen Werkzeugen geändert, ihre innere Einrichtung verwechselt wird, so wird auch unsre Vorstellung, mithin auch unsre Erkenntnis anders. Z. B. Wenn unser Auge anders gebaut wäre, so wären auch alle Farben, Formen, Figuren, Grösen, und Entfernungen anders, und so verhält sichs mit allen fünf Sinnen.

§. 6.

Wesen die anders organisirt sind, als wir, stellen sich unsre Welt ganz anders vor als wir. Hieraus folgt unwidersprechlich, daß die Art und Weise wir wir uns die Schöpfung vorstellen, und alle daraus gefolgerten Kenntnisse und Wissenschaften lediglich von unserer Organisation abhängen.

§. 7.

Gott stellt sich alles vor, wie es in sich, und nach der Wahrheit ist, und zwar ausser Raum und Zeit. Denn wenn Er sich die Dinge im Raum vorstellte, kein Raum aber ohne Schranken, würklich existirend, gedacht werden kann, so wären die Vorstellungen Gottes eingeschränkt, und das ist unmöglich, folglich existirt ausser uns in der Natur kein Raum, sondern unsre Vorstellung desselben, hat ihren Grund allein in unserer Organisation.

§. 8.

Wenn sich Gott die Dinge nacheinander, aufeinander folgend, vorstellte, so lebte Er in der Zeit, und wäre wiedrum eingeschränkt. Da das nun unmöglich ist, so ist auch die

Zeit eine Denkform endlicher Wesen, und nichts wahres oder wesentliches. Aber wir Menschen können und sollen auch nicht anders als in Raum und Zeit denken.

§. 9.

Der thierische Magnetismus beweist unwidersprechlich, daß wir einen innern Menschen, eine Seele haben, die aus dem göttlichen Funken, dem Vernunft und Willen habenden ewigen Geist, und einer von ihm unzertrennlichen Lichts-hülle besteht.

§. 10.

Die Lichtsmaterie, die elektrische, die magnetische, die gal-vanische Materien und der Äther, scheinen alle ein und das nähmliche Wesen unter verschiedenen Modifikationen zu seyn. Dies Lichtwesen oder Äther ist das Element welches Leib und Geist, die Sinnenwelt und die Körperwelt mitein-ander verbindet.

§. 11.

Wenn der innere Mensch die Menschenseele, die innere Werkstätte der Sinnen verläst, und nur noch die Lebens-bewegungen fortsezt, so geräth der Körper in den Zustand einer Ohnmacht, oder eines tiefen Schlafs. Während dieser Zeit würkt die Seele viel freyer, mächtiger, und thätiger, alle ihre Eigenschaften sind erhöht (exaltirt).

§. 12.

Je freyer die Seele vom Körper ist, desto gröser, freyer, und mächtiger wird ihr innerer Würkungskreiß. Sie bedarf also des Körpers keinesweges zu ihrem Leben und Bestehen; er hindert sie vielmehr daran; sie ist in diesen trägen traurigen Kerker verbannt, weil er ihr Organ zur Sinnenwelt ist, deren sie in ihrem gegenwärtigen Zustand zu ihrer Veredlung und Vervollkommnung bedarf.

§. 13.

Alle diese Sätze sind gewisse und sichere Schlüsse, die ich aus den Erfahrungen des thierischen Magnetismus gezogen habe. Diese höchst wichtige Erfahrungen zeigen unwidersprechlich, daß die Seele der sinnlichen Werkzeuge nicht bedürfe, um sehen, hören, riechen, schmecken, und fühlen, und dieses noch in einem weit vollkommenern Zustand zu können, aber mir dem grosen Unterschied, daß sie in diesem Zustand mit der Geisterwelt in näherer Beziehung steht, als mit der Körperwelt.

§. 14.

In diesem Zustand empfindet die Seele von der Sinnenwelt ganz und gar nichts; wird sie aber mit einer Person die in ihrem natürlichen Zustand ist, und durch ihre körperliche Sinnen würkt, in ein gemeinschaftliches Verhältnis (Rapport) gebracht, z. B. Wenn ihr diese die Hand auf die Herzgrube legt, so empfindet jene durch diese, und in dieser die Sinnenwelt.

§. 15.

Wenn die Seele in diesem exaltirten Zustand ist, so lebt sie allerdings in der Zeit, weil sie nicht anders als in einer Aufeinanderfolge (Succession) denken kann; alle endliche Geister sind in der Lage, daß sie sich nur eins nach dem andern denken und vorstellen können, aber sie leben nicht im Raum.

§. 16.

Der Raum ist bloß die Würkung der körperlichen sinnlichen Werkzeuge, ausser ihnen existirt er gar nicht. So bald also

die Seele diese verläst, so hören alle Nähen und Entfernungen auf: Wenn sie daher mit einer Seele im Rapport steht,
die viel tausend Meilen von ihr entfernt ist, so kann sie ihr
aus ihrem Körper Kenntnisse mittheilen, und von jener
empfangen, und das alles in der Geschwindigkeit wie die
Gedanken aufeinander folgen.

§. 17.

Diese Würkungen noch lebender Menschen aufeinander,
würden, wenn die Thüren zu diesen Geheimnissen leicht zu
eröfnen wären, in der gegenwärtigen Periode des menschlichen Lebens, eine schreckliche Verwirrung anrichten.
Aber der Allerbarmer hat dafür gesorgt, daß das nicht so
leicht möglich ist. Bey der immer zunehmenden Aufklärung
in allen Fächern, und dem immer wachsenden Abfall von
Christo und seiner allerheiligsten Religion, wird es nun auch
dahin kommen, daß man auch diese Thüren aufbricht, und
das Allerheiligste plündert, dann aber ist auch das Maaß voll.
Fluch über den der solche Heiligthümer öffentlich bekannt
macht.

§. 18.

Wenn die Seele vom Körper getrennt ist, so ist sie da, wohin
sie denkt: denn da der Raum ihre Vorstellungsform ist, aber
ausser ihr nicht existirt, so ist sie immer an dem Ort den sie
sich vorstellt, wenn sie anders da seyn kann und darf.

§. 19.

Weil auch die Zeit eine blose Denkform ist, in der Wahrheit
aber nicht existirt, so kann eine abgeschiedene Seele zukünftige Dinge als gegenwärtig empfinden, aber doch nur in so-
fern es die Gesetze der Geisterwelt erlauben.

§. 20.

Durch den Magnetismus, durch Nervenkrankheiten, durch langwierige Anstrengungen der Seelen, und durch andere verborgene Mittel, kann ein noch lebender Mensch, wenn er anders eine natürliche Anlage dazu hat, seine Seele bis auf einen gewissen höhern oder niedrigern Grad, von ihrer körperlichen Organisation entbinden; in dem Verhältnis, wie dies geschieht, kommt sie mit der Geisterwelt in Berührung (Rapport). Das womit sie ihre Gegenstände empfindet, nenne ich das Ahnungsvermögen, oder Ahnungsorgan, und seine Entbindung von dem feinsten Nervensystem, seine Entwicklung.

§. 21.

Es ist ein vestes unwiderrufliches göttliches Gesez, daß wir Menschen in diesem Erdenleben in Ansehung der irrdischen sinnlichen Dinge, durch richtige Vernunftschlüsse, durch den gesunden Menschenverstand, aber in Ansehung der übersinnlichen, durch die heilige Schrift, und in beyden zugleich, durch die göttliche Vorsehung geleitet werden sollen.

§. 22.

Denn da Raum und Zeit nur Denk- oder Vorstellungsformen für die Sinnenwelt sind, vermög welcher wir uns aber die Grundwesen nach der Wahrheit nicht faßlich machen können, so ist es auch unmöglich, daß uns selbst die mathematisch richtigen Vernunftschlüsse in die Wahrheiten der übersinnlichen Welt führen können, wenn ihre Prämissen, in den Denkformen für die Sinnenwelt gegründet sind. Es entstehen daher lauter gräuliche Widersprüche und gefährliche Irrthümer, und dies ist gerade der Fall unserer heutigen Aufklärung in geistlichen Dingen.

§. 23.

Wenn es also ein göttliches Gesez ist, daß wir Menschen in diesem Leben, im Irrdischen durch die Vernunft, und im Geistigen und Himmlischen nur durch die heilige Schrift, und in beyden, durch die Vorsehung geleitet werden, von der Zukunft aber nichts weiter wissen dürfen und sollen, als was uns Gott aus freyer Gnade, ohne unser Zuthun offenbart; so ist es unwidersprechlich eine schwere Sünde, wenn ein Mensch das Ahnungsorgan zu entwickeln sucht, um zukünftige und entfernte Dinge zu erfahren, oder um geheime Wissenschaften durch Connexion mit dem Geisterreich zu erlernen.

§. 24.

Wenn ein Mensch ganz ohne sein wünschen und suchen, entweder durch Krankheit, oder durch irgend eine andere, nicht sündliche, Ursache, ein entwickeltes Ahnungsvermögen bekommt, so befindet er sich in einem gefährlichen Zustand: denn es ist erstaunlich schwer, und es gehört ein hoher Grad der Erleuchtung dazu, in dieser so äusserst anziehenden Sache den Misbrauch zu vermeiden.

§. 25.

Wenn ein weitgeförderter erleuchteter Christ, in diesen Zustand geräth, so sezt er keinen Werth darauf, im Gegentheil er demüthigt sich vor seinem Gott, und fleht inbrünstig um Weisheit, und Bewahrung für dem Misbrauch. Kommt er dann in Lagen, wo er glaubt Nutzen stiften zu können, da bediene er sich dieser Seelenkrankheit dazu in der Furcht Gottes. Siehe in dem Kapitel von den Ahnungen, die Beyspiele der Fr. M. und des Herrn Cazotte.

§. 26.

Wenn ein unbekehrter, weltlich gesinnter Mensch sein Ahnungsvermögen entwickelt, so geräth er in Gefahr der Abgötterey und Zauberey. Die Religionslehrer und die Ärzte, sollen also die Unwissenden über diesen wichtigen Punkt belehren.

§. 27.

Es giebt noch einen wichtigen Grund, warum die Entwicklung des Ahnungs-Vermögens so gefährlich ist: dadurch bekommen die Geister Gelegenheit auf den Menschen zu würken, ihm allerhand Bilder vorzuspiegeln, und Gedanken einzuhauchen. Da aber nun die ganze Atmosphäre voller böser und nur mittelmäsig guter Geister ist, jene aber darauf ausgehen, in Lichtengelsgestalt die Menschen zu verführen, und diese selbst noch im Irrthum sind; und da die Seele in ihrem Fleischkerker die Gabe noch nicht hat, die Geister zu prüfen, besonders wenn sie noch nicht hoch erleuchtet ist, so kann sie schrecklich irre geführt werden, und hier ist eben die Quelle vieler Schwärmereyen, Ketzereyen, und abscheulichen Irrthümer.

§. 28.

Man muß wahre Ahnungen, wenn die Vorsehung jemand, durch den Dienst der Engel für einem Unglück warnen läst, vom entwickeltem Ahnungsorgan wohl unterscheiden. Jenes ist immer zweckmäsig, dieses aber hat gewöhnlich gar keinen Zweck.

§. 29.

Eben so verhält sichs auch mit der Gabe der Weissagung, welche ebenfalls vom entwickelten Ahnungs-Vermögen, sehr unterschieden werden muß: jene hat auch immer erhabene das Menschenwohl befördernde Zwecke, wenn lezteres oft Leichen sieht, und unbedeutende Dinge ahnet.

§. 30.

Der unermeßliche Äther im Raum unseres Weltsystems, ist das Element der Geister, in dem sie auch leben und weben. Besonders ist der Dunstkreis um unsere Erde bis in den Mittelpunkt derselben, und vorzüglich die Nacht, der Aufenthalt der gefallenen Engel, und solcher Menschenseelen, die unbekehrt sterben. Diesen ganzen Raum nennt die Bibel Scheol und Hades, das ist Todenbehälter.

§. 31.

Vor dem Anbruch des Reichs des Herrn, wird die Luft von allen bösen Geistern gereinigt; sie werden in den grosen Abgrund, der inwendig in der Erden ist, verwiesen.

§. 32.

Wenn ein Mensch stirbt, so entwickelt sich allmälig die Seele aus ihrem Körper, dann erwacht sie im Hades; von der Sinnenwelt empfindet sie nichts mehr, die Geisterwelt kommt ihr vor, wie ein unendlich weiter dämmernder Raum, in dem sie sich mit Gedanken-Schnelle bewegen kann; und da nun ihr Ahnungsorgan vollkommen entwickelt ist, so sieht sie auch die Geister, die im Hades sind.

§. 33.

Die Seelen und Geister theilen sich durch den Willen einander die Gedanken mit, wenn der Eine will daß der Andere etwas wissen soll, so weiß es auch schon der Andere, der Eine liest es im Innern des Andern, so wie der Somnambül in der Seele dessen, mit dem er im Rapport steht.

§. 34.

Wo Euer Schaz ist, da ist auch Euer Herz — Seelen die noch der Welt nicht abgestorben sind, bleiben auch unten in den dunkeln Regionen, und wenn sie fleischlichen Lüsten gefröhnt haben, so ist ihr Aufenthalt bey ihrem Körper im Grabe.

§. 35.

Alle Seelen solcher Menschen, die in diesem Leben zwar nicht lasterhaft, doch aber auch nicht wahre Christen waren, sondern nur ein ehrbares bürgerliches Leben geführt haben, müssen im wüsten leeren Hades, durch die Leiden der Entbehrung alles dessen was ihnen lieb ist, und jeden Genusses, und dann durch das traurigste Heimweh nach dem verschwundenen Erdenleben, lange geläutert, und so allmälig zum geringsten Grad der Seeligkeit zubereitet werden.

§. 36.

Die Seelen wahrer Christen, die hier den Weg der Heiligung gewandelt haben, im wahren Glauben an Jesum Christum, auf seine Versöhnungs-Gnade, und mit gänzlicher Resignation auf alles Irrdische, gestorben sind, werden gleich bey dem Erwachen aus dem Todesschlummer, von den Engeln in Empfang genommen, und ohne Auffenthalt, aufwärts in die reinen Regionen des Lichts geführt, wo sie der Seligkeiten Fülle geniesen.

§. 37.

Die Seelen der Gottlosen werden bey dem Scheiden aus dem Körper von bösen Geistern umgeben, von denen sie auf mancherley Weise gequält werden; je gottloser sie gewesen sind, desto tiefer sinken sie in den Abgrund hinab. Ihre Leiden sind schrecklich.

§. 38.

Die abgeschiedenen Seelen haben eine schöpferische Kraft, die sie in ihrem Erdenleben, in der schwerfälligen Körperwelt, nur mit Mühe und Kosten, und noch dazu sehr unvollkommen gebrauchen konnten, aber nach dem Tod, kann ihr Wille das auch würklich darstellen, was sich die Imagination vorstellt.

§. 39.

Seelen die der Welt noch nicht abgestorben sind, deren Imagination noch mit lauter Lieblings-Vorstellungen aus ihrem vergangenen Leben angefüllt ist; suchen diese Vorstellungen zu realisiren, aber es sind leere Dunstwesen, die keinen Genuß gewähren können, und eben so wenig ist auch die Seele fähig zum geniesen, sie hat keine sinnlichen Werkzeuge mehr. Daher die bekannten Spuckereyen in alten Gebäuden, wo die verarmten Geister ihre ehemaligen Lustbarkeiten zu wiederholen suchen.

§. 40.

Die Seelenwanderung ist in den Gesetzen, und in der Natur des Geisterreichs nicht gegründet. Eine Seele kann Jahrhunderte lang im Hades zubringen, ehe sie weiter gefördert wird, aber sie kehrt nie wieder in einen menschlichen Körper zurück, die Geisterwelt hat Läuterungs-Mittel genug, es bedarf da keiner Rückkehr ins Sinnenleben.

§. 41.

Wenn Seelen mit einer unbefriedigten Sehnsucht aus diesem Leben scheiden, so empfinden sie schwere Leiden, wenn sie auch sonst der Seeligkeit fähig sind. Um diese Leiden loß zu werden, sehnen sie sich oft nach einem lebenden Menschen, der jene Sehnsucht befriedigen soll, und wenden die ihnen bekannten Mittel an, zu ihrem Zweck zu gelangen, daher dann die Geistererscheinungen.

§. 42.

Daher soll man sich frühzeitig, je eher je lieber, von aller Anhänglichkeit aus Irrdische los machen; und sollte einem in den lezten Lebensstunden noch etwas einfallen, das er noch thun oder ausrichten müste, und er kann es nun nicht mehr, so empfehle er die Sache dem der Alles gut machen kann; bey diesem vesten Vertrauen bleibe er auch nach dem Tod: denn seine Rückkehr, und Erscheinung ist gegen die Ordnung Gottes. Indessen kann es auch Ausnahmen von der Regel geben. Für denjenigen dem ein Geist erscheint, ist es unnachläßliche Pflicht, ein solches Wesen mit Ernst und Liebe zu behandeln, und zurecht zu weisen.

§. 43.

Von den Geistern die noch im Hades sind, können wir nichts lernen, denn sie wissen nicht mehr als wir, ausgenommen, daß sie weiter in die Zukunft sehen, diese aber sollen wir nicht wissen. Zu dem können sie auch irren, und uns täuschen wollen. Wir müssen also ihren Umgang auf alle Weise zu vermeiden suchen. Vollendete Geister, nehmlich Seelige, und würklich Verdammte erscheinen nie.

§. 44.

Jeder Mensch hat einen oder mehrere Schuzgeister um sich, diese sind gute Engel, vielleicht auch fromme abgeschiedene Menschenseelen. Bey den Kindern sind lauter gute Geister geschäftig. So wie sich der Mensch allmählig zum Bösen lenkt, nahen sich ihm auch böse Geister. Die guten verlassen ihn aber deswegen noch nicht, bis sie endlich sehen, daß er sich in der Sünde verhärtet, und vollends unverbesserlich wird; dann weichen sie von ihm, und überlassen ihn seinem schrecklichen Schicksal.

§. 45.

So wie sich ein Mensch vom Bösen zum Guten wendet, so nahen sich ihm die guten Geister mit hoher Freude; und jemehr er im Glauben und in der Heiligung wächst, desto würksamer und hülfreicher werden sie. Die guten Geister haben Gewalt über die bösen, aber der Wille des Menschen ist frey; neigt er sich zu den bösen, so können ihm die guten nicht helfen. Auch mit den Schuzgeistern dürfen wir den Umgang nicht suchen, wir sind nirgends auf sie angewiesen.

§. 46.

Der Seelenschlaf — daß nähmlich die Seele vom Tod an, bis zur Auferstehung am jüngsten Tag, ohne Bewustseyn, und ohne Thätigkeit ruhen werde, hat in der heiligen Schrift keinen Grund, sondern nur blos in dem Vorurtheil, daß die Seele den Körper zu ihrer Würksamkeit durchaus nöthig habe; da aber nun die magnetischen Erfahrungen, und die Geistererscheinungen, das Gegentheil unwidersprechlich beweisen, so ist der Seelenschlaf ein Irrthum, und es kann keine Rede mehr davon seyn.

§. 47.

Es ist eine ausgemachte und erwiesene Wahrheit, daß die Seele, wenn sie vom Körper entbunden ist, weit mächtiger und freyer würkt, und weit erhöhtere Kräfte hat, als wenn sie in ihn eingekerkert ist: Warum hat sie denn nun ihr Schöpfer in diese eingeschränkte traurige Lage verbannt?

§. 48.

Die Antwort ist leicht: weil sie aus ihrem anerschaffenen vollkommenen Zustand gefallen ist. Im Paradies stund sie mit der Geister- und der Sinnenwelt in Beziehung, die Gegenstände beyder Welten empfang sie; sie genoß die Früchte vom Baum des Lebens in der Geisterwelt, und sollte die Früchte des Versuchungsbaums in der Sinnenwelt meiden, aber sie wollte beydes miteinander verbinden; hätte sie die ewige Liebe nicht aus dem Paradies verwiesen, und sie von der Beziehung mit dem Geisterreich ausgeschlossen, so wäre sie zum Teufel geworden. Man verzeihe mir diese mystische Erklärung! sie benimmt der Wahrheit der Geschichte nichts.

§. 49.

Die Seele ist in ihren schwerfälligen Körper, in ihren Rock von Fellen, eingezwängt, den sie mit vieler Mühe unterhalten, und durch den sie viel leiden muß. Anstatt ihren Hunger nach Kenntnissen, und nach Glückseeligkeit sättigen zu können, täuscht sie die Organisation des Körpers mit unvollkommenen Vorstellungen, und mit vorübergehenden Genüssen, die nur immer unersättlicher machen.

§. 50.

Hier öfnet sich nun die Thür zum grosen Geheimnis der Erlösung durch Christum. Auch in diesem Zustand wär die Seele nicht gerettet worden. Sie hätte zwar im Reich der Geister weniger geschadet, aber damit war es der ewigen Liebe nicht genug, sie sollte erlöst, sie sollte seelig werden, und zwar noch seeliger, als sie ohne ihren Fall geworden wäre, wenn sie anders nun noch dem Rath Gottes folgen, und gehorsam seyn wollte.

§. 51.

Der Logos, der Sprecher Gottes, durch den sich das ewige, verborgene, grose Eins, in einer unendlichen Zahlenreihe, in der Aufeinanderfolge, das ist, in der Zeit, offenbart, wurde Mensch, und machte durch sein Leiden, Sterben, und Auferstehung, seinen Körper, sein Fleisch und Blut, zum Ferment, wodurch alle Seelen die es mit wahrem Glauben geniesen, wieder erneuert, und nach der Befreiung aus ihrem irrdischen Kerker, in das neu erworbene himmlische Element versezt werden, bis sie nach ihrer Auferstehung wieder ihre ursprüngliche Herrlichkeit anziehen, und in ein Paradies versezt werden, wogegen das erste ein bloser Schatten war.

§. 52.

Aus diesem allem ist nun klar, daß die mechanische Philosophie mit ihrer metaphysischen Aufklärung, ein bloses, aber sehr gefährliches Hirngespinst, eine Grund- und Bodenlose Täuschung sey. Die Aufklärung in den Wissenschaften, und in den Kenntnissen der Natur, insofern sie uns unsre irrdische Gefangenschaft erleichtern, und Einfluß auf unsre Vervollkommnung haben, ist löblich und nüzlich, aber im Übersinnlichen, in dem was unsre Wiederbringung ins ewige Vaterland betrift, da ist uns das höhere geoffenbarte Licht des Worts Gottes, und die Erleuchtung des heiligen Geistes nöthig. Damit ausgerüstet, kann uns dann auch die erleuchtete Vernunft, dieser Vollmond in der Nacht dieses Lebens, den richtigen Weg zeigen.

§. 53.

Die eigentliche Seligkeit fängt erst nach der Auferstehung an, wenn der Christusähnliche verklärte Leib wieder mit der

Seelen vereinigt, und dann der vollständige Mensch für die verklärte Sinnenwelt, und für die Geisterwelt organisirt ist.

§. 54.

Das Paradies ist der Theil im Hades, der zur Vorbereitung, und zum Auffenthalt begnadigter Seelen bestimmt ist. Er gehört schon zum dritten Himmel 2 Cor. 12. V. 2 u. 4. Nun sagt aber Christus zum Schächer, »heute wirst du mit mir im Paradies seyn«, Luc. 23. V. 43. Christus war aber zwischen seinem Tod, und zwischen seiner Auferstehung im Hades, 1 Petri 3 V. 19. und nach Joh. 20. V. 17. war Er gleich nach seiner Auferstehung noch nicht zu seinem Vater aufgefahren, Er war also im Hades im Paradies gewesen, wo man das Anschauen Gottes noch nicht geniest.

§. 55.

Die eigentliche Verdammnis fängt auch erst mit der Auferstehung an: dann wird der Auferstehungskeim des Leibes der Sünden, mit der Seelen vereinigt, und so wird dann der ganze Mensch zu allen bösen Geistern, in den Abgrund, dessen Mittelpunkt der Pfuhl ist, der mit Feuer und Schwefel brennt, und sich im Mittelpunkt des Erdkörpers befindet, verbannt. Der Herr der Erbarmer, der die ewige Liebe ist, bewahre alle Leser dieses Buchs für diesem schrecklichen Schicksal. Amen!